유교적 마음모델과 예교육

내일을여는지식 철학 13

유교적 마음모델과 예교육

유권종 · 강혜원 · 김경호 · 장숙필 · 박충식 · 최상진 공저

한국학술정보㈜

서 문

마음과 몸의 관계는 인간이 존재하는 한 영원히 풀어가야 할 숙제이다. 이 영원하다는 의미는 철학계가 떠안은 해결하기 어려운 문제라는 점도 의미하지만, 여태까지 존재했고 또 앞으로도 계속해서 태어날 미래의 인간들도 각자 자신의 마음과 몸의 관계를 되돌아보고 그 관계를 조절해야 한다는 것도 의미한다. 철학적으로 고민하는 문제는 앞으로 새로운 관점이나 이론이 나타나서 점차 새로운 이해의 틀을 갖추게 되면 종료될 수도 있을 것이다. 그럴 때 개개인의 마음과 몸을 조절하는 숙제도 사라질 것인가? 아직 그 대답은 하기 어렵다. 아마도 그것은 어느 개인에게나 반복되는 과제가 되기 쉬울 것이다.

그러나 현실에 활동하는 개인들이 각자의 마음과 몸의 상관관계를 더욱 조화롭게 만들어 가는 원리를 터득하고, 그것을 실생활에서 구현하여 가는 빈도가 높아지도록 만드는 것은 학문적으로 의미가 있는 일이다. 그것이 개인에게 더 많은 안정감과 성취감을 줄 것이고, 사회에도 개인 사이 혹은 집단 사이의 불필요한 갈등과 마찰을 줄여가도록 해줄 것이기 때문이다. 이러한 소망이 성취되도록 하기 위해서는 교육의 힘에 의지하지 않을 수 없다. 그러나 그 교육의 원리와 방법을 취하려고 한다면 전통과 현대의 조화를 모색하는 일이 필요할 것이다. 전통으로부터 인간을 이해하고 성취하는 원리에 관한 지혜를 가져와서 현대 사회에서 그것을 성취하는 구체적인 방법과 사회적 동의를 얻는 방법을 구하는 것이 바람직할 것이다.

그동안 유교의 교육방법, 특히 예를 이용한 교육에 대해서는 찬반양론이 팽팽하게 대립하고 있다. 특히 禮에 대한 부정적 선입견은 조선시대 유교 교육의 효용성 여부에 대한 이성적 성찰 이전에 그러한 논의 자체에 의미를 두지 않는 분위기의 근원으로 작용하여 왔다.

1970년대와 1980년대에는 그러한 편견이 극에 달하여, 일부 뜻있는 분들을 제외하고 한학 또는 국학을 전문으로 삼는 학자들이 유교를 다루더라도 예에 대해서는 현대에 무용한 영역이라고 해서 학문적 고찰에서 제외하는 경우도 많았다. 그러나 1990년대에 들어와 예에 관한 전문적인 연구들이 하나둘 등장하면서 예에 대한 부정적 선입견은 많이 희석되었다. 그러나 지금도 학부는 물론 대학원에서도 예학을 전공으로 삼으려는 사람은 여전히 만나기 어려운 것이 현실이다.

필자와 함께 협동 연구를 해온 분들은 조선시대 유학자들이 개척하고 확립한 예학과 심학 영역의 많은 성과와 그것에 담긴 삶의 지혜를 현대의 관점과 방법을 통해서 재정립하는 일을 하나의 사회적 과제 혹은 학문적 과제로 삼는 것에 일찍이 동의하였다. 지금도 학계에서는 예학과 심학은 별개의 영역으로 간주되고 있고, 따라서 그에 관한 연구들도 예학 따로 심학 따로 다루어서 별로 달라진 것이 없다. 이렇게 예학과 심학의 상호관계, 혹은 양자가 근본적으로는 유학이라는 동일한 근원에서 나온 것이라는 점에 대한 고려를 하지 않고, 이대로 지금까지 취해온 연구의 방식과 태도를 고수해야 하는가는 의문이다.

여기에 올린 연구성과들은 오히려 예학과 심학은 서로 나눌 수 없는 학문 분야이며, 두 영역을 함께 연관지어 보아야만 하는 이유를 밝히고 있다. 그리고 그것을 함께 연결지어 고찰함으로써 현대의 도덕교육에 응용이 가능한 예교육 프로그램까지도 개발하였다. 이는 교육현장에서 교사와 학생들을 주체로 하여 실험한 결과를 담고 있어서, 단순한 이론적 추론이 아니라 실증적 자료에 근거한 것이다. 본 연구진들은 바로 이 같은 기획을 하였다는 점에 대해서 의미를 찾고자 한다. 앞으로 이에 이어서 예교육 관련 프로그램을 추가하여 더 개발한다면 예교육의 효용성을 논의할 수 있는 학문적 근거 및 사실적 근거는 더 확충될 수 있을 것이다.

아동의 도덕 교육에 있어서 예교육이 왜 효과를 볼 수 있는가 하는 질문에 대한 학문적 답변을 하기 위하여 본 연구진은 유교의 심학적 사유에 기초하여 마음과 몸의 상호관계를 설명해 줄 수 있는 마음의 모델을 구성하였다. 물론 이는 조선시대 퇴계 이황의 「천명신도」와 『聖學十圖』에 표상된 마음의 구조를 가져오고, 「養正篇」과 같은 예절 교육 지침 등으로부터 예절교육의 방법을 따오고, 그 밖에 심학 관련 수양법으로부터 마음과 몸의 관계에 대한 고찰을 바탕으로 하되, 현대의 인지과학적 관점을 함께 적용하여 보았다. 몸의 행동이 나오도록 하는 마음의 작용과 그 구조에 대한 해명이 바로 본 연구진이 밝히고자 한 마음모델이다. 그리고 또 문화심리학적 관점에서 볼 때에 유교의 심학이 보여주는 마음의 3차원적 구조를 해명한 점은 유교의 독특한 마음 이해를 보여준다는 점에서 역시 중요한 성과로 말할 수 있다.

본 연구진이 추구한 연구의 방향은 근본적으로는 구성주의의 관점에 맞추고 있다. 인지과학자들 가운데 근본적 구성주의의 흐름을 보이고 있는 계열의 관점을 하나의 기본적 관점으로 삼았다. 그렇지만 그 외에도 문화심리학적 영역에서 추구되는 문화구성주의의 관점에도 역시 의거한 부분이 있다. 근본적 구성주의의 관점은 앞으로도 유교의 심학과 예학 나아가서 개인적 자기 수양을 강조하는 유교적 학문방법론을 이해하고 설명하는 데에 많은 유용성을 지닐 것으로 생각된다.

이제 이렇게 대략 10년이라는 기간에 걸쳐서 진행된 연구를 한 군데 모아서 출판하게 되어 감회가 깊다. 연구를 시작할 때에도 그랬지만 10년이 지난 현재에도 별로 변화된 것이 없는 것은 바로 학제 간 연구의 상황이다. 그때나 지금이나 인문학자들 사이에는 학제 간 연구라는 것은 필요없다는 인식이 뚜렷하다. 그것이 아니면 학제 간 연구의 방법에 관해서 깊숙하게 들어가지 않으려고 하는 모습도 자주 본다. 그러나 본 연구진은 동양철학, 심리학, 인공지능, 교육학의 분야에 종사하는 학자들이 빈번하게 만나면서 깊숙하게 상대방의 영역을 꿰고 들어가는 토론과 논쟁을 통하여 학문 간의 경계를 넘어서고자 노력하였다. 상대방의 학문 영역에서 구성해온 개념과 이론에 대한 이해를 심화시키고자 노력하였다. 그리고 연구논문을 작성하더라도 공동의 단일한 주제와 논의된 내용을 함께 엮어서 하나의 논문으로 담아내는 방법을 취하였다. 그러한 노력이 하나로 묶여서 세상에 선을 보이는 것이 하나의 의미 있는 일이라고 생각된다.

필자와 함께 학제간 연구에 참여하여 소중한 의견을 내주시고 함께 논문을 작성해주신 여러분들께 깊은 감사를 표한다. 특히 멀리 경주에서 매번 모임에 올라와서 회의에 참가하고, 또 예교육 프로그램을 제작하고 직접 섭외한 유치원과 초등학교에서 예교육 실험을 진행하고 이를 연구결과로 낼 수 있도록 해주신 강혜원 교수, 처음부터 함께 학제 간 연구의 필요성을 주지시키며 인공지능과 유교의 만남이 의미가 있도록 연구의 분위기와 방향을 잡아주신 박충식 교수, 한국 유학을 전공하면서 선후배의 정을 학문적으로 발전시킬 수 있도록 도와주신 장숙필 교수와 김경호 교수께 깊은 감사를 드린다. 그리고 정말 필자로 하여금 마음에 관한 연구의 중요성을 늘 일깨워주시고 또 마음 연구에 필요한 여러 다양한 이론들의 구조와 전략을 자상하게 해설해주시고 가르쳐 주신 최상진 교수님께 정말로 깊은 은혜를 입었음을 밝히지 않을 수 없다.

본 도서를 출판할 수 있도록 배려해주신 한국학술정보(주) 사장님과 편집진 여러분께 심심한 사의를 표한다.

앞으로도 필자 그리고 공동연구자들은 이 방면의 연구를 더 발전시켜 나가고자 한다. 이에 대한 여러 선후배 학자분들의 질정을 바라 마지않는다.

2009년 10월
흑석동 華潭書室에서 유권종 삼가 씀

1부: 유교적 마음에 대한 이해

2부: 협동연구: 유교의 마음모델

인지과학적 시뮬레이션을 통한 朝鮮 性理學의 禮교육 心性모델 개발(2) / 144

3부: 유교적 마음모델과 예교육 프로그램

性理學的 心性모델 시뮬레이션을 이용한
유교 禮교육방법의 효용성 분석 / 189

유교 심성론에 근거한 체화방법이
유아의 기본생활습관 및 자율성에 미치는 효과 / 223

한국인의 유교적 마음의 구성에 대한 분석과
이에 기초한 청소년 예교육모델 개발 / 250

부 록 / 288

1부

유교적 마음에 대한 이해

조선시대 성리학자들의 마음 인식에 대한 성찰*

유권종

1. 문제제기

조선시대에 발전한 심학은 마음에 관한 유학의 특징적인 인식의 틀과 내용을 시사한다. 서구의 심리철학이나 심리학의 마음 인식과 비교해 본다면, 심학의 마음 인식은 근본적으로 유교문화와 불가분의 관련 속에서 이루어진 것이므로 그 자체가 매우 독특한 내용과 성격을 포함한다. 그리고 그러한 마음 인식을 보여준 성리학자들은 자신의 마음을 그렇게 생각했음이 틀림없다. 그리고 그들은 그렇게 인식한 마음을 인간이면 누구나 타고나는 것이라고 생각했다. 그리고 실제로 그들은 그러한 마음 인식에 입각한 마음 경험을 공유하고 이론화하였다.

* 『유교사상연구』 20집, 한국유교학회, 2004. 2

그러나 그들의 마음 경험이나 마음 인식의 내용들은 서구인들이 인식한 마음 경험이나 마음 인식의 내용들과 많은 면에서 차이가 있다. 또 그렇기 때문에 서구인들이 지닌 마음과 성리학자들이 지닌 마음도 실제로 다른 것처럼 생각된다. 최근 심리학계에서는 현대 한국인의 마음이 서구인의 마음과 매우 많은 차이가 있다는 연구들, 동아시아인의 사고와 서구인의 사고에 중요한 차이가 있다는 연구들이 발표되었다.[1] 이 견해들은 단지 상황이나 환경에 대한 반응의 양상의 차원에서 서구인과 동아시아인 혹은 한국인의 마음이 차이가 있는 것이 아니라, 근본적으로 인지의 과정이나 마음의 본성 또는 구조작용 등의 차원에서 차이가 있음을 주장하고 있다. 그리고 그렇게 되는 이유를 문화의 차이에 귀결시키고 있다.

이와 관련하여 주목되는 것은 문화심리학이다. 문화심리학에서는 서구의 심리학이 가정했던 단일하고도 보편적인 인간의 마음의 실재를 부정하고, 인간의 마음은 문화에 따라서 다르게 형성된다는 관점이 지배적이다. 그리고 문화심리학은 이 관점에 근거하여 문화권마다 다른 마음의 존재, 즉 복수의 마음의 존재를 주장하기에 이르렀다.[2] 문화심리학의 이러한 견해는 인류학의 관점에서 각 문화권 혹은 종족의 의례에 의하여 인간의 마음 혹은 인간성이 형성된다고 보는 견해와도 상통하는 것이며,[3] 진화론에 입각하여 인간의 마음을 인간의 몸보다도 더 복잡한 진화의 비밀을 간직한 것으로 보는 생물학적 견해와도 관련된다. 그리고 교육학에서 피아제의 구성주의적 관점이 가정하는 보편적인 구성원리에 대한 최근의 반론들이 제시하는 문화에 따른 다양한 구성이 가능하다는 견해들도 이와 상통한다.[4]

---

1) Richard E. Nisbett, 2003, *The Geography of Thought: How Asians and Westerns Thinking Differently……and Why*, The Free Press.
2) 최상진 외, 1999, 『동양심리학』, 지식산업사.
3) Roy Rappaport, 1999, *RITUAL AND RELIGION IN THE MAKING OF HUMANITY*, Cambridge University Press.
4) Chung Miriam, 2002, *The Decimal System as a Cultural Tool: the case of additions and subtractions done by Korean and English childre* Journal of Korean Studies

인지과학에서는 마음의 물리적 근거에 대하여 매우 상세한 수준의 설명을 하면서, 기존의 인간의 마음과 관련된 이해와 지식에 대해서도 혁신적인 사고를 요하는 상황에 이르렀다. 인지과학의 성과를 바탕으로 철학의 분야에서도 인간의 마음에 대하여 새로운 주장이 등장하였다. 예를 들면, 인간의 이성이란 신체화된 것이고, 사유는 무의식에 기초한다는 견해가 그것이다.[5] 여기서 중요하게 생각되는 것은 다음과 같다. 인간의 이성이 신체화된 것이라는 인지과학적 견해는 인간의 이성을 인간의 의식이나 마음의 가장 근본적인 요소, 또는 인간의 지식 형성의 출발점으로 삼는 철학적 견해를 부정하면서, 이성보다 더 근본적이고 원천적인 것으로서 신체적 차원의 활동들의 패턴을 중시하고, 그것이 마음 또는 의식 심지어 이성의 활동을 낳고 형성하는 기본이 된다는 사고를 발전시켰다. 이는 출생 시부터 습득과 실천을 반복함으로써 신체화되는 문화적 삶의 방식들이 그 문화에 적합한 의식과 마음을 구성한다고 보는 관점을 가능하게 한다. 따라서 유교문화의 신체화가 유교적 마음의 구성에 절대적 기반이 된다는 사고도 그 때문에 가능하다.

이 같은 인간의 마음에 관한 새로운 견해들로부터 한국의 유학자들이 제시했던 마음에 관한 전통적 견해들을 재해석하고 재평가할 수 있는 새로운 관점을 취할 수 있다. 그것은 유교는 한국인의 마음의 세계를 형성한 문화의 틀이며, 유교의 心學은 그러한 문화에 의해서 인식되고 구성된 마음에 관한 학문이라고 보는 관점이다. 또 한 가지는 16세기 이래로 한국문화의 전통이 된 유교의 心學은 한국인의 마음 경험을 유도하고 한국인의 마음의 구조와 작동에 관한 관념과 이론을 구성하여 온 근본 혹은 틀이라고 보는 관점이다. 이를 바꿔 말하면, 한국인은 오랜 기간에 걸친 유교문화의 신체화의 과정과 유교의 심학을 통해서 자신의 마음을 이해하고 자신의 마음을 구성해 온 전통을

Vol., Central Asian Association for Korean Studie.

5) Lakoff, George and Johnson, Mark 1999, *Philosophy in the Flesh: The Embodied Mind and Its Challenge to Western Though*, Basic Books.

지녔음을 의미한다.

　　본 연구에서는 이러한 견해들을 참조하고, 근본적 구성주의(radical constructivism)의 관점을 취하여,[6] 유교의 원리와 관념에 따라 과거 한국인들은 자신들의 마음을 구성해 왔다고 가정한다. 본 연구가 밝히고자 하는 것은 이러한 관점에 의하여 유교문화와 조선 성리학자들의 마음 인식과의 관계에 주목하면서 유교문화의 지속과정에서 한국인들이 스스로 행해 온 마음에 대한 이해와 마음 경험의 규범들과 내용이다. 특히 조선시대의 유교문화의 흐름과 관련하여 볼 때, 유교와 상관된 마음 이해와 마음 경험의 관찰과 기록의 주체는 성리학자들이었으므로 이 논문의 주제를 성리학자들의 마음 인식에 대한 성찰로 한다. 이 성찰을 바탕으로 서구의 철학 또는 심리학이 정형화를 시도한 심리모델과는 별개의 동양의 유교적 마음모델을 탐구하고 정형화할 수 있을 것이다.[7]

2. 마음의 이론들과 心學

　　이 장에서는 우선 서구철학에서 제시된 마음에 관한 견해들, 심리학 및 기타 학문에서 제시된 마음에 관한 견해들을 유형별로 간략하게 정리, 종합한 뒤에 심학적 견해에 대한 논의의 가닥을 잡아보도록 한다.

　　서양철학에서는 인간의 마음에 관한 문제를 심신관계 혹은 정신과 물질의 관계와 관련지어 마음에 관한 엄밀한 지식을 얻기 위한 쪽으로 탐구한 전통이 꽤 오래된다. 스티븐 프리스트는 고대부터 근대, 현대에 이르는 서양철학의 마음에 관한 철학적 이론들을 모두 7가지 유

---

6) 근본적 구성주의에 대해서는 유권종・박충식, 2002, 「도덕 심성모델의 새로운 시도 : 퇴계학, 구성주의, 인공지능」, Journal of the Central Asian Association for Korean Studies No.2, 2002 참조.
7) 최상진, 2000, 『한국인 심리학』, 중앙대학교 출판부, 2000.

형으로 구별하였다.8) 그가 분류한 유형은 이원론, 논리적 행동주의, 관념론, 유물론, 기능주의, 양면이론, 현상학적 관점이다. 또 김재권은 심리철학의 주요 주제를 행동주의, 심신동일론, 기계 기능주의, 인과론적 기능주의 등으로 분류하고, 그것을 환원적 물리주의와 비환원적 물리주의로 귀결시켜 논의를 맺었다.9)

이러한 논의의 내용을 설명하고 평가하는 것은 연구범위를 벗어나는 것이므로, 다만 본 연구와 관련하여 김재권의 견해에 입각하여 심리철학의 문제의식을 살펴본다. 그는 심리학이나 인지과학 또는 신경과학과 달리 심리철학이 관심을 가지는 문제를 다음 세 부류로 제시한다. 첫 번째 부류는, '마음을 가진 생물(구조)' 또는 '심성을 가진 생물(구조)'이라는 개념을 명확하게 하는 문제이다. 이는 마음 혹은 심성의 개념의 내포와 외연을 밝히는 것인데, 그는 그것을 심성 혹은 마음의 구성요소를 밝히는 작업으로 간주한다. 두 번째 부류는, 특정한 심적 속성이나 심적 상태와 사건의 종류 및 그것들 간의 상호관계에 관한 문제들도 있다. 세 번째 부류는 심적 속성과 물리적 속성 간의 관계에 관한 문제다. 그에 의하면 이것은 '심신문제'라고 통칭되는 것이고, 데카르트가 300여 년 전에 이 문제를 공식화한 이래 심리철학의 핵심적인 문제가 되었던 것이다.10)

심리학 역시 오랜 전통을 가진 서구의 학문인데, 처음에는 고대 중세에는 마음의 실체 혹은 영혼의 실체에 대한 연구를 하는 것으로서 철학과 구별되지 않다가, 근대에 들어와 경험적 연구가 중시되면서 마음의 경험적 측면인 의식을 대상으로 연구가 정착되었고, 그것과는 대립되는 심적 작용의 측면을 연구하여야 한다는 작용심리학도 등장하였다. 작용심리학이란 프란츠 브렌타노가 주창한 것으로서, 의식내용에 대한 연구는 현상학에 속하는 것이며 심리학은 의식작용을 연구하

---

8) 스티븐 프리스트 / 박찬수 외 옮김, 1995, 『마음의 이론』, 고려원.
9) 김재권 지음, 하종호·김선희 옮김, 1999, 『심리철학』, 철학과 현실사.
10) 상동, 21~23.

는 것이라는 의미이다. 이로부터 심리학은 마음 의식 등 내면세계 자체의 해명보다는 그것의 작용원리와 법칙을 연구하는 쪽으로 더 발전하게 되었다고 할 수 있다. 그리고 행동주의가 등장하면서 행동 관찰로부터 인간의 마음의 작용을 관찰하는 태도를 갖게 되었으며, 심리학을 행동의 과학으로까지 삼게 되었다. 이러한 심리학의 기본입장은 인간의 마음이란 문화권과 관계없이 근본적으로 동일한 것이라는 점을 가정하고 있다. 이것이 뒤에 언급할 문화심리학과 다른 점이다.

다른 한편, 과거에는 과학의 연구대상에서 제외되었던 마음(mind)이 이제는 과학의 연구대상이 되었다. 특히 자연과 물질의 본질에 관한 구명에 초점을 맞추었던 20세기의 과학이 이제는 내면적 본성이나 마음을 그 대상으로 삼고 있다. 인지과학, 인공지능 및 신경과학, 뇌과학 등이 그것이다. 이 중 포괄적이고 학문융합적인 인지과학은 신경과학, 인공지능, 철학, 심리학, 언어학 그리고 인류학, 생물학까지도 관련이 되는 것인데, 조르쥬 비노는 이들이 서로 연관을 갖게 되는 이유를 "정신(마음) / 두뇌(mind / brain)의 관계와 이 관계의 모델화의 가능성에 대한 관심과 함께 여기에 내포된 작용이나 그 작용에서 도출된 행동들에 대한 분석"[11]이라고 설명한다.

이 설명은 인간의 두뇌가 곧 인간의 마음이 발생하는 물리적 근원이라는 일종의 물리주의적 가정이나 관점을 과학적 마음 탐구에 적용한 결과이며, 철학이든 심리학이든 이제는 그러한 가정을 과학과 더불어 공유하고 인정하는 것이 대세가 되었음을 시사한다. 그래서 뇌과학, 신경과학의 연구성과에 힘입어서 뇌의 부위와 상응하는 인간의 마음 혹은 사고의 지형도를 그리는 작업도 등장한다.[12] 그리고 이들은 문화의 차이에 따른 인간 마음이나 사고의 근본적 차이에 대해서는 주목하지 않는 듯하다.

---

11) 조르쥬 비노 지음, 김언자 / 임기대 / 박동열 옮김, 2002, 『인지과학입문』, 도서출판 만남.
12) Rita Carter, 1998, *Mapping the Mind*, Weidenfeld & Nicolson.

그러나 그와 달리 비고츠키에게 연원을 댈 수 있는 문화심리학은 다음과 같은 관점을 취하여 마음에 관한 이론을 새롭게 구성하고 있다. 최상진 등의 연구는 문화와 심리의 상호관계를 다음과 같이 설정한다. "문화와 심리는 변증법적 역동관계 속에서 서로 영향을 주고받는다", "마음속에 문화가 있으며 문화 속에 마음이 담겨 있다", "문화적으로 구성된 마음은 공유된 마음으로 그러한 마음은 구성원 간에 자연스럽게 소통될 수 있다", "문화와 마음은 상호대응적인 지향성, 의미, 개념을 갖는다", "문화가 인공물인 것처럼 마음도 인공적으로 구성되는 측면을 다분히 가지고 있다", "사회생활은 마음의 활동으로 구성되며 마음의 활동은 사회적인 성격을 갖는다" 등이다.[13]

심학의 마음 인식의 특징을 밝히기 위한 연구를 하기 위하여 어느 관점이든지 취할 수 있을 것이다. 그러나 본 연구는 일단 문화심리학의 관점을 취하고 그것을 바탕으로 심학의 마음 인식의 특징을 유교문화와의 관련 속에서 설명해 보고자 한다.

심학이란 학문은 우선 궁극적인 관심사가 수양을 통한 성인의 인격 성취에 있는 것이다. 수양이란 마음으로 몸을 주재하여서 유교문화[禮]와 도의를 학습하고 신체화하는 것이고, 이를 통해서 성인의 마음 또는 인격을 성취하는 것을 목적으로 삼는 것이다. 그리고 그 수양의 중요한 주체로서 인간의 마음을 꼽는다. 이 때문에 서구철학이나 심리학, 과학 등에서 분석과 지식의 대상으로서 마음을 대하는 방식과는 다른 방식으로 마음을 대하는 것이 심학이라는 것을 짐작할 수 있다. 심학에서 인식하는 마음의 구성은 性·情·意 등이 보편적 구성요소인데, 특히 性과 더불어 情을 마음의 주요 범주로 삼는다. 이는 서구 심리철학이나 심리학 등이 지능, 이성, 기억 등을 주요 범주로 삼는 것과 다른 점으로 보인다. 그리고 마음의 요소들의 관계나 연합된 작용은 사람마다 같지 않다는 점, 중요한 것은 수양을 통해서 성인의 마

---

13) 김기범, 2001, 「정(情)마음의 일반인 심리학 모형」, 중앙대학교 심리학과 박사학위논문, 14~15쪽.

음 상태를 이루어야 한다는 점, 그 성인의 마음은 성정을 유교의 덕목에 일치하도록 주재하고 나아가 심신까지도 그렇게 일치하도록 주재하여서 도덕에서 벗어나지 않는 상태라고 하는 점, 그리고 그 성정의 관계나 마음의 요소들의 관계를 설명하는 범주로서 體用을 내세운다는 점, 궁극적인 경지가 단지 체용이 일관되는 데 그치지 않고 천인합일까지 되어야 한다는 점 등에서 그 특징을 논할 수 있을 것이다.

크게 보면 서구 심리철학이 심신관계의 규정, 마음 혹은 심성의 본질에 관한 논의에 초점을 맞춘 것과 심학이 수양을 통해서 마음을 성숙시켜 가는 원리를 논하는 것이 대비되는 중요한 차이이다. 또 심학은 수양과 관련하여 마음의 작용에 관한 이해와 설명을 추구하고, 또한 그것을 신체적 행위와 관련지어서 통제와 성숙의 원리를 추구하고 있기 때문에 심리학에서 의식작용을 관찰하고 그 원리를 분석하는 것과 어느 정도는 비슷하다고 할 수 있다. 그러나 심학은 당사자가 실질적인 마음의 주재력의 확보와 그것을 통해서 心身一如의 성취된 인격을 구성해 가려는 데 궁극적 관심이 있다는 점이 현재까지의 심리학의 제3자식 관찰과 조정을 주요방법으로 삼는것과 대비될 수 있는 것이다. 또한 마음의 구성요소에 대한 인식에 있어서도 性·情·意 등으로 구별해 보면서도 특히 그것을 五常과 같은 유교의 덕목, 또 惻隱·辭讓·羞惡·是非 등 도덕적 심정을 주요 요소로 삼는 것이 심학의 특징이라면, 서구의 학문들은 지능, 감각, 지각, 믿음, 욕구, 정서 등등 객관세계에 대한 인지와 반응의 작용을 하는 내면적 요소와 작용에 초점을 맞추는 것이 대비되는 특징이다. 그리고 마음의 구성을 체용의 관계로 봄으로써 체용의 일관성 혹은 일원성을 하나의 이상상태로 간주하고, 그것을 성취하기 위한 방법을 개인적 수양에서 구하는 것이 심학이라면, 마음과 몸, 정신과 물질의 관계에 대한 형이상적 논리적 관계에 대한 관심을 보이고, 나아가서 과학과 철학이 결합하여 물질적 두뇌의 작용에 근원하여 마음을 측정하고 이해하고자 하는 것이 서구 혹은 현대학문의 대비되는 특징이다. 앞으로 이러한 차이를 더욱 분명히 하고 심학의 특징을 밝히기 위하여 심학의 마음 인식과 관련된 이상의 사항들을 살펴보기로 한다.

3. 心學 관련 도설의 의미

조선시대 성리학자들의 마음 인식을 성찰할 때 적절한 자료가 되는 것은 조선시대 성리학자들의 심성에 관한 이론과 그것을 바탕으로 작성된 여러 형태의 그림들이다. 따라서 본 연구에서는 마음에 관한 그림형태의 자료에 주목하고자 한다. 본 연구에서 살피고자 하는 성리학자들의 마음 인식의 내용은 문자 기록에도 매우 많은 내용이 담겨 있지만, 그림 자료들은 문자 기록들이 표상하기 어려운 내용을 더 풍부하게 담고 있다. 그림 자료들은 마음의 구조와 작동의 체계 또는 그 구성의 요소와 그 요소들의 관계에 대한 구체적 형상을 표상하고 있다. 그러한 이유 때문에 그림 자료들은 과거의 성리학자들이 표현한 마음모델이라고 규정하기에 족하다.

마음모델에 해당하는 그림과 설명[圖說]을 남겨서 주목되는 학자들은 14세기 후반의 權近과 16세기의 李滉, 鄭之雲, 金麟厚, 曺植, 李珥 등이다.[14] 14세기 후반부터 16세기 후반까지 성리학의 심성론 내지 심학이 발달하는 시기이며, 이들이 남긴 그림 자료들은 심학의 발달과 더불어 성리학적 마음모델이라고 할 수 있는 마음의 체계화와 그 표상방식을 잘 보여준다. 이들의 그림들은 상세한 수준에서는 여러 가지 차이점을 보이지만, 대체적으로는 마음에 대한 주자학적인 인식과 논의의 흐름을 형성하였고, 그 결과 성리학적 마음 이해와 인식의

---

14) 유권종, 2002, 「天命圖 비교: 秋巒, 河西, 退溪」, 한국사상사학 제19집, 한국사상사학회.

내용을 공동 구성하는 결과를 낳았다고 생각된다.[15] 그와 관련된 먼저 그림 자료들의 의미와 가치를 간단하게 음미하고자 한다.

첫째, 여기서 말하는 그림 자료들은 경전의 내용이나 성리학의 원리 및 심성에 관한 것들이다. 경전의 내용, 성리학의 원리 및 심성에 관한 이론들은 그 의미의 방대함도 문자적 표현이 쉽지 않을뿐더러 나아가 그 추상적 내용은 문자와 언어로 표현되더라도 그 의미의 전달과 소통 및 공동의 이해가 쉽지 않은 것이다. 특히 후자의 문제와 관련하여 의미의 전달과 소통 및 공동의 이해를 추구하고 확인하기 위해서는 의미의 객관화된 표상이 필요하게 되는 것이다. 그것을 척도로 삼아서 의미의 소통과 확인 및 진전된 공동의 논의가 가능하게 되는 것이기 때문이다. 이미 권근이 『입학도설』을 저술하고, 정지운이 「천명도」를 그리게 되었던 동기에서 그에 대한 문제의식을 발견할 수 있다.

> 洪武 庚午년 가을에 금마군에 유배 가서 있을 때 한두 사람의 初學들이 와서 『中庸』과 『大學』을 읽었는데, 그들에게 순순하게 반복하여 설명하여 주었지만 여전히 그 뜻을 이해하지 못하였다. 이에 周子의 그림에 근본하고 章句의 설을 참작하여 그림을 그려서 보여주고 또 선현의 격언을 모아서 그 의미를 풀어주었더니, 배우는 사람들이 이에 따라서 묻는 것이 있었다. 또 그 물음에 따라서 답하였다. 그 문답한 말들을 그대로 기록하여 그 그림과 설명의 뒤에 붙이고 그것을 이름하여 입학도설이라고 한다.[16]
> 正德 己卯년(1519)에 思齋 김 선생이 작은 죄를 얻어 조정에서 물러나 高陽 芒洞에 삶을 정하니 망동은 之雲이 살던 동리였다. 일찍이 선생의 문하에 나가 글을 배웠다. 그 뒤 嘉靖 丁酉년(1537)에 선생께서 임금의 부름으로 조정으로 돌아가시니 지운이 의지할 곳을 잃게 되어 동생 之霖과 더불어 집에서 學을 講할새 의논이 天人의 道에 미치면 지림이 幼學으로 근거할 것이 없어 엿볼 수 없는 점을 근심하였다. 내가 이에 시험으로 朱子의 말을 취하고 모든 말을 참

---

15) 上同.
16) 『入學圖說』 序.

고해 한 개의 그림을 만들고 또 문답을 만들어 天命圖說이라 이름해 날마다 동생과 더불어 강하니 처음에는 남에게 보이기 위해 만든 것이 아니었다.[17]

권근의 글은 초학에 대한 교육의 필요에서 만들게 되었다는 점을 밝히고, 정지운의 글도 역시 아우인 지림에게 天人의 道에 관한 설명의 필요 때문에 만들게 되었다는 점을 밝힌다. 그렇게 보면 성리학자들의 그림 제작은 일단 교육이라는 목적이 일차적이라는 사실을 보여준다. 그렇지만 교육자와 피교육자의 사이에 의사소통의 매개물로서 그림의 가치를 인식했다는 것도 중요한 제작동기이다. 그 의사소통의 방식은 문답의 방식일 수 있고 공동의 토의일 수도 있는 것이다. 이러한 문답과 토의의 과정을 통해서 유교에서 중시하였던 天人의 道를 비롯하여 마음에 관한 일련의 관념들이 공유되는 것이고, 그 관념들로써 마음의 구조와 작용에 대한 경험을 하고 그 경험에 대한 명명 작용을 하게 되는 것이다. 이 명명 작용은 공부를 하거나 토론을 하는 사람 각자의 마음속에서 자기의 마음 작용에 대해서도 이루어지는 것이다. 이러한 작용이 일상생활에서의 자신의 마음에서 일어나는 마음의 여러 작용에 대해서 일정한 관념체계에 입각한 마음 경험을 낳고 유도하는 작용을 하게 된다는 점도 이해가 가능하다.

둘째, 아울러 그림을 통해서 표현된 작자들의 마음에 관한 이해와 형상은 성리학적 관점에 기초한 것이므로 근본적으로 그들이 공유하는 마음 이해의 틀을 보여주지만, 다른 한편으로 학자들마다 마음에 관한 이해의 방식과 내용에 차이가 있음도 역시 뚜렷하게 나타낸다. 그러므로 그림을 통해서 우리는 성리학자들의 마음 이해의 공유적 기반에 대한 논의와 아울러 그 속에서 발생하는 다양성과 차이에 대한 논의도 함께 진행할 수 있는 것이다. 즉, 그림상의 차이와 다양성은 문자적 설

---

17) 『秋巒實記』 157~158쪽.

명에서 발견된 차이와 그 의미를 더 명확하게 하거나 혹은 더 풍부하게 해 주는 것이다. 그 때문에 그림 자료의 참고가 매우 중요하다.

셋째, 특히 마음에 관한 내용을 그림으로써 표현하는 것은 작자의 마음에 관한 일정한 형상화이며 일정한 모델을 제시하는 것이다. 그것은 성리학의 개념과 원리에 입각하여 이루어진 것이므로 성리학적 원리에 입각한 마음의 모델이라고 간주할 수 있다. 중요한 것은 그 마음의 모델은 작자들 자신의 성리학적 개념과 원리에 대한 이해, 그리고 그 이해에 준하여 자신의 마음을 운용하고 경험했던 내용을 담고 있다. 이와 관련해서 주목해야 할 점은 경험의 표상방식이 천인관계, 理氣論, 體用의 사고범주, 敬의 원리 등으로써 이루어진다는 점, 그리고 그것을 통해서 心・性・情・意 등의 마음 관련 개념들이 위상을 가지게 된다는 점이다. 그러므로 여기서 천인관계, 이기론, 체용 등은 마음 관련 개념들을 정의하고 그 관계적 위상을 정립하기 위하여 동원된 상상력의 한 방식이거나, 마음과는 다른 실물세계에 대한 경험에서 유래한 개념으로서 마음 이해에 적용된 일종의 은유들이라고 할 수 있는 것이다.

넷째, 그러므로 그림들이 담고 있는 마음의 형상은 마음에 관한 은유(metaphor)의 체계를 시사한다. 마크 존슨에 의하면, 은유란 문장의 수사법의 하나를 지칭하는 것이 아니고, 우리의 신체적 경험이 추상적 의미와 추론 형식으로 이행되어 가는 과정에서 하나의 출발점이 되거나 기초를 형성하는 작용을 의미한다. 다시 말하면 의미(meaning)와 이해(understanding), 합리성(rationality)에 영향을 미치는 것으로서 상상적 구조화(imaginative structuring)와 投射(projection)에 관한 내용을 담고 있는 것으로서 은유를 말하는 것이다. 마크 존슨은 은유를 광범위하고 필수불가결한 인간 이해의 구조—그것을 통해 우리가 세계를 비유적으로 파악하는—로 간주하고, '상상력'이 우리의 경험에 질서를 부여하는 기본적인 영상도식적 능력이라고 주장한다.[18] 이러한 그의 주장을 성리학자들의 심학 연구에 적용하는 것이 가능할 뿐 아니라 오히려 적극적으로 적용해야 한다는 것이 논자의 생각이다. 성리학자들의 그림 자료들은 성리학자들의 마음 이해에 기초가 된 은유와 영상도식, 혹은 상상적 구조화의 틀과 내용을 암시한다. 그들로부터 성리학자들의 마음 인식에 관한 내용들을 지금보다 더 깊은 수준까지 검토할 수 있는 길을 열어 보고자 한다.

4. 심학적 마음 인식의 틀

조선시대 성리학자들의 마음 인식에 관한 내용을 기록한 자료들은 지금까지 언급하였듯이 문자로 기록된 자료들과 그림 자료들이 함께 유용하다. 문자로 기록된 자료들이 사상이나 철학을 분석하는 데 일차적 중요성을 지닐 테지만, 그림 자료들은 특히 개념화 이전에 개념화의 기초가 되거나 개념화와 병행하여 작용하는 은유와 상상력의 구체적 형태들을 시사한다. 마크 존슨의 견해에 따르면 심학의 은유와 상상력의 체계를 다룬다면 그것은 성리학자들의 개념 형성을 가능하게 하였던 마음 인식의 기본적인 발상의 틀을 고찰하는 일이 될 것이다. 따라서 여기서는 조선 초기부터 중엽에 이르는 기간 동안 저술된 문자기록과 그림 자료들로써 인간의 마음에 관한 설명과 표상의 주요 내용을 검토하고자 한다. 이 자료들을 검토하면서 주목하고자 하는 것은 그들의 설명과 관념의 세부적 내용의 차이의 비교가 아니라, 공동의 인식내용, 공동의 이해의 틀로서 가족 유사성을 지니는 내용들이다.

권근의 『입학도설』에서, 첫 번째 그림인 「천인심성합일지도」와 두 번째 그림인 「천인심성분석지도」를 통하여 인간의 마음에 대한 그의 견해

---

18) M. 존슨 지음, 노양진 옮김, 2000, 『마음 속의 몸: 의상상이성의 신체적 근거』, 철학과 현실사, 33~38쪽.

를 제시하였다. 그리고 정지운과 김인후, 이황은 각각의 「천명도」를 통해서 인간의 마음에 대한 자신들의 견해를 제시하고 그것을 정당화하였다. 그리고 이이 역시 그의 「心性情圖」, 「人心道心圖」를 남겼다. 이 자료들이 시사하는 성리학자들의 마음 인식의 기본 틀, 또는 그 상상력의 근원적 형태들 가운데 가장 근본적이라고 생각되는 것을 天人關係, 體用, 敬으로 한정하여 그 사고의 내용과 특징을 살피도록 한다.

1) 天人관계에 의한 마음의 범주화

마음을 형상화한 그림은 권근의 「天人心性合一之圖」, 「天人心性分釋之圖」, 정지운과 이황, 김인후의 「天命圖」, 이이의 「心性情圖」 등이다. 이이의 그림을 제외하면 천인관계에 의한 형상화가 뚜렷하다. 그리고 『天命圖說』도 역시 근본적으로 천인관계에 입각하여 마음의 구성을 설명하고 있다. 주요한 내용을 간략하게 살펴보고 그 의미를 생각해 보도록 한다.

권근은 인간의 마음을 다음과 같이 규정한다.

> 사람이 하늘에서 얻은 것이면서 사람의 몸을 주재하고 理氣가 妙合하고 虛靈洞澈하여서 神明의 집이 되고 性情을 통괄하니 이른바 明德이면서 衆理를 갖추고 萬事에 응하는 자이다.[19]

그리고 『천명도설』에서는 인간의 마음에 대해서 다음과 같이 설명한다.

> 天이 사람에게 命을 내려주셨는데 이 氣가 아니면 이 理를 머물게 할 수 없고, 이 心이 아니면 이 理氣를 머물게 할 수 없다. 그러므로 우리 사람의 마음은 虛[理]하고 또 靈[氣]하여 理氣의 집이 되는

---

19)『入學圖說』, 「天人心性分釋之圖」 心.

것이다. 이러한 까닭에 그 理는 곧 四德의 理이어서 五常이 되고
그 氣는 곧 二五의 氣이어서 氣質이 된다. 이것이 사람의 마음이
갖춘 바이니 모두 天에 근본한 것이다.[20]

이러한 설명들은 우선 근본적으로 天人의 관계를 바탕으로 心의 존재와 위상을 논하는 점이 특징이다. 유교의 세계관은 『주역』, 『중용』 등에 근거하여 보면, 천지에 의한 만물의 생성과 조화를 바탕으로 한다. 성리학에 이르러 그 관계를 理氣論으로써 설명하게 되었다. 철학적 관점으로 본다면 理氣論에 의하여 설명되는 天人관계의 원리는 사람 마음에 관한 일종의 존재론적 기반을 설명하는 방법이다. 특히 天은 도덕의 근원이자 실재로 간주되었고, 인간은 그 실재와의 합일의 경지에 도달함으로써 도덕이 성취되는 것으로 이해되어 왔다. 따라서 이에 의하면 天과 人의 일종의 존재론적 동일성을 근거로 천과 인의 도덕적 합일의 가능성을 열어 놓고 그것에 대한 지향을 강조하는 것이 곧 유교의 공부론 또는 수양론의 핵심이 되는 것이다. 그럴 때 특히 心은 그 도덕적 합일의 가능성의 원천이 되는 것이다. 때문에 心 역시 理氣에 의하여 天과의 도덕적 합일 가능성의 존재론적 기반을 공유하는 것으로 이해된다.

이러한 분석과 설명이 특별히 문제될 것은 없지만, 본 연구의 시각에서 볼 때 주목되는 것은 마음을 포착하고 설명하기 위한 가장 기본적인 범주로 천인관계를 적용하였다는 점이다. 이는 사람이 하늘의 소생이라는 점 때문에 사람의 내면에 속하는 마음 역시 천인관계에 적용된다는 점은 당연하다고 할 것이다. 그러나 마음에 천인관계의 도를 적용하게 된다면, 마음의 존재이유와 그 작용에 일정한 목적을 설정하여 보는 관점이 가능하게 된다. 이 점이 중요하다.

유교의 관점으로는 모든 만물이 천지가 형성하는 공간 속에서 생성

---

20) 『天命圖說』 제6절, 人心之具.

되고 소멸된다. 그리고 사람이 올바르게 존재하고 살아가는 길은 천지가 만물을 생성하고 조화하는 방식[道]를 따르고, 그것과 합일하는 태도와 실천을 하는 것이다. 본 연구의 관점에서 주목되는 점은 마음을 천인의 관계를 합일시킬 수 있는 연결자로 생각한 점이다. 이렇게 본다면, 천인관계는 마음 자체의 속성이나 요소 혹은 작용 등에 대한 이해에 앞서서 마음의 존재와 위상 혹은 요소와 그 작용들의 관계를 정하는 기준 또는 범주가 되는 셈이다. 따라서 마음에 대한 유학자들의 이해도 근본적 혹은 궁극적으로 천인관계라는 범주 속에서 표상되고 이해되고 그 작용과 요소들이 분석되는 결과를 가져왔다고 할 수 있다. 천인관계가 의미하는 천도 또는 천리에 의한 인간의 생성은 부모가 자식을 낳는 사실로부터 발생하는 은유인데, 이것이 마음의 실재를 포착하고 규정하기 위한 은유적 발상법으로서 동원된 것이다.

또한 마음의 실재를 설명하는 개념이 理氣인데, 理는 일종의 만물에 보편적으로 실재하는 동일성의 원리를 설명하는 개념이고, 氣는 만물의 차별성을 설명하는 개념이다. 원래 理氣 개념을 철학적 개념화하는 과정 역시 은유와 상상력의 과정을 거쳤다고 할 수 있는 것이지만, 그것이 외계의 사물에 대해서뿐 아니라 내면의 비실물성 마음의 이해에 적용된 것은 마음의 理[本性]에서는 천리와의 동일성을 지닌 것이지만, 氣와 결부된 작용[情과 意]]은 사람마다 각양각색으로 발휘된다는 발상법으로 보았음을 시사한다. 그럴 때 인간의 마음은 몸과 마찬가지로 이와 기가 하나로 합쳐져서 형성되는 존재이거나 현상이라는 것이 성리학자들의 공통된 생각이다. 그들은 마음을 잘 다스려서 올바른 실천을 꾸준히 한다면 이상적 인격체인 聖人의 인격을 형성하게 된다고 생각하였다. 그때 관건이 되는 것은 마음을 다스리는 일과 실천을 올바르게 하는 일인데, 그 수양과 실천의 준칙은 다름 아닌 天理이다. 천리를 추구하는 선한 마음이 올바른 실천을 낳으며 동시에 올바른 실천이 선한 마음을 잃지 않도록 한다고 그들은 생각하였다.

그런데 마음이든 몸이든 중요한 것은 理가 기의 작용에 기준이 되고 궤도가 되어야 한다는 그들의 생각이다.[21] 이러한 사고는 권근으로부터 정지운, 김인후, 이황 등의 그림들이 잘 형상화되어 있다.

또 한 가지 중요한 것은 마음의 공간화이다. 「천인심성합일지도」에서는 중앙에 커다랗게 음각한 心字에 性과 情의 관계 七情과 意 幾의 관계를 표상하였다. 이 그림은 마음이란 인간의 만사를 결정하고 선과 악이 판가름 나는 곳으로 표상하였다. 그 점은 「천명도」에서도 예외가 아닌데, 마음과 그 작용의 형상화에 각각 차이가 있지만, 圓을 그려서 마음을 일정한 공간처럼 표상한 점은 공통된다. 실제로 권근은 마음을 '神明의 집'이라고 생각했는데 이는 神明의 존재와 작용이 마음이라는 공간에 위치하면서 바깥으로 표출됨을 의미한다. 또 위에 인용한 『천명도설』의 글에서 "心이 아니면 理氣를 머물게 할 수 없다."고 하는 설명도 마음의 공간화에 해당하고, 권근의 "마음이 성정을 통괄한다." 는 설명도 그렇다.

그러나 마음은 虛하다는 관념은 존재의 실물성을 부정하는 것이다. 실물성이 부정된다면, 이는 공간의 점유가 일어나지 않는다. 그렇다면 다음과 같은 판단이 가능하다. 마음이란 비실물적 존재로서 공간을 점유하지 않는 것이지만, 성리학자들은 그러한 마음을 공간화하여 표상함으로써 하나의 실재로서 간주하고자 했음을 시사한다.

2) 體用에 입각한 마음의 이해

마음을 대표하는 성리학적 범주는 心이다. 마음에 대한 성리학자들의 인식에서 중요한 것은 理氣論이라는 일종의 존재론적 사고의 기반 위에서 심의 작용과 그 요소들을 性·情·意 등으로 인식한다는 점

---

21) 유권종, 2002, 「천명도 비교: 추만, 하서, 퇴계」, 『한국사상사학』 제19집, 한국사상사학회.

이다. 그리고 이들을 원자적 분산상태로 각각의 개별적 활동의 주체로 이해하기보다는 그들의 위상과 작용을 엮어 주는 관계의 방식이나 틀을 體用이라는 범주로서 설정하고 있다는 점이 중요한 특징이다.

體用이란 중국철학의 범주의 일종이며 유학에서도 다양하게 그리고 매우 유용한 설명의 도구로 사용되고 있다. 程頤의 體用一源 顯微無間이라는 설명이 보여주듯이 체용은 원래 어떤 실체적 존재와 그 작용의 불가분의 관계를 설명하는 방법이다. 조선의 성리학자들이 마음의 體와 用에 해당하는 요소를 정하고 그것을 설명하는 방식에는 학자들마다 다소 차이가 있다. 대체로 性은 體에 해당하고 情은 用에 해당하는 것으로 보지만, 또 다른 심의 用으로서 意도 거론되며, 이 意의 위상을 부여하는 것이 학자들마다 일치하지는 않는 듯하다. 그리고 유학자들은 심의 작용으로 발생하는 결과가 선한가 악한가 하는 점에 각별한 관심을 기울이고 있다. 이러한 방식으로 생각하는 예를 위에 거론한 학자들의 그림과 설명으로부터 찾아보도록 한다. 먼저 권근의 「天人心性分釋之圖」의 心圖에 관한 설명을 살펴보도록 한다.

> 心은 사람이 하늘로부터 얻어서 身을 주재하는 것이다. 理氣가 묘합하여 虛靈洞澈하니 神明의 집이 되며 性情을 통섭하니 이른바 明德이면서 衆理를 갖추어서 萬事에 응하는 것이다. 氣稟에 구애되고 物欲에 가리우면 그 用의 발출이 때로 어두우니 학자는 마땅히 敬을 하여서 내면을 곧게 하여서 그 어두움을 제거하고 그 밝음을 회복하여야 한다. 그 글자의 모양이 모난 것은 몸 속 사방 한 寸의 작은 자리에 머물고 있음을 본뜬 것이다. 그 가운데 한 점은 性이 理가 근원임을 상징한 것인데, 지극히 원만하고 지극히 바르며 치우치거나 기운 바가 없으니 心의 體이다. 그 아래에 凹한 것은 心의 속이 텅 빈 것을 상징한다. 텅 비어 있으므로 衆理를 갖추는 것이다. 그 머리의 뾰족한 것이 위로부터 아래로 내려오는 것은 氣가 근원임을 상징하니, (理氣가) 妙合하여 心을 이루는 것이다. 그 꼬리의 날카로운 것이 아래로부터 위로 올라간 것은 心이 五行 가운데 火에

속하니 火의 불꽃이 위로 올라가는 것을 상징한 것이다. 그러므로 (心은) 능히 光明을 발동하여 만사에 응하는 것이다. 그 오른쪽의 한 점은 性이 발하여 情이 됨[性發爲情]을 상징한 것이니 心의 用이요, 그 왼쪽의 한 점은 心이 발하여 意가 됨[心發爲意]을 상징한 것이니 역시 心의 用이다. 그 體는 하나이지만 用은 둘이 있으니 그 가운데 性命에서 근원하여 피어나는 것은 道心이라고 일컫고 情에 속한다. 그것의 처음에는 不善함이 없으나 그 단초는 미세하여서 발견하기 어렵다, 그러므로 道心은 미세하다[道心惟微]고 한 것이다. 반드시 敬을 주로 하여 그것을 擴充해야만 한다. 그 가운데 形氣에서 발생하는 것은 人心이라고 일컫고 意에 속한다. 그 幾微는 선한 것이 있고 악한 것이 있는데 그 흐름은 위태로워서 무너질 것 같다. 그러므로 인심은 위태롭다[人心惟危]고 한 것이다. 반드시 敬을 주로 하여 그것을 눌러서 다스려야 한다. 人欲의 싹을 막고 天理의 올바름을 가득 채우는 것은 항상 도심으로 하여금 주가 되게 하고 인심으로 하여금 (도심의) 명을 듣게 하는 것이다. 그런 다음에 위태로운 것은 안정되고 미세한 것은 뚜렷해져서 動靜云爲가 저절로 差謬가 없어져서 聖賢이 함께 돌아가서 天地(의 化育)에 參贊함이 또한 순조롭게 이루어지는 것이다. 그렇지 못하면 人欲이 날로 자라고 天理가 날로 쇠약해져서 이 心의 用이 情欲과 利害의 일에 지나지 않고 비록 사람의 형상을 지녔어도 禽獸와의 차이가 크지 않으니 경건히 하지 않을 수 있겠는가?[22]

위 글에서 體用의 사고는 心의 요소들을 체계화하는 틀이 되고 있다. 이 글에서 권근은 體는 하나이지만 用은 둘이 있다고 생각한다. 그런데 위 글은 그러한 體用의 관계에 대한 설명이 이중적이다. 즉, 性을 체로 삼으면서 情과 意가 그 용이 된다는 설명이 있고, 거기에 심을 체로 삼으면서 도심과 인심의 두 가지 다른 작용이 있다는 설명이 추가되었기 때문이다. 그리고 性發爲情과 心發爲意의 명제에서 情과 意를 동일한 체용의 범주에서 논해도 되는 것인가 하는 의문도 낳는다. 이는 권근의

---

22) 『入學圖說』, 「天人心性分釋之圖」, 心圖 설명.

학설이 性에 대한 분석과 체용론의 적용에서 아직 세밀하게 검토되지 못한 부분이 있었던 것으로 생각된다. 이것이 후에 이황과 이이에게서 연구되면서 性의 개념에서 이견을 낳고 그에 따라서 情[四端과 七情]과 人心 道心 등에서 이견을 낳는 계기가 된 것으로 짐작된다.

그런데 이황의 설명에서 더 근원적인 이유를 찾을 수 있을 것이다.

> 잠시 先儒로부터 들은 心에는 體用이 있다는 說로써 밝혀 본다면, 그 설은 모두 연유하는 바가 있다. 그 寂感을 체용으로 삼는 것은 위대한 易에 근본을 둔 것이고, 動靜을 체용으로 삼는 것은 『戴記』에 근본을 둔 것이고, 未發과 已發을 體用으로 삼은 것은 子思에 근본을 둔 것이고, 性情을 체용으로 삼는 것은 孟子에 근본을 둔 것이니 모두 心의 體用이다. 생각건대 사람의 一心이 비로 六合에 가득하고 고금에 뻗쳐있고 幽明을 꿰고 萬微를 통하더라도 그 요점은 이 두 글자를 벗어나지 않는다. 그러므로 體用의 이름은 비록 선진의 서적에 보이지 않았더라도 程朱 이래 諸儒가 道를 논하고 心을 논하는 것이 그 어느 것도 이것을 주로 삼지 않는 것이 없었다.[23]

이에 따르면 先秦의 서적마다 體用의 관계를 다루는 개념 혹은 범주의 단위가 일치하지 않는 것이다. 예를 들면 위 글에서 心의 未發과 已發을 體用으로 삼았던 子思의 경우와 性情을 體用으로 삼았던 孟子의 경우는 사실 性情의 관계를 의미하는 것이지만, 권근은 心의 發로서 意를 이 관계에 그대로 적용한 것이 문제가 되었다고 이해된다. 이황의 이러한 변석은 체용의 사고의 틀을 心의 이해와 설명에 절대적인 것으로 간주하는 태도를 보여준다. 그가 정지운과 공동으로 수정한 『천명도설』에서는 권근의 체용설의 애매함을 벗어나는 설명을 시도하고 있음을 보게 된다.

---

23) 『韓國文集叢刊』 제30책 412~413쪽.

이른바 五常은 純善하고 無惡하기 때문에 그 발하는 바의 四端 역시 不善이 없으며, 이른바 氣質이란 本然之性이 아니므로 그 발하는 바의 七情은 쉽게 邪惡으로 흐른다. 그러므로 性情의 이름이 비록 하나이지만 性情의 用은 다르지 않을 수 없다. 性이라 하고 情이라 하는 것이 (衆理를) 두루 갖추고 운용하는 것에 이르면 그 어느 것도 이 心의 妙 아닌 것이 없다. 그러므로 心이 주재를 하여서 항상 그 性情을 통섭하는 것이다. 이것이 인심의 대개이다.[24]

이 글은 性情의 관계를 本然之性 – 五常 – 四端, 氣質之性 – 七情을 대비시켜서 보여준다. 그리고 심은 性情의 관계를 통섭하는 것으로 설명한다. 李珥의 「人心道心圖說」의 내용은 體用의 내용을 더 일관된 형태로 제시한다.

신이 살피건대 천리가 사람에게 부여된 것을 일컬어 性이라 하고, 性과 氣를 합하여 一身을 주재하는 것을 일컬어 心이라 합니다. 心이 사물에 응하여 바깥으로 발하는 것을 일컬어 情이라고 합니다. 性은 心의 體이고 情은 心의 用입니다, 心은 未發과 已發의 總名입니다. 그러므로 心이 性情을 통섭한다[心統性情]고 말하는 것입니다. 性의 항목은 다섯이 있는데 仁義禮智信이라고 합니다. 情의 항목은 일곱이 있는데 喜怒哀懼愛惡欲이라고 합니다. 情이 발출하는 것에는 道義를 위하여 발출하는 것이 있는데 제 어버이에게 효도하려고 하고, 제 임금에게 충성하려고 하고, 孺子가 우물에 들어가는 것을 보고 惻隱하게 여기고, 義가 아닌 것을 부끄럽게 여기고 宗廟를 지나갈 때 거기에 공경하는 것과 같은 유들이 이것입니다. 이것을 일컬어 道心이라고 합니다. 또 口體를 위하여 발출하는 것이 있는데 굶주렸을 때 먹고자 하고, 추울 때에 옷을 입고자 하고, 힘들 때 쉬고자 하고, 精이 가득 차면 여자를 생각하는 따위들과 같은 것이다.[25]

---

24) 『天命圖說』 제6절, 人心之具.
25) 『韓國文集叢刊』 44책 284쪽.

李珥는 性을 心의 體, 情을 心의 用이라 하고, 그 體用관계의 性情을 五常과 七情으로 단일화시켰다. 그리고 情에는 道心과 人心의 두 가지가 있다고 하는 설명은 情과 도심 인심의 연관성을 더욱 분명하게 하는 설명으로 간주될 수 있다.

3) 敬에 의한 일관성의 추구

심학에서는 천인관계에 근거하여 마음의 구성을 理氣라는 개념으로 설명하고, 그 마음의 구성요소들을 性·情·意 등으로 개념화하였다. 심학에서는 천인합일을 하기 위하여 마음이 주재력을 가져야 함을 강조한다. 그 주재력이란 본성에 부합하는 情과 意의 작용과 그 과정의 일관성을 유지하는 것이 관건이다. 그렇게 마음을 주재하는 것은 表裏一致, 前後一貫, 動靜不違와 같이 심신의 일관성을 확보함으로써 결과적으로는 천인합일의 이상에 도달하고자 하는 것을 목적으로 삼는 것이다. 권근은 「천인심성합일지도」에서 군자의 수양원리로 경을 제시하고, 정지운은 「천명도」에서, 이황은 「천명구도」와 「천명신도」 등에서 심의 未發 때와 已發 때에 모두 필요한 태도로서 敬을 강조했다.

성리학자들이 敬에 의한 마음의 주재를 중요하게 생각하는 이유는 마음에 속한 요소 혹은 작용들의 분열 가능성이 매우 크기 때문이다. 즉, 天理와 人欲의 갈등, 仁義의 지향과 그에 대립되는 情欲과 利害의 추종, 四端과 칠정의 불일치, 道心과 人心의 부조화 등의 문제가 성리학자들이 파악한 인간 내면의 문제이다. 이 문제의 근원을 理氣의 묘합에 의한 마음의 구성 때문이라고 할 수 있지만, 그 대립적 요소 내지 작용들의 갈등과 부조화를 조화시켜서 천리에 부합하는 마음의 체계를 구성하는 것이 수양의 과제가 되는 것이다.

이황에 의하면 "성이 발하여 정이 되는 때는 一心의 幾微이고 만화

의 樞要로서 善과 惡이 여기로부터 갈라지는 것입니다."26) 이는 성이
발하여 정이 되는 때에 발생하는 선악의 기미를 무엇보다도 중요시하
고, 그 상태에서 선을 일관되게 지향할 수 있는 마음의 작용체계를 건
립하는 것이 중요하다는 사고를 낳는다고 할 수 있다. 그 때문에 그는
다음과 같이 말하는 것이다. "학자는 진실로 持敬을 한결같이 하여서
理와 欲의 구별에 어둡지 않고, 더욱이 이에 삼가서 未發인 때에 存養
의 功이 깊고 已發인 때 省察의 習이 익숙해져서 참을 쌓고 오래 힘
써 마지않으면, 이른바 '精一 執中'의 聖學과 '存體 應用'의 心法을 모
두 밖에서 구할 필요 없이 여기에서 얻을 수 있는 것입니다."27)

　여기서 말하듯이 정일 집중, 존체 응용은 무엇보다도 천리와의 합일
의 정도를 높이기 위하여 마음의 여러 요소들을 경의 태도로써 조화
시키는 것이다. 이러한 조화의 추구는 다양한 마음의 요소와 작용들을
理로 일관하여서 궁극적으로 천도의 본질인 誠의 태도와 상태를 얻는
것을 의미한다. 그래서 권근은 「천인심성합일지도」에서 성인의 원리를
誠이라 하고, 그 내용을 "성인은 본성대로 한다", "(천도는) 진실하여
거짓이 없고 순수함이 또한 그치지 않는다"고 표상하였다. 그러므로
敬을 통해서 誠의 상태에 도달한다는 것이 심학적 수양론의 근간이
되는 원리라고 한다면, 그 원리에는 무엇보다도 一貫이 중심 의미가
됨을 알 수 있다.

　원래 일관이란 공자가 "나의 도는 하나로써 모든 것을 꿴다."고 한
데서 이미 학문방법 내지 학문태도로 중시된 것이다. 증자는 그 하나
를 충서라고 하였지만, 주자는 그것의 본질을 一理로 설명하였다.28)
아마도 이것이 성리학자들이 추구하는 일관성의 본질이라고 할 수 있
을 것이다. 그러므로 경은 일리를 심신에 구현하고 표리에 확충하는
방법으로서 천인합일의 중추적인 방법으로 간주되었다고 할 수 있다.

---

26) 『韓國文集叢刊』 29책 207쪽.
27) 『韓國文集叢刊』 29책 207~208쪽.
28) 『論語集註』, 里仁.

5. 유교적 마음 인식의 특징

앞에서 살핀 심학의 마음 인식의 내용들, 천인관계, 체용론, 경의 원리 등은 근본적 구성주의의 관점으로 본다면, 그 이해가 과연 마음의 실재 혹은 마음의 실제와 부합하는가 하는 점은 밝힐 수 없다. 즉, 이기의 묘합에 의하여 마음이 형성된다는 심학적 설명이 과연 마음의 실재로서 타당한가, 아니면 마음은 실제로 이와 기로 이루어진 것인가 여부는 마음의 비실물성 때문에 정확하게 객관적으로 실증할 수는 없는 것이다. 다만 그 이해는 근본적으로 은유일 뿐이라고 할 수 있다. 그 관점에 의해서 볼 때 실재는 확인될 수 없는 것이며, 다만 인간이 그 내용을 구성하는 것이고, 그 내용을 구성할 때 은유가 사용되는 것이다. 특히 그 실재를 확인할 수 없는 마음의 존재나 현상에 대한 이해는 추상적일 수밖에 없는 것인데, 추상적인 것에 대한 이해와 설명은 은유의 방식을 의존하게 되는 것이다.[29]

예를 들면, 마음을 컴퓨터와 같다고 믿는 장 피아제의 견해가 은유로써 마음을 이해하는 것이다. 피아제 외에도 심리언어학자인 제리 포더는 입력 시스템(지각)과 중앙 시스템(인식)의 두 부분으로 된 것이 마음의 구조라고 하였고, 가드너는 마음의 구조가 일련의 비교적 자율적인 지능으로 구성되었다고 주장하였다.[30] 이 두 학자의 견해는 마음을 모듈의 집합체로 생각한 점에서 공통된다. 그리고 그 모듈의 내용에서 핵심적인 것은 지능, 인식과도 같은 작용인데, 그것을 마음의 특성으로 본 것이다.

그러면 그들이 유학을 통해서 마음을 인식했던 내용의 특징은 무엇인가? 우선 이들은 마음 인식의 근본 태도가 마음을 통해서 인격을

---

29) Lakoff, Goerge and Johnson, Mark, 1980, *Metaphors We Live By*, University of Chicago Press, Chicago.
30) 스티븐 미슨 지음, 윤소영 옮김, 2001, 『마음의 역사』 영림카디널.

성취한다는 사고에 입각하여 마음의 본질과 역할을 설명하였다. 이 질문은 그들이 학문의 목적을 유학을 통한 이상적 인간, 즉 聖人의 성취에 두었다고 볼 때 합당하다. 그 성인은 바로 孔子인데, 그 성인의 조건은 유교의 도덕을 체득하여서 궁극적으로 天人合一을 성취한 인격자이다. 도덕의 체득이란 유교문화의 내면화를 통한 마음의 도덕화를 지향하는 것이고 나아가서 마음의 본질의 해부보다는 마음의 이상적 구성과 성취가 더 중요한 과제가 된다. 이는 근대에 들어와 서구의 심리철학이 마음에 관한 정확한 지식을 구하기 위하여 특히 엄밀한 논리적 분석과 개념 정의를 추구하는 것과 다르고, 심리학이나 기타 과학에서 일종의 물리주의적 가설을 토대로 인간의 두뇌로부터 마음의 비밀을 해부하고자 하는 실증적 연구를 통한 마음 본질의 해명과도 다른 것이다.

성리학자들의 마음에 관한 이해가 理氣論에 의하여 형이상학적 이론과 관념을 체계화한 가운데 이루어지고 있다고 하더라도, 그 형이상학적 관념의 표현 역시 일종의 은유라고 보는 것이 옳을 것이다. 그에 대한 논증은 다른 지면으로 미루고, 그 은유에 대해서 다음과 같은 설명이 가능하다. 유학자들의 마음에 관한 은유적 이해는 서구의 그것과는 방식과 입지 설정이 다르다. 유학자들의 은유는 단순하지 않지만 그 가운데 가장 근본적이고 전제적인 은유(root metaphor)는 天人合一과 관련된 은유이다. 이는 근본적으로 인간과 천지자연은 상응하는 생명과 작용의 구조를 지녔다고 보는 은유, 또 생명을 공동으로 유지하는 유기체라는 은유이다. 그리하여 유학자들은 인간의 본성과 천리, 천의 작용과 인간 마음의 작용이 상응하는 구조임을 그림으로 표현하였다. 때문에 천인합일의 이상을 성취하는 것도 마음에 달려 있으며, 마음의 수양이 천인합일의 관건이 된다.

또 하나 중요한 은유는 인간의 마음을 體用의 관계로 보는 사고이다. 체용이란 유학뿐 아니라 불교, 도가에서 보편적인 철학 범주인데,

이는 사실 인간의 몸과 그 작용과의 관계를 마음의 이해에도 적용한 것이다. 이때 몸과 그 작용은 서로 분리될 수 없듯이 마음에서도 체와 용이 서로 분리되지 않는다고 생각되었다. 성리학자들은 체용의 은유를 적용하여, 성을 체라고 보고 이것의 용이 정이라고 하여 마음을 일종의 유기체적 체계로 생각하였다.

그럼에도 불구하고 인간에게 악한 마음이 나오고 악한 행위가 나오는 것이 문제인데, 성리학자들의 고민은 이를 극복의 대상으로 삼고 인간의 마음이 선 일변도로 작용하게 하는 방법을 찾는 데 있었다. 그럴 때 그 문제를 풀기 위해서 그들은 또 다른 종류의 은유를 사용했다고 할 수 있다. 그것은 明鏡止水의 비유이다. 명경지수란 대상을 왜곡시키지 않고 그대로 비추어 내는 거울같이 맑고 잔잔한 물이다. 인간의 마음도 본연의 상태는 세상의 온갖 이치를 두루 훤하게 알고 있는데, 이것을 명경지수에 비유하였다. 명경지수에 다른 물건이 섞이면 대상을 올바르게 비춰 내지 못하는 것처럼, 인간의 마음도 본연의 상태를 잃으면 이치를 올바르게 알지 못하게 된다고 하는 것이다. 그런 장애는 바로 기질의 탁함이나 잡박함 때문에 발생한다는 것이 그들의 생각이다. 즉, 그들은 인간의 마음은 온갖 이치를 다 갖춘 것이고 그 이치를 발현할 때에는 기질의 작용이 있어야 하는데, 그 기질이 맑고 순수하면 그 이치를 잘 발현할 수 있지만, 기질이 탁하고 잡박하면 장애를 받는다고 생각한 것이다. 기질은 타고나는 것과 후천적으로 습득되는 것이 있는데, 후자는 경험적으로 획득되는 습관과도 같은 것을 말한다.

성리학자들은 기질의 장애를 극복하는 것이 곧 인간 본연의 선함을 회복하는 것이고, 그것이 곧 천과 합일하는 길이 된다고 보았다. 그때 대체로 기질의 장애를 극복하는 방법은 다름 아닌 예절의 학습과 마음의 수양인데, 심학에서는 양자가 각각 다른 길이 아니라 사실은 하나의 길이라고 생각하였다. 敬은 예절의 학습과 마음의 수양 모두에 적용되는 태도일 뿐 아니라 실은 신체와 마음의 일관된 수양을 주재하는 원리로 유학자들은 인식했다. 그들이 인간의 심신관계가 일원적인가 이원적인가 하는 논의에 집착하지 않았던 것은 그들에게는 심리철학에서 문제시하는 심신관계의 본질이 무엇인가에 관해서 별다른 관심이 없었음을 뜻한다. 이는 그들의 관심사가 본질의 해명보다는 목적론적 사고에 충실하여 인간의 인격성취를 도모하는 데 치중하였음을 시사하는 것이다.

6. 결론: 유교문화와 마음 인식의 관계에 대한 추론

문화심리학의 관점에 의하면 인간의 마음은 문화권마다 같지 않다. 이점은 유교심학에서 인식한 마음이 결국은 한국인의 마음의 원형이 되었다고 할 수 있으며, 한국인의 마음과 서구인의 마음 사이에 발생하는 차이도 문화적 환경과의 상호관계 속에서 발생하고 형성되는 마음의 근본적 구조와 인지과정 자체의 차이에 근거한 것으로 볼 수 있을 것이다. 더구나 근본적 구성주의의 관점에 의하면 서구의 심리철학이 밝힌 마음이나 심리학 과학들이 밝히는 마음은 서구의 문화적 환경 속에서 서구인들이 구성한 산물이듯이, 심학의 마음 인식은 성리학자들이 유교문화의 환경 속에서 스스로 구성한 산물이라고 할 수 있다.

우리는 그러한 증거를 권근의 「천인심성합일지도」로부터 일련의 「천명도」 및 이이의 「심성정도」, 「인심도심도」에 이르는 그림들에서 확인할 수 있다. 그 그림들은 서구의 학자들이 표상한 마음 또는 마음의 작용에 관한 각종 그림들과 매우 다른 것이고 특이하다. 그 그림들이 표상하는 마음의 구조와 작용의 원리, 더 나아가 일종의 목적론적 관념의 표상은 유교문화의 내면적 성취와 긴밀한 관련을 맺는다.

지면의 한계 때문에 그림들의 상세한 분석은 다른 기회에 하기로 한다. 여기서는 조선 초기부터 16세기에 이르는 약 100여 년의 기간 동안 등장한 그림들이 심학의 심화과정이라고 보고,[31] 이 과정에서 유학자들의 심학적 마음 이해와 마음 경험이 성장했으며, 이 시기에 유학자들뿐 아니라 사회구성원들 역시 그들의 마음 경험과 마음 이해도 유교문화에 의하여 구성되는 과정이라고 가정하고 다음과 같이 추론하고자 한다.[32]

우선 성리학자들이 주도하여 유교문화가 정착하면서 사람들의 생활은 유교적 법제와 관혼상제의 의례를 실생활에서 추구하게 된다. 그와 더불어 유교적 인륜도의를 일상 속에서 관습화하게 된다. 이 과정에서 곧 유교적 관념에 입각한 마음 경험과 마음 이해를 반복하게 되며, 그 결과 유교문화에 의하여 한국인의 마음이 재구성되었던 것이다. 즉, 고려시대부터 내려오던 불교적 의례와 문화가 불교적 마음의 세계를 구성했었다면, 성리학자들이 조선 초기부터 시도한 유교적 법제화와 유교의례의 보급과 실천은 불교에 의하여 구성된 인간의 마음을 해체하고 유교에 의하여 재구성하는 것이었다.

그 결과로 본다면 그 재구성의 내용은 무엇이고 그 특징은 무엇일까? 전반적으로 볼 때 그 내용은 유교적 법제와 의례의 속성에 부합할 수 있는 마음의 구조와 작용의 체계화이다. 권근의 그림으로부터 이이의 그림에 이르기까지 공통적으로 인간의 본성을 인의예지, 혹은 인의예지신으로 표상하고 있는 점은 우선 인간의 마음을 유교적 인륜도덕의 실체를 내재한 것으로 인식하는 것이다. 그와 더불어 성과 정의 體用관계를 강조하는 것은 인륜도덕의 실체로서의 성을 구현하는 마음 작용으로서 정이 자연스럽게 발출할 수 있도록 구조화하여야 한다는 당위 의식을 보여준다. 아울러 기질의 장애를 걷어내고 본성의 자연스러운 발출을 위하여, 敬의 방법과 태도를 중시했다.

그런데 敬은 단순히 의식상의 통일이나 의식의 집중을 의미하는 것

---

31) 유권종, 2001, 「퇴계예학 연구의 과제와 전망」, 퇴계학보 109집, 퇴계학연구원.
32) 유권종, 2001, 「禮治에 관한 퇴계의 사고」, 퇴계학보 110집, 퇴계학연구원.

은 아니다. 그것은 이황이 그의 『聖學十圖』 제9도 「敬齋箴圖」와 제10도 「夙興夜寐箴圖」에서 보여주듯이 일상생활에서 유교적 의례를 반복하여 실천함으로써 인륜도덕을 체득하는 데 필요한 방법이거나 그 결과로서 나타나는 태도로서, 일종의 몸과 마음이 유교의례를 기준으로 균일하게 응집되어서 생활 속에서 선한 마음가짐과 몸가짐을 잃지 않는 상태를 의미한다.[33] 이는 몸과 마음을 통일된 일원적 존재로 보는 사고이며, 나아가서 자연스럽고 자발적인 도덕적 사고와 행위는 경에 의한 도덕의 신체화가 관건이 됨을 시사하는 것이다. 이때 신체화는 이성적 사고의 차원에서 생각되는 개념이 아니고 생물학적이고 문화적인 맥락 안에서 스스로 자라나는 개별적 감각운동 능력이라고 하는 바레라의 관념과 관련이 있다고 생각된다.[34]

나아가서 그들은 인간의 마음이란 궁극적으로 天과 합일되어야 한다고 강조했다. 그 합일의 근거는 천의 이치와 인간 마음의 본성이 동일한 理라는 데 있다. 그런데 이 理를 사회의 도덕은 물론 천지자연의 공동생명의 이치라고 한다면, 유교에 의한 마음의 구성은 유교적 공동체의 인륜도덕의 이치를 신체화(embodiment)함으로써 공동생명의 영위와 지속을 중시하는 마음 이해와 마음 경험을 바탕으로 하고 있음을 의미한다.

우리는 유학자들이 이해한 인간의 마음의 구조와 작용이 현대심리학에서 이해되는 것과 많은 차이가 있음을 알 수 있다. 1980년대 이후 심리학자들은 인간의 마음에 대한 이해와 설명에서 가장 중점을 두는 것은 인식과 지능의 문제이다. 제리 포더의 마음의 2층 구조, 하워드 가드너의 마음의 구조는 다중 지능으로 구성된다는 이론, 리더 코스마이즈와 존 투비처럼 인간의 마음이 수없이 많은 칼날을 가진 스위스 아미나이프처럼 다수의 지적 모듈로 구성되어 있다는 이론[35] 등은 인

33) 상동. 유권종. 2001, 「퇴계예학 연구의 과제와 전망」, 퇴계학보 109집, 퇴계학연구원.
34) F. Varela, 1999, *Ethical Know-how*, Stanford Univ. Press.
35) 스티븐 미슨 지음. 윤소영 옮김, 2001, 『마음의 역사』, 영림카디널.

간의 마음에 대한 이해와 설명이 지적 능력의 근원을 탐구하는 데 맞추어져 있으며, 그에 따라서 그들의 마음 경험 역시 그 지적 능력을 스스로 믿고 체험하는 쪽으로 지향되고 진행되었음을 시사한다. 또한 그것은 인간의 마음의 실재를 해명하는 것에 초점을 맞추고 있다.

그렇다면 그것과는 다른 유교적 마음 이해의 특징을 찾아낼 수 있다. 조선시대 유학자들의 마음 이해는 지능이나 인지가 아닌 도덕적 체화에 초점을 맞추고 있다. 그리고 조선시대 유학자들의 마음 이해는 마음의 실재를 해명하는 것보다는 도덕의 체화에 의한 도덕적 마음의 형성에 초점을 맞추고 있다. 특히 敬을 중시하는 것은 자율적, 자발적, 자연적 도덕실천능력의 함양이 중요하다는 유학자들의 공통된 입장을 보여준다. 500년이 넘는 기간 동안 한국인 선조들의 유교문화를 체화하는 과정은 오늘날 한국인들이 스스로 이해하고 경험하는 마음의 구조와 작용에 유교적 도덕을 그 핵심적 틀로 자리 잡도록 하였던 것은 아닐까 생각된다.

마음의 이해에 관하여 유학자들의 견해와 현대심리학자들의 견해 가운데 어느 것이 더 정확하고 올바른가를 가릴 수 있는 근거나 기준은 없는 듯하다. 그 이유는 예나 지금이나 은유에 기초한 설명으로써 마음을 이해하고 있으며, 엄밀하게 본다면 그것은 하나의 믿음이지 사실관찰은 아니기 때문이다. 그리고 유학자들의 견해는 현대심리학의 견해와는 많이 다르지만 현대 일반적 한국인들의 마음에 대한 이해와 많은 유사성을 갖는데,[36] 그것은 유교문화가 한국인의 마음을 형성한 결과라고 보는 근거가 될 듯하다. 그러므로 인간의 마음은 어느 관점과 관심에 따라서 보는가에 따라서 언제나 다른 모습으로 보이는 것 같다.

유학자들이나 현대심리학자들, 혹은 인지과학자들에게 공통적인 것은 마음을 연구하는 활동에서 일종의 은유에 근거한 전제적 믿음이 연구의 시발이 되고 있다는 사실이다. 그렇다면 인도의 진인 안나말라이 스

---

36) 최상진, 2000, 『한국인 심리학』, 중앙대학교 출판부.

와미의 가르침처럼, 사실 마음은 실재하는 것이 아니라 의식만이 존재하며, 어느 것이 진리라는 확고한 신념을 일으키면, 그 신념이 그대로 자신의 직접적인 체험이 된다고 하는 것이 옳다고 할 수 있을 것이다.[37]

---

37) 데이비드 가드먼 엮음, 대성 옮김, 2000, 『마음은 없다』, 탐구사.

한국인의 내면에 形象化된 '마음': 한국인의 마음모델 구성을 위한 기초연구*

유권종, 최상진

1. 서론: 마음을 보는 시각의 얼개 짜기

마음은 實在인가, 아니면 사람들의 머릿속 構成(또는 構想)인가? 마음 자체에 대한 연구를 主課題로 설정하고 존립하는 철학과 심리학은 마음 또는 마음 관련 현상을 實在 또는 實體性을 갖는 현실(reality)로 받아들이고 이를 연구해 왔다. 그러나 마음연구의 역사적 전개과정에서 철학과 심리학은 그 접근양식에서 큰 차이점을 나타내 보이고 있다. 철학에서는 마음에 대한 연구의 시작 단계에서부터 채택해 왔던 마음의 존재성에 대한 기본가정, 즉 '마음은 사물이 존재하는 것처럼, 사람의 뜻이나 생각과 무관하게 스스로 존재하고 마음 자체의 내적 운행 법칙에 따라 작동한다.'라는 전제 위에서 마음을 연구해 왔다.

* 『동양철학연구』 34, 동양철학연구회, 2003. 10

현재는 이 마음의 본질이 물리적인 것인가 아닌가에 관한 논란도 있으며, 심지어 Wittgenstein과 같은 일부의 철학자들처럼 이러한 전제와는 다른 입장에서 마음을 연구해 온 전통이 있는 것은 사실이다. 그러나 대체로 마음의 실재에 대한 믿음을 근거로 마음이 무엇인가를 해명하려는 것이 고대철학으로부터 현대철학까지의 일반적인 흐름이라고 생각된다.(김재권, 1999.)

다른 한편 자연과학적 접근을 연구의 기본 패러다임으로 발전해 온 심리학(특히 서구의 현대심리학)에서는 마음 자체에 대한 사물지각형 實物性 관찰이 불가능하다는 점에서 마음 대신 '관찰 가능한 행동'을 연구의 주 대상으로 하는 우회적 접근을 학문의 시대적 패러다임으로 채택해 오고 있다.(Mead, 1934, Ratner, 1997, Wertsch, 1998.) 그러나 이처럼 마음이 아닌 행동을 연구하는 심리학에서도 행동의 이면에는 '마음 또는 마음과 같은 그 어떤 것'이 작용한다는 전제나 함축을 명시적 또는 암묵적으로 하여 연구와 이론 구성이 이루어져 오고 있다. 이러한 맥락에서 심리학자들은 마음 그 자체보다 '마음의 작동 또는 운행원리'에 관심을 갖게 되었고, 따라서 마음을 연구하는 학문을 '心學(Science of mind)'이라고 지칭하지 않고 '心理學(Principles of mind activities)'이라고 지칭해 왔다.(Bruner, 1990, Harre & Gillett, 1994.)

그러나 마음과 같이 實物性이 약하거나 거의 없는 觀念性 槪念도 언어-사회적 과정을 통해 '명백히 실재하는 사물'과 같은 經驗的 (experiential) / 效能的 차원의 실물성을 획득할 수 있으며, 그 경우 '마음이라고 하는 것'은 經驗-結果的 實在性을 갖는 개념이며 현상이 될 수 있다.(최상진, 2000, 최상진, 한규석, 김기범, 2000, 2001, 2002a, 2002b, Van der Veer & Valsiner, 1991, Vygotsky, 1978, 1986.) 사회학자인 W. I. Thomas 의 말을 빌리면 다음과 같다. "If people believe a thing to be real, then it is real in its consequences for them." 이처럼 실물성 실재를 넘어서 언어-사회 구성적 실재를 인정하고 강조하는 입장에서 근래에 인문사회과학계에 새로운 패러다임으로 소개되고 논의되어 왔던 개념, 접근 또는 이론들 중에서 대표적인 몇 가지를 소개해 보면 '사회적 구성주의(social constructionism)'(Gergen, 1985, 1994), 사회담론적으로 생성되는 마음에 초점을 두고 생성된 'discursive mind'라는 개념과 이에 기초하여 구성된 '담론적 구성심리학(discursive psychology)'(Harre, 1986, Harre & Gillett, 1994), 그리고 이보다 더 큰 범주의 개념인 '문화심리학(cultural psychology)'(최상진, 1999, 최상진, 한규석, 1998, 2000, Cole, 1996, Greenfield, 1997, 1999, Greenwood, 1999, Miller, 1999) 등을 들 수 있다. 이러한 구성주의적 접근과 관련하여 혹시 일어날 수 있는 오해를 막기 위해 본 연구자들의 입장을 여기서 먼저 밝히고자 한다.

사람의 '마음'에 관한 한 그것의 형이상학적 또는 구성개념(construct)적 성격과는 관계없이 이처럼 강력한 경험 – 결과적 실재성을 갖는 사회적 개념은 희소하다. 그 근거나 이유는 다음과 같은 곳(또는 점)에서 찾아볼 수 있다. 우리가 몸으로 살아가는 실제의 사회적(정치, 경제, 사회, 문화 등) 삶 속에서 마음이라는 개념 및 현상을 빼놓거나 제거시킬 때 인간이 지금까지 당연한 것으로 받아들여 왔던 제반 사회 – 문화적 경험의 상당 부분은 무의미해지거나 해체된다. 그 이유는 인간의 삶을 의미 – 체험적으로 규정하고 제약하는 제반 사회제도(법률, 사회규범, 예의도덕, 정치 / 경제 / 사회 / 교육 이념 및 체계, 가족제도 및 관혼상제 풍속 등) 속에 마음 또는 마음類의 개념 / 요소가 내재적 연관성과 체계적 의미성을 가지고 명시적 또는 암묵적으로 內屬되어 있기 때문이다. 개개인의 사적인 마음 속에 존재하는 마음이라는 개념이 이처럼 當事者經驗 성격의 緊切한 삶의 장르를 구성하는 사회적 제도 현실 속에 텍스트나 컨텍스트의 형태로 반영될 때 이러한 私的 마음은 마음속 개념의 차원을 넘어 對象的 準據, 體驗的 參照體系 또는 客觀的 事件 構成要素 등과 같은 실물성 단서를 획득하게 된다. 따라서 마음은 실물로 체험되고 동시에 마음은 실물과 같은 자극으로 기능하고 반응으로 나타나게 된다.

마음이 이처럼 실물성 개념이며 실재적 현상으로 인간사회계에 편입되었다고 할 때, 이러한 마음의 성격과 본질은 어떻게 구성 또는 만들어지는 것일까? 이와 관련해서 두 가지의 과정을 상정해 볼 수 있겠다. 하나는 우리의 몸이 생득적으로 그렇게 만들어지도록 되어 있어서 지금 우리들의 몸처럼 생기게 되었다는 것처럼, 지금 우리들이 말하고 생각하는 바대로의 그 마음도 생득적이건 아니면 자연적이건 그렇게 생겨 먹을 수밖에 없어서 그렇게 구성될 수밖에 없다는 자연류적 마음관이다.(Danziger, 1997.) 다른 하나는 마음이 특정한 속성을 미리 가지고 있어서 그렇게 생겨 먹을 수밖에 없다는 입장이 아니라, 사람들이 마음에 대해 말하고 교류하고 귀결하는 과정에서 사회 – 문화적으로 오늘날의 그것처럼 구성하게 되었다는 인간류적 마음관이다.(최상진 등, 2000, Shore, 1996.) 서구의 주류 현대심리학의 마음관이 전자에 속한다면, 사회구성주의적 마음관은 후자에 속한다고 볼 수 있다.

후자와 동계열적 맥락에서 심리학 史家인 Danziger(1997)는 세상에서 사람들이 어떤 개념을 지칭하는 말을 같은 뜻으로 사용하고 동시에 사회구성원들이 특정한 현상을 보고 그 개념을 준거(reference)로 삼아서 지칭(indication)하는 현상에 관한 인식과 경험을 공유할 때 그 개념은 실재의 구체적 사실로 현실화된다고 주장한다. 그는 '마음'이라는 개념 또는 현상과 관련하여 마음의 내용이나 속성을 '어떤 말' 또는 '어떤 명칭'으로 作名(naming)하여 사용하느냐에 따라 마음의 구성체적 성격이 결정된다는 作名 – 實體化 理論을 제시하고 있다. 즉, 마음의 현상에 대해 사회적으로 붙여진 작명이 歸屬的으로 작명에 맞는 현실을 觀念的으로뿐 아니라 經驗的으로도 作出하게 된다는 것이다.

이와 비슷한 입장과 설명은 Moscovici(1984)의 社會的 表象理論에서도 제시된 바 있다. 사회적 표상이론은 바로 이러한 현상에 着地하여 구성된 이론이다. 이 이론에서는, 우리가 살아가는 人間界를 物化界(reified universe)와 社會的 合意界(consensual universe)로 대분한다고 할 때 무의식, 자아 등과 같은 마음계는 사회적 합의계에서 생겨나는 표상이며 실물계라는 것이다. Moscovici는 보다 구체적으로 Freud에 의해 창안된 정신분석이론이 일반인들의 사회적 대화 및 소통과정에서 어떻게 변질되고 새로운 형태로 재구성되는가를 경험적 연구를 통해 밝힌 바 있다. 이러한 연구와 견해는 앞서 소개한 Danziger의 저서인 『Naming the mind』에서도 그대로 드러나고 있다. 이와 관련하여 문화심리학자인 Valsiner(1991)는 실물성이 약하거나 모호한 심리현상에 대한 개념 구성이나 사건 설명에서는 문화적(또한 종교적) 영향을 많이 받는다는 것을 제시한 바 있다. 여기서 Valsiner의 의견을 Danziger나 Moscovici의 이론에 접목시킬 때 다음과 같은 명제를 추론해 볼 수 있다. 즉, 마음에 대한 사회적 표상과 세속적 경험계의 구성은 사회구성원들이 속한 역사 — 문화적 전통에 의해 鑄造 / 形削될 가능성이 매우 높다고 볼 수 있다. 부연해서 마음과 같이 역사 — 문화적 테두리 속에서 규정되는 부분이 큰 개념의 具象的 經驗은 脫文化的 普遍性보다는 文化 有關的 特殊性을 보일 가능성이 크다는 점을 추론해 볼 수 있다.

마음의 본질론을 떠나 마음의 생성론적 입장에서 마음의 발생과정에 대해 간단히 검토해 보기로 한다. 즉, 마음이 自然類(natural kinds)인가 아니면 人間類(human kinds)인가의 문제와 관련하여 Piaget를 비롯한 유럽의 주류 발달심리학자들은 마음이 그 자체의 내적 발달논리에 따라 성장, 분화, 통합된다는 자연류적 입장에 기울었다면, Vygotsky를 비롯한 구소련의 역사 — 문화심리학자들의 이론(Leotiev, 1978, Wertsch, Rio, & Alvarez, 1995)은 마음의 역사 — 문화적 구성의 측면을 강조하고 있다는 점에서 인간류적 입장에 가깝다고 볼 수 있다. 여기서 본 연구자들의 입장은 원칙적으로는 상호작용적 변증법에 근거한 절충적 입장이다. 마음이 단순한 사치나 기교가 아니라, 생존이라는 인간의 냉엄한 당면 현실과 불가분하게 관여되고 생존과 관련된 조건들을 구성하고 대처하는 과정에 관건적 중요성을 가지며 개입

될 수 있다는 점에서, 마음의 자연류적 성격은 무시할 수 없다. 이 점에서 마음은 기본적으로 자연류이다.

그러나 다른 한편 오늘날과 같은 복잡다단, 多岐多樣한 형태로 발전한 사회 / 문화 / 인간사적 상황에서 구성되고 규범화된 탈자연적 또는 자연초월적 인간 – 문화현실에서 매개되고 소통되는 마음은 자연류적 성격보다는 인간류적 속성의 마음 구성체의 성격이 더욱 큰 사회적 意味性과 適實性을 갖는다고 볼 수 있다. 이 점에서 현대사회에서의 對마음 적용의 성격은 현실적으로 인간류적 성격이 더욱 강하다고 볼 수 있다. 그러나 이 두 형태의 마음류는 서로 무관하게 독립적으로 존재하는 것이 아니라, 상호적 因果의 형태로 조절될 때 심리 내적으로뿐 아니라 심리 외적으로까지도 균형을 이루어 인간의 對환경적응을 원만하게 도울 수 있게 된다. 이 점에서 자연류와 인간류적 마음의 관계는 상호작용, 상호적응적 변증법의 형태로 규정해 볼 수 있다.

2. 유학 속의 마음과 문화사회적 마음

한국인의 마음이나 사회적 관계 속에 儒學的 心性이나 道德規範的 더 크게는 人倫的 情感과 觀念이 광범위하게 그리고 심층적으로 內屬되어 있다는 것이 사회적 통념이다. 또한 유학 전공 학자들까지도 한국인이 일본인은 물론 중국인보다 더욱 儒敎的이라는 말을 하는 분들도 적지 않다. 이러한 맥락에서 한국의 문화를 이해하는 데는 유학 내지 사회통념적 의미의 유교적 시각에서 한국사회와 한국인을 조명해야 한다는 것이 국내외적인 敎範的 思考로 통용되고 있다. 한국의 문화를 유학 또는 유교적 차원에서 조망하거나 한국의 유학 또는 유교문화를 학문적으로 연구하는 데는 크게 두 가지 방향의 접근을 구분해 볼 수 있다. 하나는 한국유학자들의 유학 이론을 분석하고 해석하는 일을 통해 한국문화 속에 용해된 유학적 전통을 이해하는 방식이고, 다른 하나는 한국인들의 일상적 생활 및 사회적 상호작용 속에서 통용되고 발효되는 유학적 사고와 감정 및 행동에 대한 분석을 통해 대중화된 문화로서의 유교적 삶의 양식을 이해하는 방식이다. 우리나라의 경우에 전자의 접근을 위주로 하는 연구자들은 주로 유학 전공의 학자들인 반면, 후자의 접근을 선호하는 연구자들은 주로 사회과학 분야의 한국문화 및 한국사회 전공자들이다.

심리학 분야의 경우를 보면, 첫 번째 유형의 유학자적 접근 유형에 가깝다고 볼 수 있다. 그러나 이 유형 속에서도 연구자들 간에 부분적 차이를 발견할 수 있다. 먼저 한덕웅(1994) 교수는 退溪 心學의 심리학적 분석을 통해 퇴계 심학의 심리학적 버전을 제시하고 있다. 즉, 그는 퇴계의 心學 理論(예컨대 聖學十圖)과 여기에 포함되는 개념들을 현대 서구심리학적 개념체계 속에서 해석하고, 더 나아가 해석된 버전을 基幹으로 한국적 심리학 이론을 서구심리학에 대한 대안적 이론으로 제시하고 있다. 韓 교수의 이러한 접근이 유학적 전문개념을 분석과 해석의 대상으로 삼고 있다는 점에서는 유학 전공 학자들의 접근과 궤를 같이하고 있다고 볼 수 있다. 그러나 그 과정에서 서구의 심리학적 이론 및 개념체계를 분석에서의 암묵적 틀로 사용하고 있다는 점에서 텍스트에 충실한 해석을 강조하는 유학 전공 학자들의 접근과 차이를 보인다고 볼 수 있다.

韓 교수의 접근과 궤를 같이하면서도 약간의 차이를 보이는 연구로 조긍호(1998) 교수의 「先秦 儒學思想에 대한 심리학적 분석」을 들 수 있다. 그는 맹자와 순자에 대한 유학 경전들과 이들 경전들에 대한 유학자들의 주석들 및 현대 유학 전공자들의 학설을 대상으로 한 심리학적 재해석을 통해 맹자와 순자로부터 심리학적 함축을 人性論, 禮論, 社會關係論, 修養론 등 구체적 주제별로 도출해 내는 이차분석

형태의 접근을 시도하고 있다.

본 연구와 관련하여 직접 관련이 되는 부분을 趙 교수의 연구에서 발췌해 보면, 선진유학에서 도출한 심리 구성체론이 서구심리학의 마음 구성 개념 틀에 준하여 구성되고 있다는 점이다. 더 구체적으로 그는 맹자와 순자의 人性論을 서구의 심리학에서 이해하는 마음 틀을 준거로 하여 분석하여, 여기서 도출된 마음의 心理構成體論을 현대 서구심리학의 마음모델과 대비시킴으로써 유학 심리학의 특성을 顯揚시키고 있다.

본 연구자들은 여기서 이러한 유학 심리학적 접근에 대해 다음과 같은 자문형 질문을 스스로에게 제기해 본다. 첫째, 유학의 경전분석이 곧 한국인의 俗生活의 현장에서 실제의 마음 및 몸의 체험으로 나타나는 현실을 대신할 수 있는가에 대한 자문이다. 둘째, 맹자나 순자 또는 퇴계의 이론과 개념을 해석하는 과정에서 연구자들이 암묵적으로 가지고 들어가 직·간접적으로, 또한 알게 모르게 援用하는 분석과 해석의 틀은 과연 무엇이며, 정당한 것인가에 대한 자문이다.(유권종, 2003.) 셋째, 인간관, 우주관, 사회관 등이 마음에 대한 구성에 중요한 영향을 미친다는 점을 전제할 때, 이러한 마음 구성과 관련된 문화적 컨텍스트가 서로 다른 시대와 지역에서 구성된 마음 개념을 상응(correspondence)이나 동질(equivalence)의 현상으로 대비 또는 비교하는 일이 합당한 것인가에 대한 자문이다.

최근 비교문화심리학과 문화심리학적 분야에서는 사전적 의미상 동일한 개념도 문화적 컨텍스트에 따라 전혀 다른 심리적 구성질을 갖는다는 것이 여러 연구에서 밝혀지고 있다. 예컨대, 서구심리학의 핵심개념인 self와 한국인의 自我가 그 구성질 면에서 상이하다는 것이 여러 실증연구를 통해 밝혀진 바 있다. 즉, 서구인의 self는 개인의 개별성을 전제로 한 독립성 self(independent self)인 반면, 동양인의 자아는 조화와 사회성을 전제로 한 상호의존적 자아(interdependent self)라는 것이 밝혀져, 기존의 서구심리학 이론체계에서의 self가 동양인에게 적합하지 않다는 것이 증명되고 있다. 또한 최상진 등(1999, 2003)은 심리학적 개념으로서의 'self' 또는 '자아'와 관련하여, 서구인의 자아, 즉 self와 한국인의 자아가 어떻게 다른가에 대한 실증적 분석을 통해 서구인의 자아를 '행동 참조체제로서의 실물성 자아(referential entity self)'로, 한국인의 자아를 '추론적 마음성 자아(inferential mind self)'로 특성화한 바 있다. 따라서 서양인에게는 자아와 행동 간의 일관성이 한국인에게서 보다 강조되며, 한국인에게는 행위 자체보다 행위의 이면에 있는 '마음'이 인간관계적 맥락상황 차원에서 행위 적절성 판단에서 중요한 차원으로 관여된다.

또한 본 연구의 핵심사안인 '마음'이라는 말 및 개념과 관련하여, 서양의 'mind'가 뜻하고 내포하는 현상과 한국 사람에게 통용되는 형태의 '마음'이 뜻하고 내포하는 현상이 同類的이거나 同質的인 개념이 되기 어렵다는 것이 언어분석적 연구(linguistic analysis)에서 밝혀지고 있다. 영어에서 mind는 辭典的으로 1) 意識的 思考 內容 및 過程, 2) 記憶 및 回想, 3) 態度, 情緒 및 願望, 4) 欲求 및 指向性, 5) 思考 및 情緒感應 方式 및 狀態, 6) 知力 및 知的 能性, 7) 認知機能 등을 의미하는 것으로 사용되고 있다. 즉, 영어에서의 mind는 마음의 理性的 領域과 情緒, 意志的 영역을 모두 총괄하는 것으로서 의미 지어져 있다. 그러나 일상의 대화적 맥락에서 주로 통용되는 'mind'라는 말은 그 의미적 용례가 보다 축소되어 意識이나 생각을 뜻하는 것으로 주로 사용된다. 그 대신 여기서 제외된 mind의 情意的 領域의 意味群들은 態度, 感情, 價値觀, 欲求와 動機 등과 같은 분화된 언어 또는 개념으로 대치되어 사용되고 있다.

다른 한편 한국의 '마음'이라는 말의 사전적 의미를 보면 1) 사람의 의식, 감정, 생각 등 모든 정신작용의 총체, 2) 타고난 성격이나 성질, 3) 옳고 그름을 판단하는 정신의 활동, 4) 겉으로 드러나지 않는 본래의 생각, 즉 본심 등을 뜻하는 개념이다. 이를 서구적 mind에 대한 의미와 비교해 보면 몇 가지 차이점을 발견할 수 있다. 하나는 한국의 마음이라는 말 개념 속에는 '겉으로 드러나지 않는 본래의 생각, 즉 本心을 뜻하는 것'이라는 의미가 장착되어 있다는 점이다. 다른 하나는 '옳고 그름에 대한 판단에 관여되는 정신적 활동'이라는 것이 마음의 한 속성으로 포함되고 있다는 점이다. 영어의 'mind'와 달리 한국말의 '마음'이라는 말 속에 이와 같은 차이성 의미가 부가되어 있는 것은 마음이라는 우리말이 영어의 mind와 똑같은 의미나 이와 관련된 동일 준거적 현상성을 갖지 않을 수 있음을 시사하는 것이라고 볼 수 있다.(최상진 등, 2000.)

더 나아가 앞에서 제시된 바와 같이 '마음'이라는 우리말의 두 가지 차별적 의미 내포는 한국인의 마음이 서구의 mind에 대해 어떠한 문화특수적 의미를 갖는가에 대한 구체적 시사점을 도출하는 데 중요한 단서로 사용될 수 있다. 먼저 '겉으로 드러나지 않은 속마음, 즉 본심'이라는 의미 항목은 한국인에게 있어 또는 한국인의 일상생활에서 본마음과 다른 행동이 자주 나타나며, 따라서 굳이 '마음'이라는 말을 '겉 행동과 일치되지 않는, 즉 겉 행동과 다른 속마음'으로 제한시켜 사용하고 있다는 시사점을 찾아볼 수 있다. 한국인의 인간관계적 상호작용에서 중요하게 관여되며 동시에 인간관계와 관련된 대화나 담론 상황에서 흔히 사용되는 '心情'이라는 말은 밖으로 드러나지 않는 속마음을 뜻하는 것이며, 동시에 '심정'이라는 말은 '마음'이라는 말의 가장 가까우며 適實한 相應概念으로 한국인에게 통용되고 있다. 이 점은 바로 한국인에게 있어 마음이라는 말은 주로 속마음을 지칭하는 것이라는 것을 재삼 지지하는 현상이라고 볼 수 있다.(최상진, 2000.)

또한 이와 관련해서 한국인에게 있어 '마음'은 단순히 인지적 의미의 의식이나 생각보다는 인간관계적 맥락 속에서 중요한 의미성을 갖는 나 자신의 상대에 대한 태도나 의도에 가까운 개념이라는 것을 추론해 볼 수 있다. 실제로 한국인이 일상생활에서 마음이라는 말을 사용하는 맥락을 보면 인지중심적인 차원의 사고나 생각보다는 好惡, 接近 - 回避, 同意 - 反對 등과 같은 評價 및 意志的 차원의 정서와 태도 및 의지를 지칭할 때 마음이라는 말이 자주 사용됨을 알 수 있다. 이와 관련해서 한국의 마음이라는 말이 갖는 두 번째 특수적 의미, 즉 '옳고 그름에 대한 판단에 관여되는 정신적 활동'은 앞에서 언급된 바와 같이 마음이라는 말이 바로 평가적 차원의 의미성을 중심으로 구성되는 개념임을 지지해 주는 것으로 해석해 볼 수 있다.

여기서 다시 유학 특히 성리학에서의 마음관이 한국인의 일상적 마음 경험 및 활동에 그리고 일반인의 보편적 마음관에 어떻게 어떤 형태로 영향을 미쳤을까에 대한 생각으로 되돌아가 보자. 유학이나 성리학에서 말하는 마음과 마음에 관한 이론 특히 한국적 성리학 이론을 고유하게 발전시킨 퇴계나 율곡의 심학 개념과 이론이 한국인의 사회적 삶 경험과 마음관에 어떤 영향을 미쳤는가의 문제는 간단히, 또는 단정적인 어떠한 대답도 도출하기 어려운 성질을 띤 난제이기도 하다. 앞으로 이러한 문제에 대한 해답은 경험적 자료 축적과 분석을 통해 발견되어야 할 과제이기도 하다.

그럼에도 불구하고 중국이나 한국의 성리학 특히 심학 분야에서 등장하는 '心' 관련 개념들(예컨대, 性, 情, 心性, 靈, 知, 覺, 念, 慮, 思, 志, 意, 度, 人心, 道心, 四端, 七情)과 '心' 관련 이론들(예컨대, 理와 氣, 性과 情 간의 관계 및 역동에 대한 이론들, 수양에 관한 이론 등)에 대한 해석의 문제는 성리학이나 특히 심학의 텍스트를 올바로 그리고 심도 있게 이해하는 데 매우 중요하며 필수적인 과제라 할 수 있다.(Yoo Kwon Jong & Park Choong Shik, 2002, 2003, 유권종, 박충식, 장숙필, 2002.) 이러한 과제와 관련하여 국내외의 유학 전공 학자들 사이에 해석학적 차원의 논의와 논쟁이 끊임없이 이루어져 오고 있다. 그러나 이러한 논쟁을 관찰하면서 어느 쪽의 생각이 옳거나 그르다는 판단을 내리려 할 때 항상 겪게 되는 어려움의 하나는, 옳고 그름을 선명하게 그리고 객관적으로 판단할 수 있는 객관적인 제3의 준거나 준거척이 없는 현실에서 주관적 오류에 빠질 수 있다는 취약점을 안게 된다는 사실이다.

이러한 상황에서의 서로 다른 해석적 이견에 대한 비교 판단은 좌표가 정해지지 않은 우주상의 행성들을 보고 행성의 위치를 定位하고 더 나아가 행성들의 3차원상 패턴으로 실현하는 일만큼이나 어려운 난제이다. 이러한 상황에서 판단의 어려움을 더는 한 가지 방법은 우주 공간에 고정된 축을 드리우고, 그 축을 기준으로 하여 행성들의 위치를 기술하는 방식이다. 이러한 맥락에서 마음과 관련된 유학적 개념과 이론에 대한 서로 다른 해석이 갖는 특징을 안정된 형태로 잡아내는 한 가지 방식은 마음 및 마음의 요소에 대해 일반인이 경험 및 관념적으로 공유하고 사회적으로 통용되는 마음 구성체를 있는 그대로 떠내어 이를 서로 다른 유학적 마음 해석의 비교대상 준거 틀로 사용하는 방법일 것이다. 이는 마치 길이가 서로 다른 세 개의 막대가 있는데, 어느 하나의 막대에 대해서도 길이가 측정되지 않은 상황에서, 그중 어느 한 막대의 길이를 측정하고 이 막대를 기준 척으로 삼아 나머지 두 막대와의 비교를 통해 다른 두 막대의 길이에 대해 판단하는 것에 비유될 수 있다.

그러나 현재와 같이 서로 대치되는 복수의 해석적 견해가 공존하는 상황에서, 어느 한쪽의 해석도 확실하게 타당하다는 판단이 어려울 경우 대치되는 복수의 해석적 견해를 비교하는 일은 해석적 오류와 비교 판단적 오류라는 이중적 오류를 범할 수 있는 위험을 동시에 내재하게 된다. 이러한 상황에서 판단의 방향은 어떤 해석이 옳으냐 또는 그르냐의 차원보다는 전문성에서 또는 학계 세력 면에서 누가 더 높은 위치를 차지하고 있느냐의 주변적 상황에 따른 세력 차원의 우열에서 판단이 이루어질 가능성이 높다.

또한 현재 이루어지고 있는 관행에서와 같이 텍스트 해석에 암묵적으로 개입되는 비명시적 해석 틀이 외부에 명시적으로 노출되지 않은 상황에서 이루어지는 해석은 서로 다른 해석자들이 서로 다른 해석 틀을 적용하는 데서 오는 해석의 차이를 摘示化할 수 없으며, 결과적으로 서로 다른 해석이 나오게 된 원인이나 과정을 밝힐 수 없게 된다는 문제점을 갖는다. 이러한 상황에서 제3의 객관적 비교준거를 개발하고, 이를 기준 척으로 하여 상치되는 해석들이 각기 기준 척과 어떻게 다른가를 밝히는 일은 서로 다른 해석들 간의 차이점을 안정된 형태로 밝히는 데도 기여할 수 있다.

앞에서 언급한 제3의 객관적 비교준거 틀로 사회적 마음 즉, 사회 구성원이 共構成한(co-constructed) 마음 및 마음 경험 구성체를 사용할 때 오는 이점은 여러 가지다. 이 중 가장 중요한 이점 중 하나는 유학적 마음의 해석을 수행하는 연구자 당사자들이 바로 이러한 사회적 마음모델을 자신들의 일상적 삶은 물론 타인들의 행위를 이해하고 해석하는 과정에서 암묵적으로 그리고 불가피하게 바로 이러한 사회적 마음모델을 현실적으로 이용하고 의존하는 데 있다는 점과 관련된다. 즉, 사회적 마음모델은 연구자들이 이론적 관점이나 학문적 배경과 관계없이 연구자들 간에 실천적으로 공유된 현실모델이며, 더 나아가 유학적 마음모델 해석의 기본 틀로서 또는 결과로 나타난 해석 자체의 타당성 검토의 과정에서 불가피하게 그리고 아주 중요하게 비교-평가의 준거 틀로 활용될 가능성이 높다는 점이다.

3. 한국인의 마음속에 형상화된 사회적 마음

마음이란 무엇이며, 어떻게 생겼을까? 물질과 닮은 것일까, 아니면 전혀 다른 質이나 氣의 자질을 가진 것일까? 또한 보이지 않고, 냄새도 없고, 들리지도 않으며, 만져 볼 수도 없는 마음의 정황이나 마음의 상태를 표현하고 기술하는 데 사용하는 언어들은 마음을 어떤 類(kind)의 존재성 또는 기질－특성을 함축하거나 의미하고 있는가? 종합하여, 한국인은 마음類(mind kind)를 어떤 것 또는 어떤 형태로 構成－具象化하고 있으며 동시에 무엇으로－어떤 형태로 경험하며, 기술하고 있는가의 문제가 여기서의 관심이다. 이 질문에 대한 해답은 아마도 영원히 시원스레 밝혀지기 어려울지도 모른다. 그래서 옛 유학자들도 마음을 虛靈不昧한 것이라는 애매한 말로 얼버무리지 않았던가!

허령이라는 말이 시사하는 것처럼 마음이 물질－사물類와는 질적으로 달라 감각기관으로 직접 실체험되지 않는 것이라면, 자신의 마음 경험이나 마음 상태를 소통할 때 물질이나 사건경험에서 체험되는 질의 경험을 마음 경험에 은유(metaphor)의 형태로 대입시키는 방식에 의존할 가능성이 높다고 하겠다. 실제로 마음의 상태를 기술하는 용어를 보면, 큰마음, 넓은 마음, 깊은 마음, 얄팍한 마음, 진한 마음, 부드러운 마음, 좋은 마음, 맑은 마음, 참마음, 아름다운 마음, 젊은 마음, 병든 마음, 뜨거운 마음, 변하는 마음 등과 같은 물질 속성 기술양식이 보편적임을 알 수 있다.

그러나 이와는 달리 마음의 상태나 활동 및 경험을 기술하는 데 있어 意味的(semantic) 記述樣式에 따른 마음기술 양식도 일상적 언어생활 속에서 찾아볼 수 있다. 예컨대, 기쁜 마음, 놀란 마음, 걱정하는 마음, 정성스런 마음, 진실한 마음, 편안한 마음, 아껴 주는 마음, 탐내는 마음, 몰입하는 마음, 조심하는 마음, 방탕한 마음, 사랑하는 마음, 답답한 마음, 안쓰러운 마음 등에서 함축되는 마음의 성질은 의미적 구성의 성격이 강한 마음質이라고 볼 수 있다. 마음類의 속성적 질을 알아보기 위한 현실적 접근의 하나는 마음이라는 말이 일상의 생활에서 사용되는 언어적 맥락을 찾아, 그 마음이 그 사용맥락 속에서 어떤 유의 질적 의미성을 갖는 것인가를 추론－도출해 보는 방법이다.(최상진 등, 2000, 2001, 2002.)

　연구자들은 '마음'이라는 말이 들어가는 말구나 문장을 채집하기 위해 대학생들로 하여금 이러한 말들을 '생각나는 대로 자유기술'하도록 지시하였다. 여기서 피험자들의 수는 420여 명이었으며, 여기서 얻은 응답자료 중 마음의 속성적 질을 함축하는 구절들을 선택하여 다양한 마음 질을 추출하였다. 그 분석방법을 예시해 보면 다음과 같다.

<표 1> 마음 관련 문구(문장) 분석을 통한 마음의 속성

분석의 실례: 마음이 들어가는 문구나 문장과 여기서 추출한 마음의 속성적 질

1) 마음 가는 대로 해라.
　　마음은 변한다.

2) 내 마음을 너에게
　　마음은 주는 것(주고 싶은 사람에게)
　　마음은 물건처럼 주기도 하고 받기도 한다.

3) 얼굴이 예쁘면 뭐하나, 마음이 고와야지.
　　곱고 / 밉고 평가적인 속성(good – bad). 질적 차원이 있음.
　　ex) 외롭다, 느긋하다, 따뜻하다, 사악한, 착한, 쓸쓸, 뒤숭숭, 고마운, 심난한, 맑은.

4) 얼굴은 마음의 거울이다.
　　마음은 얼굴에 나타남.

5) 마음대로 해라.
　　마음은 주인이 있다. 주인 뜻대로 할 수 있다.
　　'내 마음', '네 마음'

6) 그가 묶고 간 것은 신발이 아니라 나의 마음이었다.
　　타인이 내 마음을 잡았다. 마음속에 특정인이 들어앉아 있다.

7) 마음이 어지럽다.
　　마음은 '가지런'하기도 하고, '어지럽기도' 하다.

8) 마음이 아프다.
　　마음은 사람의 몸처럼 '아픔'을 느낀다. 상처를 느낀다.

9) 나의 마음은 바다만큼 넓고 하늘처럼 푸르다.
　　마음은 넓기도 하고, 좁기도 하다.

10) 난 이제 내 마음대로 살 꺼다.
   내 마음대로 살기도 하고, 못 살기도 한다.
   내 마음대로 하기도 하고, 안 하기도 한다.

11) 마음속의 너
   마음속에 특정인이 들어 있을 수 있다.

12) 마음속에 심중
   마음은 깊이가 있다.

13) 그는 내 마음과 통한다.
   마음이 통한다, 맞는다 → 마음은 사람들 사이에서 전기처럼 '왔다, 갔다' 한다.
   마음에 든다, 안 든다.

14) 마음을 열어봐.
   마음은 대문처럼 열기도 하고 닫기도 한다.

15) 오늘 하루는 마음 내키는 대로 하고 싶다.
   마음은 내키기도 하고 생기기도(먹기도) 한다.

16) 사람의 마음은 아무도 알 수 없다.
   남의 마음은 알기 어렵다.

17) 정성스런 마음의 선물이 더 좋은 것이다.
   마음은 행동보다 선물에 실린다(행동이나 선물이 마음에서 우러났다).

18) 네가 내 마음을 알아?
   마음은 인식의 대상(내 마음은 아무도 모른다).

19) 내 마음은 텅 비어 있다.
   마음은 채워지기도 하고 비기도(허전) 한다.

20) 네가 떠난다니 내 마음이 너무 아파.
   마음은 떠나기도 하고 들어오기도 한다.

21) 나는 항상 내 마음속에 널 간직할게.
   장롱처럼 마음속에 무엇, 누구를 간직할 수 있다.

22) 마음잡기가 힘들다.
   마음은 잡기도 하고 놓칠 수도 있다.

23) 마음을 다스린 후 그 마음이 가는 대로 행동한다.
   마음은 다스리기도 하고 못 다스리기도 한다.

24) 마음 약하다.
마음은 강하기도 하고 약하기도 하다.

25) 마음을 먹으면, 그리고 의지가 있으면 다 된다.
마음은 먹기도 하고 안 먹기도 한다.

26) 나의 마음을 달래주는 것은 그녀다.
마음은 달랠 수 있다.

27) 진실한 마음은 언제나 전해지는 것일까?
마음은 진실한 것도 있고 그렇지 않은 것도 있다.

28) 함께 마음을 나누자.
마음은 물건처럼 나눌 수 있다.

이러한 분석자료를 1차 자료로 하여, 여기서 다시 1차 자료를 원자료로 한 2차 분석을 통해 마음의 속성적 질유형(또는 차원)을 도출하였다. 결과적으로 도출된 마음의 질적 구성체는 다음과 같다.

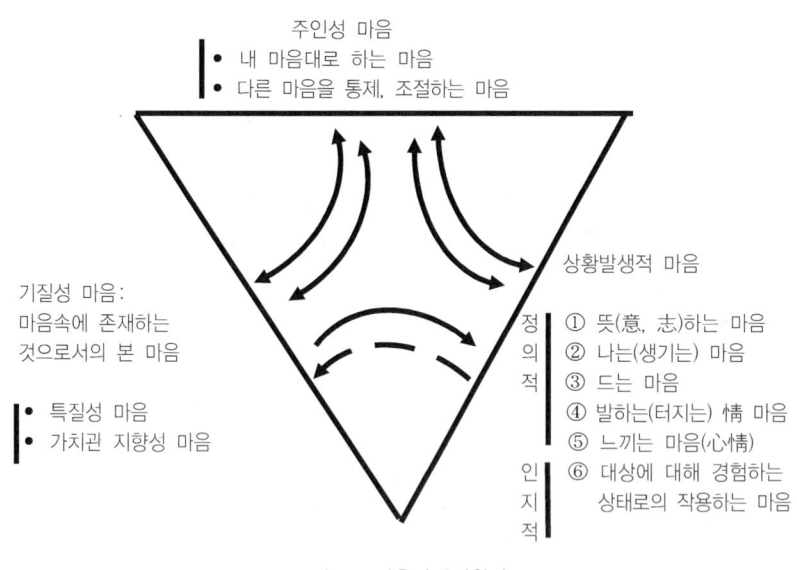

<그림 1> 마음의 3차원적 구조

<그림 1>에서 특히 주목을 요하는 차원의 마음이 주인성 마음이다. 서구의 Mind와 관련된 심리학적 모델에서는 일반적으로 마음을 기계론적 시각에서 구조화하는 것이 일반적이다. 예컨대, 행동은 마음에 의해 이루어지고, 마음의 구성체는 의식과 사고, 성격, 태도, 가치관, 욕구 및 동기 등으로 이루어졌으며, 이러한 마음 구성체의 제 요소들은 행위 당사자가 자신의 자유의지에 의해 바꾸거나 통제될 수 있는 성질의 것이라기보다는 일단 형성되면 당사자의 뜻이나 의도에 따라 쉽게 바뀌지 않는 고정체적 質性을 함축하는 것들이다. 또한 이러한 요소들 간에 상호작용적 역동관계에서도 자연법칙에서와 같이 규칙성과 항상성을 유지하는 것이 암묵적으로 전제되고 있다. 이러한 맥락에서 서구의 心이나 心 관련 연구는 이러한 마음운행의 기계적 법칙을 '발견'하는 데 초점이 맞추어져 있다.

그러나 앞에서 언급된 바와 같이 한국인의 마음관에서는 서구의 mind에서처럼 기계적인 결정론과 관련된 마음요소도 있지만, 다른 한편 이러한 마음요소의 운행은 물론 마음요소 자체의 변화를 작위하거나 주재할 수 있는 또 다른 마음, 즉 '주인성 마음'이 포함되고 있다. 이러한 주인성 마음과 관련해서 한국인들이 일상에서 자주 쓰는 말 중에는 '참는다', '마음을 고쳐먹는다', '마음을 먹는다(잡는다)', '마음을 쓴다', '마음을 준다', '마음을 다스린다', '마음을 기른다', '마음을 달랜다', '마음을 닦는다', '마음을 연',다 '마음을 버린다' 등을 들 수 있다. 한국인들이 흔히 운동경기에서 패했을 때 머리를 깎는 일과 같은 상징적 행동을 해 보이는바, 이 속에는 자기 마음을 스스로 강하게 '다잡는다'라는 마음의 자세가 깃들어 있다. 이러한 맥락에서 한국인의 심이나 심 관련 연구는 마음의 운행법칙 그 자체보다는, 자신의 마음을 어떻게 수양 또는 조절 및 변화시키느냐의 문제, 즉 주인성 마음의 강화와 영향력 증대와 관련된 연구가 주종을 이룬다. 이 과정에서 마음의 운행원리에 대한 이론 제시나 논의가 이루어지는 경우에 있어

서도, 그 궁극적인 목표는 마음의 조절이나 변화를 어떻게 효과적으로 이루어 낼 수 있느냐의 문제에 종속된다.

다음에는 <그림 1>에서 주인성 마음 차원을 제외한 다른 두 차원 즉 '기질적 마음'과 '상황발생적 마음' 간의 관계에 대해 논해 보기로 한다. 여기서 이 두 차원 간의 관계를 논하는 데 있어 필요한 가정 또는 전제 형태의 한 명제를 설정해 보면 다음과 같다. '마음속에 존재하는 상태로서의 속마음 그 자체로는 그 마음의 기질적 특징을 선명하게 기술하거나 그 마음에 대한 체험적 준거를 실체의 형태로 기술하기 어렵다. 따라서 기질적 마음에 대한 체험적 준거를 마련하고 더불어 특정 기질성 마음의 질이 생동적으로 노출되기 위해서는 정태적 상태의 기질성 마음이 동태적 형태로 발해야 한다. 즉, 마음은 움직이는 상황 속에서 그 모습을 드러낸다.

이런 전제 위에서 기질성 마음과 상황발생적 마음의 관계를 보면, 기질성 마음이 그 모습을 드러내는 매개는 상황발생적 마음으로 전환됐다는 전제나 인식이 이루어져 있을 때이다. 다시 말하면, 기질성 마음은 상황발생적 마음을 통해서 읽혀지고, 체험되고, 구성될 수 있다. 이를 유학 심학의 체용론적 사고와 연결시켜 보면 기질성 마음은 體에, 상황발생적 마음은 用에 해당된다. 또한 기질성 마음은 性에, 상황발생적 마음은 情과 意에 해당된다. 다시 기질성 마음 중에서도 理에 해당되는 性에 가까운 일상적 말로는 '마음씨'를 들 수 있다. 한국인들은 마음씨는 타고나는 것이며, 쉽게 변하지 않는 것이라는 생각을 가지고 있으며, 이러한 생각은 곧 마음씨가 性에 해당되는 일상적 표현형이라고 생각해 볼 수 있다.

다시 <그림 1>의 삼각형에서 주인성 마음이 기질성 마음이나 상황발생적 마음의 거리를 쌍방향 화살표로 나타내고 있는바, 여기서 화살의 촉은 영향력을, 양 촉의 실선길이는 상호영향력 관계의 정도를 나타낸다. 즉, 길면 원접 영향력을, 짧으면 근접 영향력을 뜻한다. 쌍

방향 화살촉은 주인성 마음이 다른 두 차원의 마음에 영향을 미칠 뿐 아니라, 영향을 받는 이 두 차원의 마음이 다시 장기적으로는 주인성 마음의 형성, 변화에 피드백됨을 뜻한다. 그리고 <그림 1>에서는 마음이 행동에 영향을 미치는 것을 실선 화살로, 반대로 행동이 마음에 영향을 미치는 것을 점선 화살로 나타냄으로써 그 영향력의 강도를 차별화하였다. 그러나 이 그림에서는 마음과 행동의 상대적 중요성의 문제를 나타내지 못하고 있다.

서양심리학에서의 경우를 보면 동양에 비해 행동을 마음보다 우선시하고, 오히려 마음은 행동을 유발하는 선행인자 정도로 파악하는 경향이 있다.(Berry, 1999, Shweder, 1990, 1991.) 그러나 한국 사람들의 경우를 보면, 행동을 완료형 마음총체로 받아들이기보다, 행동을 통해 상대의 마음을 도출하는 역방향적 관심이 일반적 사회상황 속에서 遍在해서 나타나고 있다. 이를 과장해서 표현하면, 한국인들은 대인관계나 대인 상호작용에서 행동을 주고받는다기보다는 마음을 주고받으며, 여기서 행동은 마음을 읽는 단서로 사용한다.(최상진, 2000.) 마음이 한국인에게 이처럼 중요하다는 것은 한국인에게 마음을 기술하는 개념과 형용이 풍부하게 발달되어 있으며, 이러한 언어환경적 맥락에서 한국인들은 다른 문화권의 사람들보다 상대적으로 섬세하고 복잡한 마음 경험을 하게 될 소지가 크다는 것을 시사한다.

특히 한국인의 '心情'이라는 말은 한국의 매우 고유한 마음기술언어로서 영어를 비롯한 타문화권에서 이에 상응하는 마음기술언어는 찾아보기 힘들다. 우리 한국 사람들은 사랑도, 슬픔도, 억울함도, 情 주기도, 부부지간의 애정도 心情的으로 경험한다. 따라서 한국인에게 독특한 마음 질적 경험의 한 속성이 心情質的 經驗이라고 연구자들은 생각한다.

4. 결어: 한국인의 마음속에 형상화된 마음은 얼마나 유적일까?

연구자 중 한 사람인 최상진은 한국 사람들이 일상의 대화에서 흔히 사용하는 '착하다' 또는 '용하다'라는 말을 유학에서 말하는 '仁'의 俗生活的 버전이라고 표현한 바 있다. 착한 사람들이 어떤 사람인가를 한국인들에게 물어보면, '마음 약한 사람', '남의 사정을 거절하지 못하고 잘 들어주는 사람', '남의 필요나 요구에 자신을 희생하는 사람', '이기적이지 못한 사람, 즉 어리석은 사람' 등의 응답이 주를 이룬다. 바로 위의 응답에서 기술된 마음을 갖는 것이 곧 '仁'의 마음적 표현형이라고 말할 때 아무런 문제를 제기하지 않는다. 또한 앞에서 논의된 心情이라는 말을 분석해 보면, '마음이 움직여서 느껴진 속마음'으로 개념화해 볼 수 있다.

이때 마음이 움직이게 된 원인을 찾아보면, 情의 理인 情理에서 벗어난 행동을 상대가 했을 때 발생한 자기 마음의 움직임을 再歸的으로 느낄 때 생기는 마음 경험이 심정이다. 즉, 情으로 나타난 心의 自己體驗이 心情이다. 이때의 心 속에는 理의 心的 구현 형태인 性이 관여되고, 따라서 심정은 진실하며, 성실하고, 신뢰 가능한 속마음이며, 이러한 心情觀을 최상진은 한국인의 '心情 眞實 眞正觀'으로 명명한 바 있다. 우리말 속에 '말은 속여도, 심정은 못 속인다'거나, 갈등상황에서 심정토로식 대화는 흔히 진정한 속마음 대화로 수용되고 결과적으로 부정적 관계를 개선시키는 의도가 기저에 깔렸다는 점에서 화해지향적인 기능을 갖기도 한다. 심정의 이러한 심리적 의미구성은 바로 유학의 心, 性, 情 요소 간의 역동 관계에서 수반될 수 있는 결과라는 점에서 심정이란 어원의 유래 자체가 유학적임을 시사받을 수 있다.

앞의 <그림 1>에서 제시된 주인성 마음의 유학적 원형은 퇴계 선생의 聖學十圖에 나오는 心統性情에서 찾아볼 수 있다. 여기서 統이라는 말은 統括, 統攝, 統率을 뜻하는 것으로, 心統性情은 마음이 性과 情을 명령하고 통솔하며 총괄한다는 것을 뜻한다. 곧 여기서의 心은 <그림 1>에서의 주인성 마음에 해당된다고 보아도 크게 모순될 것이 없다고 생각한다.

다른 한편, 유학의 心論이 발전하게 된 배경을 보면 內聖外王에 도달하기 위한 自己修養과 이를 위한 마음 統制 및 調節이 기본적 動機로 작용했다는 것을 알 수 있다. 따라서 심학에서 설정한 개념과 이론은 '도덕 윤리와 관련된 인간의 心 및 心性的 측면'에 톱니바퀴가 물려 있는 개념이며 원리이다. 예컨대 유학의 心관련 槪念 중 가장 중요한 性, 情, 心性은 모두 잘못된 욕심을 어떻게 버리고, 순선한 마음을 어떻게 양성시키고, 실현시키느냐의 윤리, 禮의 문제와 연결된 개념들이다. 따라서 심학에서의 念, 慮, 思, 志, 意, 億, 度 등도 사물 대상적 지각이나 의식 또는 사고 및 태도와 관련된 개념이라기보다는 인간의 도덕 윤리적 마음과 판단에 연계된 개념이라는 점에서 일반적 의미에서의 이들 개념의 본뜻과는 차별이 된다.

이처럼 심학의 마음요소적 개념들이 도덕 윤리 지향적으로 구성되어 있다는 점은 심학에서의 마음 구성체는 사물을 대상으로 하여 이루어지는 知覺이나 意識 및 思考에 가까운 개념이라기보다 欲求, 意志, 道德判斷, 自己抑制 등을 포함하는 心的 指向性(intentionality)에 해당하는 개념임을 시사한다. 이러한 유학의 심학모델은 곧 일상적인 상황에서 소통되는 한국인의 마음개념이 사물 대상적 인식보다는 대인관계적 마음 지향과 마음 경험에 기울어져 있다는 앞에서의 연구결과와 일치되는 것이다.

지금까지 위에서 한국인의 사회적으로 構成된 마음과 유학적 '心' 간의 관련성을 소략한 수준에서 검토해 보았다. 적어도 앞에서 논의된 바 대로의 자료만 가지고도 한국인의 일상적 마음모델이 유학의 마음모델과 불가분의 관계를 맺고 있음을 시사받을 수 있었다. 앞으로 더 심층적이며 실증적이고 폭넓은 연구를 통해 한국인의 마음모델 구성에 기여할 수 있는 보다 충실한 연구결과를 기대하면서 끝을 맺고자 한다.

참고문헌

[權　近] 권근, 『入學圖說』.

[鄭之雲] 정지운, 『天命圖解』.

[鄭之雲] 『秋巒實記』, 추만실기발간추진위원회, 1993.

[李　滉] 이황, 「천명신도」

[李　珥] 이이, 「심성정도」, 「인심도심도」.
　　　　『韓國文集叢刊』 29책, 30책, 44책.

[김재권 1999] 김재권 지음, 하종호, 김선희 옮김, 1999, 『심리철학』, 철학
　　　　과 현실사.

[유권종 2001 - 1] 유권종, 2001, 「퇴계예학 연구의 과제와 전망」, 퇴계학
　　　　보 109집, 퇴계학연구원.

[유권종 2001 - 2] 유권종, 2001, 「禮治에 관한 퇴계의 사고」, 퇴계학보
　　　　110집, 퇴계학연구원.

[유권종 2002] 유권종 2002, 「천명도 비교: 추만, 하서, 퇴계」, 『한국사상
　　　　사학』 제19집.

[유권종, 박충식 2002 - 1] 유권종, 박충식, 2002, 「도덕 심성모델의 새로
　　　　운 시도」, Journal of Korean Studies No.2, Central Asian Association
　　　　for Korean Studies.

[유권종, 박충식 2002 - 2] 유권종, 박충식, 2002, 「성리학 심성모델과 서
　　　　구 심리모델의 비교」, Journal of Korean Studies No.3, Central Asian
　　　　Association for Korean Studies.

[유권종, 박충식, 장숙필 2002] 유권종, 박충식, 장숙필, 2002, 「인지과학
　　　　시뮬레이션을 위한 유교 예교육 심성모델의 구성(1)」, 민족문화연
　　　　구 37집, 고려대 민족문화연구원.

[최상진 2000] 최상진, 2000, 『한국인 심리학』, 중앙대학교 출판부.

[최상진 외 1999] 최상진 외, 1999, 『동양심리학』, 지식산업사.

[김기범 2001] 김기범, 2001, 「정(情)마음의 일반인 심리학 모형」, 중앙대
　　　　학교 박사학위논문.

[미슨 2001] 스티븐 미슨 지음, 윤소영 옮김, 2001, 『마음의 역사』, 영림카디널.

[가드먼 2000] 데이비드 가드먼 엮음, 대성 옮김, 2000, 『마음은 없다』, 탐구사.

[그라저스펠트 1999] 그라저스펠트(저), 김판수 외 6명(역), 『급진적 구성주의』, 원미사, 1999.

[바레라 1997] 바레라, 톰슨, 로쉬(저), 석봉래(역), 『인지과학의 철학적 이해』, 옥토, 1997.

[비노 2002] 조르쥬 비노 지음 김언자 / 임기대 / 박동열 옮김, 2002, 『인지과학입문』, 도서출판 만남.

[슈미트 1995 – 1] 슈미트, 하우프트마이어(저), 차봉희(역), 『구성주의 문예학』, 민음사, 1995.

[슈미트 1995 – 2] 슈미트(저), 박여성(역), 『구성주의』, 까치, 1995.

[존슨 2000] M. 존슨 지음, 노양진 옮김, 2000, 『마음 속의 몸: 의미 · 상상력 · 이성의 신체적 근거』, 철학과 현실사.

[프리스트 1995] 스티븐 프리스트 / 박찬수 외 옮김, 1995, 『마음의 이론』, 고려원.

[Carter] Rita Carter, 1998, *Mapping the Mind,* Weidenfeld & Nicolson.

[Varela 1999] F. Varela, 1999, *Ethical Know – how,* Stanford Univ. Press.

[Lakoff, 1980] Lakoff, Goerge and Johnson, Mark, 1980, *Metaphors We Live By,* University of Chicago Press.

[Lakoff 1999] Lakoff, George and Johnson, Mark, 1999, *Philosophy in the Flesh: The Embodied Mind and Its Challenge to Western Thought,* Basic Books.

[Nisbett 2003] Richard E. Nisbett, 2003, *The Geography of Thought: How Asians and Westerners Think Differently ……and Why,* The Free Press.

[Rappaport 1999] Roy Rappaport, 1999, *RITUAL AND RELIGION IN THE MAKING OF HUMANITY,* Cambridge University Press.

[Chung 2002] Chung Miriam, *The Decimal System as a Cultural Tool: the case of additions and subtractions done by Korean and English children,* Journal of Korean Studies vol.2, Central Asian Association for Korean Studies.

2부

협동연구: 유교의 마음모델

협동연구: 인지과학적 시뮬레이션을 통한 朝鮮 性理學의 禮교육 心性모델 개발(해설)*

연구자: 유권종, 박충식, 강혜원, 장숙필
글쓴이: 유권종

1.

지난 3년에 걸쳐서 필자는 일종의 학제 간 연구를 통해서 유교의 예교육의 효용성을 설명할 수 있는 방법을 개발하는 과정에 있다. 1999년도에 한국학술진흥재단의 협동과제로 지원을 받아서 필자가 처음으로 시도한 학제 간 연구는 동양철학과 인공지능 그리고 교육심리학 간의 협동연구였다. 이후 2001년도에는 역시 한국학술진흥재단의 협동과제 지원을 받아서 동양철학과 인공지능 간의 학제 간 협동연구를 진행해 오고 있다. 이 연구는 2003년도에 마칠 예정이다.

이 연구에서 시도하는 것은 성리학자들의 예교육의 현대적 효용성을 설명하는 방법으로서 성리학 심성모델과 그에 입각한 예교육 효과

---

* (원제:동양철학 다시 읽기: 조선 성리학의 예 교육 심성 모델 개발), 『오늘의 동양사상』 8, 예문동양사상연구원, 2003. 3

에 관한 시뮬레이션이다. 그것을 개인의 차원과 사회의 차원으로 나누어서 시도해 보는 것이다.

성리학자들의 예교육은 근원적으로 공자의 교육법에서 비롯된 것이지만, 성리학에 이르러서 발전된 心學과 결부됨으로써 독특한 인격성취에 관한 이론을 형성했다고 보인다. 즉, 조선시대 성리학자들은 도덕적 사회를 만들기 위하여 먼저 개인의 修身을 중시했으며, 그 修身은 무엇보다도 禮의 학습과 실천이 중요한 방법이었다. 그 점은 현대의 도덕교육이 행동하는 능력에 앞서서 이성적 사고와 판단의 능력을 키워야 한다고 생각하는 것과 다르다고 생각된다. 성리학자들은 내면적 사유의 방법보다도 직접적 행위를 반복함으로써 도덕적 실천능력의 향상을 꾀하였다면, 현대의 서구적 관점에 의한 도덕교육은 내면적 사유의 능력을 우선시한다는 차이점이 있다. 그러나 이러한 차이점이 곧 성리학자들이 사유의 능력을 간과함을 의미하는 것은 아니다.

성리학자들은 오히려 예에 부합하는 행위를 통해서 체화되는 심성의 도덕적 구조와 작용을 획득하는 것을 목표로 했으며, 그 때문에 성리학의 수신교육은 행위는 물론 사유의 측면까지도 모두 도덕을 지향하는 구조를 형성하는 효용이 커다랗게 나타나는 방법이라고 생각된다.

2.

본 연구에서 작업하는 과제는 크게 나누면 두 가지이다. 첫째는 바로 예교육에 의하여 체화되는 도덕적 심성의 구조와 작용의 원리를 밝히고자 하는 것이다. 이는 우선 조선시대 성리학자들의 심성에 관한 이론, 수신에 관한 이론을 분석하는 작업, 그리고 그것을 인지과학의 관점으로 재해석하고 인공지능의 방법에 의하여 구조화 혹은 정형화를 하는 작업이 상호 연관된다. 이를 통해서 개인의 心身에 체화되는 도덕적 심성의 구조를 정형화할 수 있게 된다. 둘째는 이러한 도덕적 심성의 구조를 내면화한 개인들이 상호관계를 맺는 사회가 유교의 도덕과 예문화를 지속시키고 재생산해 나가는 시스템을 밝히고자 하는 것이 목적이다. 매우 복잡다단한 사회현상의 배후에는 개인과 개인의 복잡한 상호관계가 있으며, 그 복잡한 상호관계는 개인의 미묘한 마음의 작용이 동력이 되고 있다. 그렇다고 할 때 마음에 관한 연구는 복잡한 사회현상의 이해를 위한 사회과학 연구의 한 분야가 된다. 조선시대의 지배적인 禮문화의 재생산에 관련된 人的 心理的 기초와 그 상호관계의 유형을 이해할 수 있는 이론적 기초를 구축하고, 그것을 직접 인공지능의 방법에 의하여 집단의 작용에 관한 시뮬레이션을 해 보고자 한다. 인공지능에서는 러시아 혁명에 관한 집단 시뮬레이션과 같은 작업이 가능하였기 때문에 이와 유사한 집단 시뮬레이션의 시도가 조선시대 예문화의 형성과 재생산의 과정 혹은 유형을 밝히는 것에도 가능할 것으로 생각된다. 이러한 시뮬레이션은 곧 조선시대의 예문화 재생산과 지속의 패턴을 설명할 수 있는 과학적 경험의 자료를 획득하기 위한 것이다.

다시 말하면 본 연구는 조선시대 성리학자들이 예교육을 통해서 스스로 내면에 형성했던 인륜도덕을 절대시하는 심성의 구조를 정형화하고, 그 심성을 지닌 개인들의 상호작용이 조선시대 禮문화를 어떻게 형성하고 지속해 왔는가 하는 점을 밝히는 데에 목적을 두고 있다. 나아가서 禮에 입각한 조선시대 사람들의 생활과 학습을 추체험하고 그것을 가상현실로 구현해 볼 수 있도록, 개인의 合禮的 心性모델을 정형화하고 또 그것과 관련된 禮문화 재생산체계의 유형을 정립하는 연구도 해 보려고 한다. 그러므로 본 연구는 문헌의 분석과 이론의 고찰에 그치는 연구가 아니라, 한국철학의 자료를 분석하고 그것을 바탕으로 인공지능 관점과 방법에 의하여 조선시대에 존재했을 법한 예문화와 예교육에 의한 인격형성 및 인륜도덕 실천의 실상에 대한 인지적 체험을 공유하고 보편화할 수 있도록 시뮬레이션을 구현하는 것까지 목적하고 있다.

3.

이러한 연구는 학제 간 협동연구의 방식을 취할 수밖에 없는 이유가 있다. 조선시대 성리학자들이 중시했던 禮에 입각한 수신교육의 방법이 현대인의 도덕교육 및 사회구성원들의 도덕적 성향과 실천능력의 향상에도 매우 높은 가치를 지닌 방법이 될 수 있는 가능성에 주목하고 깊은 관심을 가지고 시작한 것이 본 연구인데, 그러한 가능성에 대한 검증과 설명은 단지 기존의 동양철학 연구에서 해 왔듯이 성리학자들의 개념과 이론을 분석하는 것만으로는 진실성과 설득력을 얻을 수 없다고 판단되었다. 그러므로 현대의 인지과학, 인공지능, 문화심리학, 교육학 등 인간의 인지와 실천능력에 관하여 철학과는 다르고도 새로운 관점을 제공하는 학문적 성과를 도입하는 것이 필요하다고 생각되었다. 본 연구가 한국철학, 인공지능, 교육심리학 등의 연구자들이 결합한 협동연구의 형태를 취하는 것은 이와 같은 판단에 근거한 것이다.

그리고 이러한 연구는 학제 간 연구를 철저히 수행하여야만 기대했던 성과를 얻을 수 있을 것으로 판단되어서, 연구초기부터 지금까지 정기적인 토론과 회의를 통해서 상호 의견을 교환하고 공유관념의 폭과 깊이를 넓히는 노력을 해오고 있다. 학제 간 연구의 가장 필수적인 요소는 다른 전공자 상호간의 문제의식의 공유와 원활한 의견교환은 물론이고, 아울러 연구결과의 발표도 공동의 논문제작을 통해서 하는 것이라고 할 수 있다.

4.

 대체적으로 볼 때 한국의 전통적 禮문화와 한국인의 심성의 상호관계에 관해서 고찰하는 본 연구의 성립 배경에는 다음과 같은 학문적 경향을 상정할 수 있다. 오늘날 각 지역마다 독특한 문화의 양식과 그것에 속한 사람들의 심리체계 사이의 상관성에 관한 관심이 증폭하고 있다. 인류학, 심리학, 언어철학 등에서 이미 마음이란 문화의 산물로 이해하는 관점이 정착되고 있으며, 이에 따라 인간의 마음의 구조와 작용에 대한 관점과 이론에 다양한 견해가 제시되고 있다. 그리고 과거에 비하여 많은 발전을 보인 뇌과학, 신경과학, 생물학, 언어학, 인식론 등을 바탕으로 하는 인지과학에서도 인간의 마음 혹은 자아는 주변 환경과의 복잡한 상호관계 속에서 형성되는 것이라는 입장을 보여주고 있다. 오늘날 이렇게 많은 분야의 연구가 취하고 있는 관점, 즉 마음이란 후천적 경험에 의하여 형성되는 것이라는 관점들은 한국인의 마음도 한국의 전통적 문화체계와의 지속적인 상호 관련 과정의 결과로 형성된 것, 혹은 형성되어 가는 것이라는 관찰이 유용함을 의미한다.

 그리고 매우 복잡다단한 사회현상의 배후에는 개인과 개인의 복잡한 상호관계가 있으며, 그 복잡한 상호관계는 개인의 미묘한 마음의 작용이 동력이 되고 있다. 그렇다고 할 때 마음에 관한 연구는 복잡한 사회현상의 이해를 위한 사회과학 연구의 한 분야가 된다. 인간을 포함한 자연의 역사를 일종의 공동진화의 과정으로 이해하는 생물학적 사고에서 인간의 마음이란 진화의 정점에 해당하는 것으로서 육체보다도 더 많은 진화의 진실과 비밀을 내포한 것으로 간주되고 있다. 또 인간과 똑같은 기계적 존재를 만들어 보려고 하는 인공지능과 같은 학문에서는 인간의 마음에 관한 적절한 이해야말로 인간과 똑같은 기계를 만들 수 있는 관건이 된다. 다른 한편 진리에 대한 인식의 문제가 마음의 인지체계에 관한 문제로 귀결될 수 있다고 보는 인지과학이나 심리철학의 관점에 의하면 마음의 본질에 관한 연구는 진리의 본질이나 비밀을 밝히는 열쇠일 수도 있는 것이다.

과거에도 인간의 마음과 그에 의한 인식의 문제가 매우 중요하게 취급되어 왔지만, 위에서 언급한 분야에서의 연구가 주목되는 이유는 다음과 같은 점에 있다. 이제까지의 마음에 관한 연구들은 인류에게 보편적인 마음의 구조와 작용을 밝히기 위한 것이 주류를 이루었다면, 현재에는 문화 혹은 환경과 상응하여 다양하게 형성되는 마음 또는 그 속성과 작용에 관한 연구를 진행하는 것이 부각되었다는 점이 하나의 변화라고 할 수 있다. 이러한 상반된 경향은 상호보완적인 것이라고 할 수 있다. 하지만 현재로서 한국의 문화현상과 한국인의 심리에서 관찰되는 독특함을 설명하기 위해서, 그리고 한국인의 심리와 관련된 문화현상의 이해, 혹은 각종 사회활동의 지표를 세우는 데에 있어서 한국인의 심리와 전통문화의 상호관계, 그리고 그 근원에 대한 이해는 중요한 연구과제가 될 듯하다.

이에 따라서 본다면 인간의 심성에 대한 상이한 견해는 인간의 삶의 목적과 의미, 인간의 행위와 소망 등을 규정하는 데 영향을 미친다. 다양한 학문 분야들에서 나름의 방식으로 인간의 심성에 관한 탐구를 해 오고 있으며, 그런 다양한 연구의 결과들이 개인의 삶과 사회의 구성 및 진행되는 방향에 영향을 미치고 있다. 이들 중 심리학은 가능한 한 과학적인 방법을 사용하여 인간의 심성을 이해하려고 하는 학문이다. 즉, 심리학은 간단명료한 개념과 과학적으로 검증할 수 있는 아주 엄격하고 객관적인 연구방법을 사용한다. 한국의 심리학계에서도 이런 입장에 서서 인간 심성에 대한 이해를 시도해 왔고, 과학성을 표방하고 있는 서구심리학의 이론들을 우리의 환경과 여건을 감안하는 방향에서 적용하고 분석하는 연구들이 주로 이루어져 왔다. 반면 우리의 전통사상인 유교의 인간교육에 관한 내용들은 철학적 탐구와 논의의 대상이 되기는 하였으나 과학적인 검증방법론이 수립되지 못하여 심리학적 연구대상이 되지 못했다.

그러나 성인의 마음을 인간이 지향해야 할 궁극적인 표준으로 간주하고, 현재 소유하고 있는 개인의 마음을 궁극적 표준으로서의 성인의 마음에 비추어 보면서 끊임없이 발달을 추구하는 동양의 유학의 전통은 심성교육의 전형적인 모습을 보여준다고 말할 수 있다. 즉, 유교의 성리학적 심성 개념은 현대심리학 연구의 대상이 될 수 있으며, 연구해야 할 충분한 가치를 지닌 주요한 주제이다. 특히 현시점에서 볼 때 심리학 분야에서는 인간성에 관한 다양한 유형의 가정들이 용인될 수 있으며, 연구방법에서도 다양한 접근법이 시도되고 있는 만큼 성리학적 심성모델과 서구의 성격 및 사회심리이론들과의 비교를 통해 성리학을 현대 이론으로 복원하는 시도를 해 보고자 한다.

현재 심리학계에서는 최상진의 『한국인 심리학』, 최상진, 한덕웅, 조긍호 등의 『동양심리학』, 한덕웅의 『퇴계심리학』 등 한국인 혹은 동양인의 심리의 체계에 대한 연구가 축적되었다. 이들은 경험적 자료에 의한 귀납적 추론에 의하여 한국인의 심리를 이해할 수 있는 관점을 구성하거나, 유학과 불교의 이론에 담긴 동양인의 전통적인 마음에 관한 학문적 성찰로부터 한국인 혹은 동양인의 마음의 구조와 심리체계에 대한 이해의 확장을 시도하고 있다.

그러나 이 연구들은 전통적 유교문화와 그 문화에 속해서 살아온 한국인의 유교적 심성의 구조에 대한 정형화에는 아직까지 도달하지 못한 상태로 보인다. 주로 현대 한국인의 심리작용에 대한 경험적 귀납적 추론의 상태에 머물고 있거나, 서구심리학의 諸 이론과 성리학자들 또는 실학자의 심성론을 비교, 검토하는 차원에 머물고 있는 상태이다. 때문에 전통적 유교문화와 상호관계 속에서 형성되어 온 한국인의 유교적 심성에 대한 정형화된 모델과 이론을 정립하는 것이 하나의 중요한 과제라고 할 수 있다.

따라서 본 연구는 심리학의 문제의식을 공유하면서도 한국철학과 현대 인지과학의 관점에 의하여 한국인의 심성과 한국 전통문화와의 상호관계를 밝힐 수 있는 연구 영역을 개발하고, 그로써 심리학을 비롯한 인문학과 사회과학 및 응용과학에서 이루어지는 인간의 마음에 관한 논의의 활성화를 꾀하고 연구가 진전될 수 있는 자료를 축적하고자 한다.

한국의 전통적인 유교의 禮문화는 한국인의 독특한 人倫道德 중시의 심리체계를 형성했을 뿐 아니라, 거꾸로 가정과 학교, 향촌(향약, 향계) 또는 官(조정, 종묘, 문묘)에서 지속적으로 시행되었던 禮義교육과 각종 儀禮(四禮, 五禮)에 의하여 한국의 예문화가 끊임없이 재형성되고 심화되어 왔다고 할 수 있다. 본 연구에서는 가정과 학교, 향촌, 관청 등에서 의례를 시행하는 것과 학교, 가정에서 행하는 禮교육을 모두 예교육이라고 지칭한다.

조선시대는 禮교육에 의하여 개인의 심성이 형성되어 왔을 뿐 아니라, 그렇게 형성된 심성을 지닌 개인들 간의 상호작용이 있었기 때문에 조선시대 예문화의 지속과 재형성이 가능했었다고 할 수 있다. 다시 말하면 조선시대 사람들은 스스로 예문화를 구성하였으며, 그 예문화의 교육을 통하여 예문화를 지속시킬 수 있는 구성원들을 지속적으로 재생산하는 국가 운영의 체계를 세웠던 데서 매우 중요한 역사적 모범이 된다고 할 수 있다.

본 연구자들은 성리학자들의 心性論, 修養論(工夫論) 및 禮學의 풍부한 자료들을 함께 상호 관련짓는 연구가 시도된다면, 조선시대의 예교육에 의한 개인의 合禮的이고 道德的인 心性의 형성에 관한 진실과, 合禮的이고 道德的인 心性을 지닌 개인들의 상호관계에 의하여 예문화의 체계가 지속되어 온 이유에 대한 진실을 밝힐 수 있는 학문적 자료의 축적과 그것을 설명할 수 있는 이론의 구성이 가능할 것으로 생각한다.

조선시대 성리학자들의 四端七情 論辯, 人心道心 論爭들은 禮를 학습하고 실천하면서 나타나는 내면의 도덕적 심성구조와 작용의 변화에 관한 성찰을 근거로 한 학문적 논의였다. 그것을 현대의 인지과학적 용어로 풀어서 말한다면, 문화체계로서 외재하는 禮를 학습했을 때 그것에 상응하는 내면의 도덕적(合禮的) 인지체계가 형성되고 작동하는 이유와 원리에 대한 성찰이라고 할 수 있다. 따지고 보면 성리학자들은 문화의 형식적 규범체계와 인간 내면의 심성구조 사이의 상응관계에 대해서 매우 긴밀한 연관성을 자각하고 그것의 실상을 학문적으로 구명하기 위한 노력을 진지하게 행하였던 것이다.

또 성리학자들의 예학은 예의 원리와 규범의 체계화, 그것의 적용의 기준과 논리를 개발하는 학문이다. 그런데 예학은 사실 예를 내면화함으로써 禮에 부합하는 사고와 행위를 체계화하는 것을 목적으로 하고, 궁극적으로는 예에 의한 사회통합을 목적으로 하는 학문이다. 예라는 질서와 이념에 의한 사회통합은 곧 구성원들의 사고와 행위의 기준과 방식을 禮로써 통일한다는 것을 의미한다. 조선시대 도학자들이 주자학의 공부론에 따라서 禮의 학습에 입각한 심성수양과 도덕교육에 주력했던 것은 禮로써 구성된 사회질서와 상응하여 예를 준거로 삼아 내면의 인지체계를 형성하는 것이, 禮에 의한 사회통합의 적절한 효과를 볼 수 있다고 판단한 때문이다. 따라서 성리학의 심성수양론과 예학은 매우 긴밀한 상호의존관계에 있는 것이 아닐 수 없다.

그런데 한국철학 분야에서 조선시대 유학사상에 관한 기존의 연구는 성리학의 심성론 — 수양론과 예학을 각각 분리된 영역으로 고찰하는 경향이 지배적이었다. 때문에 심성론 — 수양론과 예학의 사이에 존재하는 연관성을 설명할 수 있는 이론이나 관점이 적절하게 형성되지 않은 상태이다. 한국인의 인륜도덕과 예의염치를 중시하는 심리체계와 예교육과의 상관성을 설명하려고 하는 탐구가 시도된 적이 드물었다. 본 연구진의 일부는 이러한 점을 하나의 한계이자 과제로 인식하고 「성리학 심성모델 시뮬레이션을 이용한 유교 예교육 효용성 분석」, 「퇴계 예학 연구의 과제와 전망」을 수행하여 발표했고, 「퇴계의 예교육과 인격형성의 원리」, 「새로운 도덕 심성모델의 시도: 퇴계학, 구성주의, 인공지능」, 「서구 심리모델과 조선 성리학의 심성모델 비교: 구성주의의 관점에 의하여」, 「Mind Models of Korean People: Folk Psychological and Neo-Confucianism Conceptions of Mind」 등의 연구를 수행함으로써, 예교육과 도덕 심성모델 간의 상호관계를 밝히기 위한 작업을 진행하여 왔다.

5.

본 연구에서는 성리학자들의 심성론에 기초하여 성리학 심성모델을 조성하기 위하여 현대 인지과학의 한 관점인 급진적 구성주의를 연구의 관점으로 삼았다. 본 연구의 심성모델 구성에 있어서 구성주의적 해석은 방법적 그리고 내용적 측면의 2가지 관점에서 살펴볼 수 있다. 구성주의적 입장은 절대적 진리의 확인 가능성에 대하여 부정적이기 때문에 여하한 심성모델에 대해서도 진리임을 주장하려는 것은 아니다. 방법적인 측면에서 구성주의는 서구의 심리모델이든 성리학의 심성모델이든 삶의 유용성이라는 관점에서 접근할 수 있는 준거의 틀로 이용될 수 있다. 내용적인 측면에서 구성주의는 마음이라는 것이 개체나 집단의 생물학적, 문화적 구성체라는 입장에 있기 때문에 심신문제에 있어서 심신이원론을 대체할 만한 이론적인 기반을 제공한다. 심신문제에 대한 구성주의적 입장은 동양적인 전통의 심신이론과 일맥상통하는 바가 있을 뿐만 아니라 현대의 인지과학적 연구성과들도 수용할 수 있는 이론적 바탕을 가지고 있다.

본 연구에서 작성하고자 하는 심성모델이란 인간 행동의 핵심으로서 인간의 마음을 이루는 요소들과 그들의 상호관계를 정형화한 것이다.

그것을 성리학에 적용하여 더 자세하게 정의한다면 다음과 같다. 즉, 도덕적 인간의 품격을 갖추게끔 하기 위하여 禮를 교육할 때 禮敎育의 내용을 수용하여서 人格의 변화를 이루어 내는 內面의 작동 구조를 컴퓨터로써 구현할 수 있도록 하여 주는 내면적 구조와 작용을 설명하는 이론 모형이 곧 성리학 심성모델이다.(유권종, 박충식 2002.)

구성주의 입장에서 볼 때 심성모델이란 인간 스스로 인간의 마음을 파악하는 것이기 때문에 결코 절대적인 원리는 될 수가 없다. 지금까지 연구되어 온 수많은 심성모델들은 단지 그 심성모델을 통하여 그와 같은 심성모델을 상정한 사람들이 스스로를 어떻게 파악하고 있느냐에 대한 구성적 요소를 파악할 수 있게 해 줄 뿐이다. 그러나 모든 심성모델이 똑같은 정당성을 가진다고 할 수는 없다. 전술한 바와 같이 구성주의에서 연구활동의 가치는 인간의 삶을 위한 유용성에 입각하여 입증되어야 하는 것이기 때문이다.

구성주의적 심성모델의 탐구는 그 심성모델로 인해 가지게 되는 세계에 대한 이해를 명확히 하고 그 속에 담겨 있는 이데올로기를 파악할 수 있도록 해 준다. 다양한 배경에서 이루어진 다양한 마음에 대한 이해로서의 심성모델을 비교하기 위해서는 서로 다른 의미와 관계를 가진 마음의 요소들이 비교 가능한 요소들로 해석되어야 한다. 본 연구에서는 전통적인 서구의 심성모델과 성리학적 심성모델을 비교함에 있어 급진적 구성주의 관점에서 인지과학적 접근을 모색하였다.

6.

또 본 연구는 조선시대 성리학자들의 儀禮 및 禮制에 관한 목록(禮書)과 학설, 예교육에 관한 각종 지침서 및 心性論, 修養論 사이에서 예문화 형성·재형성에 관여하는 개인과 사회의 상호관계의 법칙과 체계를 밝히고자 하는 것이다. 성리학자들의 예학과 성리학의 관련 이론들은 사회의 문화적 환경이 구성원의 내면에 인지체계를 형성시키는 원리와 방법 및 구성원들 간의 상호작용에 의한 집단적 예문화의 재생산의 체계와 법칙에 관한 연구를 하기에 적절한 역사적 자료라고 할 수 있다.

이를 과학적이고 현대적인 언어로 설명하기 위해서 문화심리학적인 방법을 동원하여 이론의 틀을 조성하고, 그 실제를 인공지능 시뮬레이션의 방법으로 재현하고자 하는 것이다. 인공지능 시뮬레이션을 시도하는 것은 예교육에 의한 도덕적 심성의 구조가 형성되고 작용하는 실제를 구현한다는 점도 하나의 중요한 목적이지만, 그에 앞서 시뮬레이션을 위한 분석의 과정에서 성리학자들의 관념적이고 심리체험적인 언명들을 바탕으로 실제와 가깝도록 마음의 작용과 구조를 설명할 수 있는 심성모델을 구성하고 그것을 정교하게 다듬을 수 있다는 점에서 매우 유익한 연구가 된다고 할 수 있다.

본 연구에서 목적하는 바가 성취된다면, 실효성이 있는 예교육, 혹은 바람직한 인격형성을 위한 도덕교육의 방향을 제시해 줄 문화의 체계와 인간 심성의 상호관계에 대한 인문학적 전망의 시야를 더 넓혀 줄 수 있을 것으로 생각된다.

도덕 심성모델의 새로운 시도:
퇴계학, 구성주의, 인공지능*

유권종, 박충식

1. 서

　도덕 심성모델이란 인간의 도덕적 행위를 이루는 몸과 마음의 요소들의 구조 및 그 상호관계를 정형화한 것이다. 그것을 시도하는 이유는 개인의 도덕성의 양성과 인격발달의 적절한 원리와 방법을 모색하려는 목적 때문이다. 심성의 구조 및 인지발달, 도덕적 인격형성 등은 철학은 물론 심리학, 교육학, 인지과학 등의 논의의 대상이 되고 있다. 본 연구는 퇴계학의 修身의 원리들을 구성주의의 관점에 의해서 재해석하고, 인공지능의 방법에 의해서 심성모델을 구성하고, 그것의 시뮬레이션 구현을 위한 논리의 개발을 목적한다.

---

* Journal of the Central Asian Association for Korean Studies Vol.2 No.1, Central Asian Association for Korean Studies, 2002. 4

우리는 구성주의적 관점에서 퇴계 성학이 새로운 윤리학적 도덕 심성모델을 제공할 수 있으며, 인공지능은 이러한 작업을 더욱 명료하게 할 수 있을 것으로 기대한다. 구성주의적 관점이란 기본적으로 마음은 만들어지는 것이라고 생각한다. 이렇게 단순한 구성주의적 발단은 우리의 윤리적 마음도 만들어지는 어떤 것일 뿐만 아니라 윤리적 마음을 연구하는 우리의 마음도 만들어진 어떤 것임을 필연적으로 요구하게 될 것이므로 우리의 도덕 심성모델에 대한 논의는 인식, 존재, 진리, 자아, 가치, 행동 등에 대한 전통적인 개념과는 다소 다른 맥락에서 이루어질 것으로 생각된다.

우리가 심성모델에 관심을 갖는 것은 실효 있는 도덕교육의 방향을 모색하기 위해서이다. 기존의 도덕교육은 아동의 인지발달, 도덕적 추론능력의 배양에 목표를 두었는데, 실제로 그로 인해 도덕성이 증가하는가 하는 점은 의문스럽다. 그것을 대처할 수 있는 방안으로 찾게 된 것은 유교의 禮에 바탕을 둔 修身교육이다. 이것도 역시 평가가 엇갈린다. 그러나 우리는 그것의 긍정적 기능과 보편적 가치에 주목한다. 그리고 예교육의 효과에 대한 긍정적인 담론은 많았어도 그 실천과 보편화의 계기를 만들기가 어려웠던 것이 연구의 계기가 되었다. 본 연구는 철학과 인지과학, 특히 인공지능의 학제 간 연구로서 성리학의 심성모델에 입각한 禮교육 시뮬레이션을 위한 논리를 개발하는 것이 목적이다. 그것이 유교적 수신의 유용성과 실제성을 설명하는 논리의 기초가 될 것으로 생각된다.

현대의 인지과학이나 교육학 인공지능 등이 연구해 오고 있는 것은 주로 도덕적 추론능력과 관련된 인지의 발달과 성립에 관한 것이다. 그러나 본 연구는 도덕적 추론능력보다는 도덕적으로 체화된 마음(embodied mind with morality)에 초점을 맞춘다. 일차적으로 이 연구는 성리학의 개념으로 정의된 心의 작용과 구조 및 각 하위 요소들의 역할에 대한 보다 실제적인 이해에 도달하는 것을 목표한다. 나아가

장기간에 걸쳐야 나타나는 예교육(수신)의 효과에 대한 가상적인 데이터를 추출하여 예교육 효용성에 관한 담론의 자료를 제공할 시뮬레이션의 이론적 기초를 마련하는 것을 목표로 한다. 그러므로 본 연구의 목적은 성리학적 수양론을 하나의 전통적 모델로 간주하고, 그것을 구성주의와 인공지능의 방법으로 재조명, 보완 등의 작업을 통해서 그 실제적 응용의 길과 분야를 모색하는 것이라고 할 수 있다.

또 한 가지 부언한다면, 본 연구는 한국인의 문화와 심리 속에 구축된 '禮 구성체'를 밝히는 작업으로서의 의미도 지닌다.[1] 한국인의 심리 속에 큰 부분으로 내재화되어 있는 유교의 이념과 유교적 삶의 양식은 한국인의 심리 구성체의 중심을 이룬다고 할 수 있으며, 현재에도 한국인의 심리 구성체의 작동과 지향을 조작하고 결정하는 역할을 잃지 않았다고 생각된다. 이러한 점이 밝혀져야만 우리에게 맞는 도덕교육의 심리학적 기초를 닦게 될 것이다. 또 기존의 윤리교육의 심리학적 기반이 서구인의 도덕심리학 이론에 기초하여 이루어진 것을 문제 삼고 극복할 수 있는 길을 열 수 있을 것이다. 특히 서구의 도덕심리학은 인간의 내면적 심리현상과 인지발달에 대한 설명이론체계로서 접근하는 구성을 보여준다면, 성리학은 목표 지향성이 있는 심성계발에 접근하는 틀을 사용한다는 점에서 많은 차이가 있다고 생각된다. 이 분야의 연구가 진척되어 심리학, 교육학, 인지과학 등의 제 분야의 학문과 학제 간 연구의 길을 여는 계기가 되길 바란다.

---

1) 禮구성체는 본 연구진이 2000년 6월 중앙대학교 부설 중앙철학연구소에서 본 연구의 중간발표 시 최상진 교수의 논평에서 제시된 개념이다.

2. 구성주의, 퇴계 성학, 인공지능 및 현대 윤리학의 방향

1) 구성주의와 인공지능

구성주의는 지식이 어떻게 정의되든 사람의 머릿속에 있는 것이며 자신의 경험에 기반을 두고 '구성'될 수밖에 없는 것이라고 가정한다. 구성주의의 연원을 따지면 소크라테스, 버클리, 칸트, 비코까지 거슬러 올라갈 수 있지만 최근의 구성주의는 근간에 이루어진 생물학, 심리학, 컴퓨터과학, 인지과학과 시스템과학 등의 연구성과와 깊은 관련을 맺고 있다.

구성주의 담론은 인식의 대상보다는 인식의 과정을, 또한 그 과정의 구체적인 경험 조건들에 관심의 초점을 두고 있다. 때문에 그 관심의 초점은 의미를 구성하는 '관찰하기(인지하기)'가 된다. 사실 말해지는 모든 것은 관찰자에 의하여 다른 관찰자에게 말해지는 것이고, 또 다른 그 관찰자는 자신일 수도 있는 것이다. 인지는 생물학적인 현상이며, 현상을 체험하는 유기체에 관련된 것으로 생각한다. 인지하는 개체는 자신의 신경시스템의 변화라는 형태로만 '세상'에 관여할 수 있다. 이러한 관찰하기는 관찰자의 구성이며 이 구성은 자의적으로 형성되는 것이 아니라 생물학적, 인지적 그리고 문화적인 조건에 따라 이루어진다. 따라서 지각이나 인식은 외부세계를 복사하는 것이 아니라 관찰자의 인지체계가 행하는 조작들의 목록화라고 할 수 있다.(슈미트, 1995.) 이러한 점에서 인지체계는 조작적 폐쇄(operational closure) 또는 조작적 재귀지시성(operational referentiality)하에 있으며, 이러한 조작적 폐쇄에 의하여 스스로의 체계와 환경의 차이점을 스스로 정의하고, 어떤 환경 접촉들을 자신에게 알맞게 가공, 처리함으로써 하나의 체계로 존재할 수 있는 것이다. 따라서 구성주의에서 이해는 옳고, 그름의 문제가 아니라 인지체계와의 정합성 문제가 된다.

구성주의는 인지체계가 물리적인 토대에서 일어나는 신경생물학적 현상이기 때문에 심신이원론적인 육체와 정신의 구분을 거부한다. 또한 인지체계에 외부의 물자체가 그대로 나타나는 것이 아니기 때문에 객관적 진리의 인식 가능성을 인정하지 않는다. 이러한 맥락에서 자아라는 개념도 관찰자에 의한 구성적인 산물로 이해되어야 하기 때문에 실체가 의문시될 수 있다. 절대적 현실의 인식 가능성이 무의미하게 됨으로써 모든 연구활동의 가치는 인간의 삶을 위한 유용성에 입각하여 입증되어야 한다. 이런 점에서 구성주의는 과학이 자기 생산의 확보, 생명조건의 최적화, 그 종의 장기적인 생존의 확보라는 현실적인 학문활동의 목표를 갖는 실용적인 노선을 추구한다. 이와 연관되어 진리나 현실이 기본적으로 인간으로부터도 인식되거나 소유될 수 없기 때문에 행위의 구속적인 근거수단으로서의 가치를 상실한다면 우리는 윤리적으로 우리의 행위와 인지에 대해 스스로 책임져야 하는 존재로 간주된다.

인공지능은 사람처럼 지능적인 기계를 만들고자 한다. 이러한 기계에 대한 많은 논란에도 불구하고 아직도 이러한 노력은 계속되고 있다. 인공지능 개발 초기, 사이먼, 알랜 뉴엘, 맥카시와 같은 인공지능 학자들은 기호주의 또는 표상주의라고 할 만한 방법을 사용하였다. 즉, 사물이나 개념에 대한 표상을 기계가 처리함으로써 지능적인 기계를 만들 수 있을 것으로 생각하였다. 그러나 기호적 인공지능이 큰 성과를 내지 못한 채 맥클러치, 헵, 류멜하트, 세즈노프스키 등과 같은 학자에 의하여 연결주의(신경망)적 접근이 대두되었다. 그러나 연결주의적 접근도 만족할 만한 지능적 기계를 만들어 내지는 못하였다. 연결주의적 인공지능은 지각을 중심으로 한 자기 조직화라는 면에서 구성주의적인 면이 있지만 고차적인 지능의 형성으로 발전시키는 데 실패하였다. 이후 진화개념을 이용한 유전자 이론이 등장하여 부분적인 성과를 거두고 있다. 사실 인공지능은 심리학, 생물학, 언어학, 철학 등과 인지과학의 한 축을 이루면서 다른 학문 영역으로부터의 다양한 이론을 수용하여 지능적인 기계의 가능성을 타진하고 있다. 지능이란 '불확실한 환경에 대한 개체의 적응'으로 파악하고, 기호적, 연결주의적, 진화론적 이론들이 구성주의적 안목에서 통합적으로 같이 고려될 수 있는 구성주의적 인공지능이 검토되어야 한다. 브룩스의 로보트 연구[Brooks 1991]는 이러한 관점에서 선구적인 사례라고 할 수 있다.

구성주의적 인공지능은 지능적 기계는 이성적인 기능만으로 구현될 수 없고 생물학적인 기반을 토대로 환경에 적응하는 과정에서 나타나는 정서적, 동기적 기능이 같이 이성적 기능과 동반되어야 지능적 개체로서 존립할 수 있다고 본다. 생명은 지능의 기본적인 전제가 되며, 이러한 생명활동이 개체의 환경적응에 의한 진화를 통하여 지능의 출현을 초래하였다. 생명으로서의 지능은 환경의 적응을 위한 생존에 관련된 기본적, 동기적, 정서적 욕구를 기반으로 지각들과 인식의 통합, 그리고 더욱 생존기회를 높이기 위한 다른 지능과의 상호작용을 위한 의사소통의 개발과 그에 따르는 고차적인 동기적, 정서적 기능강화에 이르는 진화에 의하여 발전되었다. 구성주의적으로 볼 때 이러한 연장선상에 개체의 윤리적인 기능도 고차적인 지적 능력과 더불어 출현한 것으로 생각된다. 때문에 지능에 대한 이해를 통하여 지능적인 기계를 만들고자 하는 인공지능의 실현은 지금은 다소 시들해진 기계와 마음에 관련된 논쟁은 차지하고라도 생명의 동기적, 정서적 모델과 깊은 관련이 있다. 이 연구에서 인공지능은 퇴계 심성모델에 입각한 정서, 동기적 인지모델을 얻을 수 있고, 제시되는 심성모델을 명료하게 하는 시뮬레이션을 위하여 인공지능의 프로그램 기술이 사용될 수 있다.

2) 퇴계 성학의 의의와 한계

聖學으로 집약되는 퇴계의 학문은 그 현대적 가치가 많은 주목을 받고 있으나, 동시에 그것의 의의와 가치를 보다 실증적으로 설명할 수 있는 가능성은 매우 제한되어 있다. 聖學은 聖人의 인격을 성취하고 聖人의 이상을 구현하고자 하는 학문이다. 유학자들의 견해로 해석하면 聖人이란 仁의 덕을 체득하여서, 어느 상황에서나 그 仁이 즉각적 자발적으로 발휘되고 그것으로 生을 일관하는 사람을 말한다. 다시 말하면 仁이 곧 내면세계의 흐름 그 자체가 되는 경지에 오른 사람을 聖人이라고 하는 것이다. 이를 구성주의 방식으로 설명하면, 仁에 의하여 체화된 마음을 지닌 사람이다. 이 체화의 방법 또는 과정이 修身이다. 즉, 수신이란 몸과 마음을 仁의 덕에 맞도록 변형하고 재형성하는 과정이자 방법이다. 유학적 관점에 의하면 개인의 내면세계의 조화, 그리고 사회의 人和를 얻게 하는 것이 곧 仁을 핵심으로 하는 인륜도덕인데, 이 인륜도덕을 구성주의 관점으로 본다면 곧 개인과 사회의 생존체계의 최적화의 원리 또는 그 상태를 의미한다. 그러므로 수신은 곧 생존체계의 최적화 과정인 셈이다.

수신에 관해서 공자 이래로 많은 유학자들이 논의해 왔다. 퇴계는 그 전통의 후미에 솟은 봉우리와 같다. 즉, 유교적 수신의 과정에 대한 경험적 조건들을 체계적으로 목록화하면서 그것을 성리학 개념과 이론으로 풀이한 점에서 그의 학문은 가치가 크기 때문이다. 주로 인지과정의 관찰과 해명에 중점을 두는 것이 인지과학이라면, 우리가 시도하는 聖學에 관한 구성주의적 탐구는 聖人이라는 목표 지향성과 그 목표 성취 방법을 목록화하고 검토함으로써 인간의 인지발달에 관한 연구의 또 다른 차원의 관점을 타진하는 가능성에 도전하는 것이다.

퇴계의 학설에 대해서는 과거나 현대에 논리적 정합성이 결여되었거나 이기론적 전제에 위배된다는 문제가 지적되었다. 그러나 이러한 문제에도 불구하고 퇴계는 그의 학설을 버리지 않았다. 그 이유는 과연 무엇일까? 그것은 그가 70평생 지속한 修身의 과정에서 형성된 확고한 신념, 또는 성리학 원리를 제 자신에게 적용하면서 자득한 진실 때문이라고 추측된다. 그렇다면 그 자득한 진실이 담겼다고 하는 『聖學十圖』에 담긴 그의 신념과 진실은 과연 무엇일까? 퇴계는 仁 혹은 敬을 자득했다고 하는 성리학적 표현은 과연 어떠한 의미로 이해해야 좋을까?

　『聖學十圖』는 도덕적 인격형성과 관련된 전통적 지혜를 응축한 것이다. 그러나 그 지혜를 이해하고 공유하는 데 장애가 되는 것은 몇 가지가 있다. 현대인이 성학에 대한 실천적 모방을 시도하는 일이 드물다는 점은 우선 퇴계의 성학이 구성하는 영역을 공유하는 기회를 외면하는 것이다. 사실 이것이 가장 커다란 이유이겠지만 여기서는 그에 대한 논의는 삼간다. 그렇다면 다음으로 문제가 되는 것은 성리학의 관점과 언어이다. 현대의 우리는 그 관점과 언어를 쉽게 이해의 지평 안으로 끌어들이지 못한다. 즉, 현재의 언어 규범과 그의 언어 규범에 간격이 있기 때문이다. 理, 氣, 心, 性, 情, 意, 思, 慮, 志 등의 개념이 사용된 퇴계의 설명은 구성주의의 관점에서 본다면 성리학의 방식에 의한 은유의 체계에 속한다. 그 체계는 현대의 언어의 은유체계와 똑같지 않다. 그렇기 때문에 서로 다른 은유방식에 대한 이해가 하나의 과제가 된다.(Lakoff, 1980 참조.) 그렇지만 그것은 어느 다른 언어권의 은유보다 한국인에게 친숙한 것도 사실이다.

　그럼에도 불구하고 이해되지 않는 부분이 있다면 그 이유는 무엇일까? 구성주의의 관점으로 본다면 퇴계의 설명은 인지과정의 실재에까지 직접 뿌리를 내리지 못했다. 아마도 그것은 현재의 우리로서도 감히 설명하기 어려운 일이다. 그러나 퇴계가 행한 설명보다 더 정교하고 실증적인 설명을 시도해 보는 것은 불가능하지 않다. 따라서 수신에 관한 퇴계의 記述을 보다 정교하고 명료하게 하기 위해서 그의 심성모델을 정립하고 이를 바탕으로 시뮬레이션의 논리를 개발하고자 한다. 그렇게 함으로써 퇴계의 설명과 인지과정의 실재와의 거리를 좁혀 보려는 것이 본 연구이다.

3) 현대 윤리학의 새로운 방향

개인의 윤리적 실천능력의 함양과 제고는 어떻게 가능한가? 이는 오래된 문제이다. 그런데 그동안 현대의 윤리교육을 이끌었던 서구철학의 입장은 일부 급진적 구성주의자들에 의하여 비판을 받고 있어서 주목된다. 그것은 우리의 논지 구성에 중요한 근거가 되었으므로 소개한다.

논의를 인간의 윤리적 실천능력에 한정시켜서 말한다면, 이 논의에서 중요하게 다루어야 할 것은 윤리적 실천능력의 본질에 관한 것부터 새롭게 정의하는 일일 것이다. 생물학자이자 인지과학자인 바레라에 의하면 서구 윤리학의 전통에는 그 관점과 입장의 차이에도 불구하고 윤리의 실천을 관찰하는 일반화된 방법이 있다. 그 일반적 방법이란 어느 한 가지 행위에 작용한 의도를 분석하는 것으로부터 시작해서 그 과정에서 이루어진 도덕적 판단들의 합리성을 평가하는 것으로써 끝마치는 것이다.(Varela, 1999, p.4.) 즉, 서구의 윤리학은 윤리의 실천이란 이성적 판단과 추론에 근거하며, 그 판단과 추론이 실재하는 진리(윤리적 가치)와 부합하는가의 여부가 윤리적인 실천인가 아닌가를 결정하는 관건이 된다는 것이다. 그러나 바레라는 윤리적 행위에다가 이성에 의한 윤리적 판단과 추론을 무분별하게 결부시키는 것에 대하여 반대한다. 윤리적 행위의 대부분은 이러한 판단 없이 혹은 그러한 판단 이전에 이미 진행되는 것이기 때문이다. 그에 의하면 윤리적 실천의 본질은 이성으로 환원될 수 없는 것이다.

바레라는 일상생활에서의 진정한 윤리적 생활은 상황에 따라서 즉각적으로 대응하는(immediate coping) 행위의 일련 과정이라고 해서 주목된다.(Varela, 1999, p.5.) 이러한 즉각적 대응의 신속함과 자연스러움이 곧 윤리적 행위의 실제적 효과를 내는 것이라고 한다면, 순간순간 이루어지는 즉각적 대응의 과정에 이성적 사유, 즉 판단과 추론이 개입할 틈은 없다. 왜냐하면 윤리적인 일상의 행위들은 이성적 사유의 산물이 아니라 실은 평소에 학습을 통해서 익힌 윤리적 노하우(ethical know-how)의 산물이기 때문이다. 단 그렇게 익힌 노하우가 통하지 않는 낯선 상황에 직면해서야 우리는 비로소 심각하게 사려함으로써 적절한 행위의 방식을 찾으려고 하게 된다. 이는 그 노하우가 단순한 기계론적 관점 혹은 행동주의적 관점에서 나온 것은 아님을 말한다. 그런 의미에서 그의 윤리적 노하우는 실은 맹자 등이 말하는 덕의 의미와 유사하다.

이 같은 관점에서 그는 서구의 전통적인 윤리학의 방향으로부터 동양의 전통적 윤리학으로 선회하는 구성주의의 입장을 시사한다.

"진실로 윤리적인 행동은 단순한 습관에서 발출하는 것은 아니고 또는 어떠한 표준형들이나 규칙들을 맹종하는 것으로부터 발출하는 것도 아니다. 진실로 숙달된 사람은 확장된 경향들을 따라서 행위하게 되는 것이지, 교훈을 따라서 행위하는 것이 아니다. 그리고 그렇게 해서 순전히 습관적인 대응의 방식들 속에 담긴 한계를 초월하는 것이다. 이것이 훈련되지 않은 사람에게는 진실한 윤리적 행위가 가끔 깊이를 잴 수 없는 듯이 보이는 이유이고, 金剛乘(眞言)의 전통에서 비범한 지혜(crazy wisdom)라고 불리는 것이 될 수 있는 이유이다. 이러한 유연성은 자신의 숙달된 기술(expertise)을 닦아 온 사람이 지닌 중요한 요소들을 시사한다. 왜냐하면 그의 숙달된 기술은 맹자가 知라고 부르는 지적 주의력(intelligent awareness)을 함축하고 있기 때문이다."(Varela, 1999, 30-31.)

"덕을 사이비 덕으로부터 구별하기 위하여 맹자는 4가지의 인간 행위의 종류를 밝히고 있는데, 그 가운데 오직 한 가지만 진실한 윤리적 행위일 뿐이고 나머지는 기껏해야 유사한 것이거나 완전한 사이비이다. 이 네 가지 행위는 (1) 이득을 얻으려는 욕구로부터 일어나는 행위들, (2) 습관화된 반응의 유형으로부터 나오는 행위들, (3) 규칙들을 추종하는 데서 일어나는 행위들, (4) 확장(推, extension)에서 일어나는 행위들이다. 지적 주의력에 의하기보다는 습관화된 반응의 유형으로부터 행동하는 사람들은 상황들을 정확하게 지각하는 데 실패한다. 규칙들에 집착해서 행위가 이루어지는 사람들은 자동차 운전기술을 처음 배우는 초보자들과 같다. 맹자의 언어를 사용한다면, 그러한 규칙들은 항상 그 사람(agent)의 외부에 그대로 있게 될 것인데, 그것들은 적어도 몇 가지 방식에서는 그 사람의 내면적 경향과는 항상 다른 상태로 있을 것이기 때문이다."(Varela, 1999, 30.)

바레라의 관점에 따르면 진정한 윤리의 본질은 몸과 마음이 함께 터득하여 자연스럽게 발출되는 경향을 지닌 행위와 그것의 확장성이다. 그것이 바로 윤리의 노하우가 되는 것이다. 주목해야 하는 것은 지적 주의력과 확장에 관한 것이다. 지적 주의력이란 일종의 응집력과 적응력으로서 수시로 변화하는 상황에 대한 즉각적인 대응의 실체인 것이다. 또 확장성이란 지적 주의력을 통해서 평소에 익힌 것과 똑같지 않더라도 유사한 상황이면 막히지 않고 통하게 하는 힘이다. 이 양자의 근원을 바레라는 장기간에 걸친 실천적 훈련을 통해서 체화된 마음이라고 설명된다.

구성주의의 이러한 입장과 설명은 퇴계의 禮學이나 수신의 논리와 많은 유사성이 있으며, 오히려 퇴계의 방법을 보다 실증적으로 설명할 수 있는 가능성을 지녔다고 판단된다. 더 많은 연구가 있어야 하겠지만, 예를 들면 위에 언급한 지적 주의력 혹은 확장성은 퇴계가 말하는 禮를 익히는 데서 비롯되는 敬과 같다고 보인다. 아직 구성주의와 동양철학을 연결시켜서 논하는 것은 일반화되지 않았고 국내에서는 그렇게 다른 예를 아직 보지 못하였다. 그러나 바레라의 입장은 서양철학의 이성중심의 윤리학이 앞으로 그 유용성을 주장하기가 어렵다는 점을 보여준다. 반대로 동양철학의 修身을 중시해 온 전통이 현대사회의 윤리문제 해결에 더 실제적이고 유용한 방법이 될 수 있음을 시사한다. 때문에 동양의 전통적 지혜를 인격화한 표상이 君子 또는 보살인데 바레라는 이 인격체의 구성에 대한 깊은 관심을 지닌다.

그 내용을 모두 살필 수는 없기에, 다만 그가 주장하는 요점을 다음과 같이 요약한다. 서양철학이 2천 년 넘도록 주장해 온 내면의 중앙통제장치로서의 이성에 환원되는 자아는 실재하지 않는다. 즉, 우리의 내면은 사실 주체의 실재에 관한 한 空, 즉 無我이다. 우리가 상정하는 주체성이란 내면세계의 무수한 요소들이 함께 중앙통제 없이 활동하는 가운데 그것이 목적적이고 통일된 전체로서 관찰자에게 나타나는 그 무엇을 지칭하는 것이다. 그렇다면 이러한 인지과정에서 우리에게 관찰되는 자아는 자아의 역사와 행동 등이 그 일부가 된다. 그러므로 '나'는 신경시스템을 가진 모든 존재에게 공통적인 육체로써 구성된 신체와 인간이 살고 있는 사회적 과정 사이의 다리이다. 즉, 나의 '나'는 개인적이거나 사회적이라기보다는 두 가지가 함께하는 것이다. 문제는 이러한 무아에 대한 체험을 열어 가면서 내외의 의식과 행위의 일관된 흐름을 이루어 나가는 방법에 관한 것이다.

무아의 체득과 윤리적 노하우의 숙달을 위해서 바레라가 강조하는 것은 온정과 자비이다. 그것은 자아중심적 습관을 버리고 자비가 즉각적으로 그리고 자발적으로 유지되도록 하는 훈련을 통해서 개발되고 체화되어야 하는 것이다. 그 때문에 그는 유교든 불교든 수신의 중요성에 주목한다. 말만으로는 즉각적인 대처능력을 키워서 이기적 욕망과 무규범적 행위로 향한 일탈을 방지할 수 없다. 그것보다는 수신의 지속적인 체험이 필요하다는 것이 그의 결론이다.

이상에서 살핀 바레라의 견해는 일찍이 국내에 소개된 미국의 언어학자인 허버트 핑가레트의 견해와 일맥상통하는 점이 있다. 핑가레트는 禮는 "인간적 충동의 완성, 즉 충동의 문명적 표현이지, 결코 형식주의적 비인간화가 아니"라고 설명한다.(핑가레트, 1993, 29쪽.) 예를 학습하게 되면 祭禮와 같은 신성한 儀式의 현장에서나 혹은 일상생활의 현장에서나 그 상황에 맞는 행위가 억지 없이 자연스럽게 발출하게 되는 것이다. 그러나 이러한 억지 없이 자연스럽다는 말을 '기계적'이거나 또는 '자동적'이라고 생각하지 않는 것이 중요하다고 핑가레트는 말한다. 오히려 '자연스런 자발성'이 발휘됨으로써 예식에 참여하는 개개인들이 진지하고 성실하게 몸과 마음을 움직이기 때문에, 예식에는 생명력이 있다고 그는 설명한다. 또한 예식에는 그러한 생명력으로 인해서 (외부적, 타율적) 강제력 없이도 예식에 참여하는 개개인들이 서로서로 한마음이 되어 협조하는 미묘함과 놀라운 복잡성이 존재한다는 것이다.(핑가레트, 1993, 30 - 32쪽.)

이러한 분석을 통해서 핑가레트가 禮의 신비스런 기능을 강조했던 것이 바레라에 의해서 윤리적 노하우라고 개념화되었다고 생각된다. 그리고 양자의 견해는 禮를 중심으로 이루어지는 유교의 修身의 의미 함축이 행동주의적 관점이나 기계적 습관화라는 평가의 차원을 넘어선 것임을 강력히 시사한다. 퇴계가 강조했던 敬의 발원이 禮에 있다는 점, 그리고 아울러 그것이 心에 대한 주재력, 나아가서 다른 개체와의 친화력을 이끌어 내어서 결국 전체의 균형과 조화를 이루는 자연스럽고 자발적인 힘의 근원이 된다는 것을 두 학자의 견해는 지지하는 것이다.

3. 퇴계 성학의 구성주의적 해석 방향

인공지능에 의한 심성모델의 정교화와 명료화의 방향은 전반적으로 퇴계의 심성모델이 지니는 특징과 장점을 설명하는 것을 가리킨다. 그리고 그것이 서구의 도덕심리학, 윤리학의 방법보다 더 진전되거나 유용한 것임을 입증하는 논리를 세운다면 그것은 더 좋은 일이다. 따라서 인공지능의 방법은 위에서 언급한 윤리의 노하우를 획득하는 과정(체화의 과정)으로서 퇴계의 수신의 개념과 논리를 표현할 수 있어야 한다. 그것이 퇴계의 수신에서 강조하는 敬과 禮가 윤리의 노하우를 획득하는 방법이자 결과라는 점을 설명하게 될 것이다. 그리고 나아가서 敬 혹은 理發 등의 명제로써 표현하는 聖人을 향한 지향성이 도덕적 자아의 형성에 기여하는 점 등을 설명할 수 있을 것이다.

그런데 소기의 목적을 성취하기 위해서 우선 퇴계의 성학에서 발견되는 심신수양에 관한 이론과 도식을 종합하여 퇴계의 심성모델을 구성해야 한다. 그때 고려해야 할 점은 그 심성모델이 일종의 폐쇄적인 자기 생산체계라는 점, 그리고 그 체계가 최적화의 원리를 지향하여 나갈 때 궁극적으로는 다른 생명체계와 자연스런 조화로 나아가는 가능성을 열어 놓아야 한다는 점이다. 그것은 생물학적, 인지적, 문화적 조건과의 연관하에 이루어지는 심신의 상호관계에 의한 것임을 간과해서는 아니 되기 때문이다.

이러한 내용의 심성모델의 구성을 위해서 필연적으로 구성주의의 관점으로 퇴계 성학의 내용을 재해석해야 한다. 우리가 구성주의적 학문 연구의 방법을 퇴계학 연구에 도입하게 되면 퇴계의 학문에 대한 연구에 어떠한 변화를 가져올 것인가? 기왕의 연구들은 퇴계의 철학이 이기론에 입각한 일종의 존재론에 해당한다고 생각했다. 그래서 그의 지식도 역시 주체와 대립해 있는 객관세계로부터 확인되는 진실성에 근거한다고 보는 것도 일반화된 관점이다. 그러나 구성주의의 관점을 도입하면 다음과 같은 변화가 필요할 것이다. 슈미트에 따르면 구성주의는 진리를 추구하는 지식(내지는 객관적 지식)으로부터 유용한 지식으로, 묘사성으로부터 문제 해결 가능성으로, 객관성으로부터 상호작용을 하는 상대자의 인지세계에서의 경험에 대한 간주관성으로, 존재론으로부터 인지적 방법론으로 전환하게 된다.(슈미트, 1995, 54−55.) 그러나 서양철학의 전통과는 다른 맥락에 위치한 퇴계의 학문이 항상 前項에 해당하는 것은 아니다. 오히려 後項에 속하는 경우도 있다.

그렇다면 구성주의로써 관찰하게 되는 것은 무엇일까? 聖學의 학습과 실천을 행하는 과정, 그것을 인지라고 한다면 인지의 관찰자가 바로 관찰의 대상이다. 그런 까닭에 구성주의의 담론은 제2계(the second order)에 관한 것이 된다. 객관적 실재로 상정되어 왔던 세계와 그것에 대립해 있는 주체의 관계가 제1계라고 한다면, 제2계는 그것을 관찰하는 관찰자의 체계를 의미한다. 그러므로 구성주의를 퇴계 성학의 해명에 도입하게 된다면, 그가 인식한 객관세계의 질서에 대한 새로운 해명을 지향하는 것이 아니라, 그가 성리학적 개념과 범주를 써서 행한 자기 세계의 구성과 관찰의 방법에 대한 해명으로 나아가게 되는 것이다.

그렇다면 퇴계의 이기론을 비롯한 심성론 등에서 사용된 개념들을 구성주의적 관점에 의하여 재해석할 수 있을 것이다. 퇴계의 개념들은 그가 구성한 세계에 질서를 부여하고 의미의 구획을 행하는 작용을 하는 것이다. 그러므로 심성론과 수신론에 관한 그의 개념들로부터 우리는 그의 관찰에서 이루어진 내면세계의 흐름에 대한 관찰의 조건과 범주를 다시 목록화하는 것이 가능할 뿐 아니라 또한 그렇게 하지 않으면 아니 된다.

또한 구성주의는 기왕의 존재론이 이원론적, 실재론적, 구조주의적 입장들을 전제하는 것과 반대로 일종의 총체주의(holism), 단원론(monism)을 지향하는 모델을 제시한다.(슈미트, 1995, 54.) 이에 따르면 물질과 정신이 근본적으로 서로 분리될 수 없으며, 오히려 생명체계들이 일정한 물질적 복잡성과 자기 조직적인 재귀지시성을 발전시키면 필연적으로 의식은 전개된다는 가정이 필수적이다.(위와 같은 곳) 禮의 학습과 실천이 敬을 낳는다는 수신의 원리는 이러한 가정을 도입하면 이론적으로 보완될 수 있을 것이다. 그러나 敬은 단순한 의식이 아니라 고도의 응집력을 지니는 심의 일정 상태이다. 그리고 敬은 心身의 모든 요소에 대하여 영향을 미치는 심의 상태이다. 이러한 경의 상태를 설명하기 위해서는 複雜系(complex system)이론을 바탕으로 하게 된다. 그에 따라 설명하면 敬은 특히 일련의 合禮的 행위과정에서 心의 다양한 요소들 (육체까지 포함)이 복잡한 상호작용을 하게 될 때 그것들이 일으키는 전체의 흐름이다. 그것이 관찰자에게는 하나의 통일된 흐름으로 관찰되는 한편, 관찰자는 동시에 그 흐름이 심신의 각 요소에 피드백되면서 일정한 통제력을 발휘하는 것을 느끼게 되는 것이다. 특히 敬과 같은 것은 고도의 응집력과 확장성을 지닌 흐름의 집중화와 재귀성을 지닌 것이다. 그것이 일종의 지적 주의력으로 숙련된 노하우를 확장할 수 있도록 하는 힘이 된다고 설명될 수 있다.

4. 퇴계 성학의 심성모델과 구성주의적 설명

이제 개인의 내면세계를 대상으로 하는 심성모델을 위한 논의를 한다. 이러한 논의의 자료는 퇴계의 心性에 관한 이론, 禮에 입각한 수신의 이론 및 「천명도」, 「성학십도」의 여러 그림들이다.

비록 고찰을 심성모델에 국한한다고 하더라도 만물의 구성원리에 대한 퇴계의 이해는 우선적으로 고려할 사항이다. 퇴계는 만물의 근본을 太極으로 설명한다. 이는 퇴계의 세계 구성의 궁극적 단위가 理 또는 태극임을 의미한다.

태극 또는 理는 所以然의 까닭과 所當然의 준칙으로 이해한다. 앞에서 설명한 구성주의적 관점에서 본다면, 소이연의 까닭이란 '자기 체계의 생산과정에 관련된 모든 관계와 역동 구조의 根因'으로서 관찰된 것을 의미하고, 소당연의 준칙이란 '끊임없이 반복되는 재귀적 자기 체계의 재생산과정에서 발견되는 최적화의 원리'로서 관찰된 것이다. 이 양자를 일치시하는 퇴계의 견해는 '존재와 당위의 일치시'를 지향하는 것이라고 규정된 바 있다.(윤사순, 1997, 259~283.) 이를 구성주의적 관점으로 해석하면, 결국 理는 인간의 자기 구성의 규범성과 그 궁극적 방향을 제시하는 것이다. 그 궁극적 방향이 곧 天人合一 또는 聖人의 인격의 성취인 것이다. 천인합일 혹은 성인의 경지가 과연 앞에서 소개한 바레라의 無我와 같은 것인가는 더 따져 볼 문제이다. 바레라가 말하는 무아는 사실 내외의 합일을 위하여 요청된 개념인 듯하다. 내외의 합일이란 하나의 생명체계가 주위의 다른 생명체계 혹은 환경과 조화를 통해서 생존조건을 최적화하는 원리를 의미하는 것으로 이해된다. 그렇다면 공자의 '從心所欲不踰矩'의 경지 또 天人合一의 경지가 상응할 것이다. 그리고 내면의 虛靈한 心의 성질은 그것을 성취할 수 있는 기반이라고 해석된다.

그렇다면 성인을 지향하는 자기 생산과정은 누구에 의한 것인가? 또 그것은 어떠한 방식으로 진행되는가? 이는 심성모델을 구성할 때 만나는 의문이다. 즉, 그것을 행하는 자아의 본질은 무엇인가 하는 의문이다. 그런데 이미 구성주의의 관점에서는 자아의 실재가 부정된다. 그렇다면 우리가 일상적으로 자아의 본원으로 인식해 오던 심은 무엇에 대한 관찰인가? 그리고 심을 주재하는 원리인 敬은 무엇에 대한 관찰인가? 심은 '一身의 主宰를 행한다.'고 정의된다. 주재는 근본적으로 다양한 요소들이 복잡하게 상호 관련된 작용을 통해 전체적인 자기 생산을 이루는 과정에 대한 관찰이라고 생각된다. 그리고 '一心의 主宰를 행한다.'고 규정되는 敬은 心身을 항상 도리를 잃지 않는 상황 속에 묶어 두는 내면의 흐름 또는 하나의 지속적인 태도를 말한다. 바꿔 말하면 敬은 심의 자기 구성 작용을 총체적으로 心身을 포괄하여 자기 생산체계의 최적화 상태로 일관하는 것을 의미한다. 이들을 구성주의적 관점으로 해명하기 위해서는 心을 비롯한 내면의 다양한 요소들에 대한 새로운 정의가 필요할 것이다.

퇴계는 "體用을 겸하고 動靜을 포함하여서 一身의 主宰가 되고, 마치 고리처럼 꼬투리가 없이 순환을 반복하여 그치지 않는 것은 바로 심이 하는 것"이라고 설명한다. 이것과 다른 언술들을 합하여 미루어 보면 그 心은 일종의 '다양한 내면적 요소들이 공존하고 그들 간에 상호작용이 이루어 내는 연합체 또는 총체적 흐름'과도 같은 것이다. 다양한 내면적 요소들이란 성리학자들 자신이 자신의 내면적 심리현상을 성찰하면서, 현상 상호간의 영역을 구분하고, 그 작동의 방식과 궤적을 추정하면서 성리학의 언어로 구획하고 묘사한 개념들이다. 이러한 개념들을 음미하면 퇴계가 관찰하였던 心은 그 차원이 하나가 아닌 듯하다. 우선 가장 근본적인 차원의 요소는 理氣이다. 그 위에 心의 體用으로 설명되는 性과 情(四端과 七情)이 있다. 이 차원에서 심의 속성과 현상으로서 관찰, 기술된 虛·靈·知·覺 및 念·慮·思·志·意·憶·度, 人心·道心 등이 함께 논의될 수 있을 듯하다. 또 情과 念·慮·思·志·意 등의 표출통로인 形氣는 외부세계와의 교량 역할을 하면서 자아의 단위를 형성하는 차원으로 구별해 볼 수도 있을 듯하다.

그런데 중요한 것은 마음의 주재력, 즉 敬은 무엇으로 인해 발생하는가 하는 점의 해명이다. 그의 「경재잠도」, 「숙흥야매잠도」 등에서 기술한 예 실천과 경과의 관계는 그 해명의 단서가 된다. 즉, 반복되는 일상의 예 실천이 곧 윤리적 노하우의 숙달과정이고 그로 인해서 지적 주의력이 생기고 확장성이 발생한다고 이해할 수 있다. 이 지적 주의력, 확장성에 해당하는 것이 理發의 구조로 관찰된 내용이라고 할 수 있다. 그렇다면 내면의 理發의 흐름으로 체화되는 마음의 형성은 일상의 반복되는 예 실천과 그로 인한 敬에 절대적으로 의존한다는 의미를 퇴계가 강조한 것이 된다.

퇴계는 마음의 모든 역동 구조를 理氣의 상호관계의 범주로 관찰했다. 그는 "四端은 理가 發하고 氣가 그것을 따른다", "七情은 氣가 발하고 理가 그것에 올라탄다."고 구분한다. 그의 수신론은, '천리를 보존하고 인욕을 제거한다.'는 기본원칙이 작용한다. 이는 퇴계의 심성수양의 과제가 결국 인욕의 근원인 기를 제어하고 理가 제대로 구현되게끔 하는 것임을 보여준다. 예교육 시뮬레이션을 위한 심성모델이 보여주어야 하는 것은 바로 이것과 관련된다. 즉, 禮를 익혔을 때 理發이 순조롭게 이루어지고 또한 氣發에 의한 七情이 발출하더라도 그것이 道理를 좇아서 中庸을 잃지 않는 현상을 논리적으로 보여줄 수 있어야 한다.

나아가 心身의 상호인과적 관계 또는 일종의 순환적 구조에 대한 설명도 포함하여야 한다. 상호인과적 관계란 마음을 움직이면 몸이 따라 변화하고, 몸에 변화를 주면 마음도 역시 따라서 변화하는 예와 같은 것이다. 그러한 것에 관한 언급은 論語의 九思를 전자의 예, 禮記의 君子九容을 후자의 예로 각각 거론할 수 있다. 또한 심 내부의 요소들 간의 상호인과적인 복잡하고도 순환적인 관계를 잘 관찰하고 구성하여서 시뮬레이션을 위한 심성모델을 구성하는 것이 필요하다고 할 수 있다.

5. 퇴계 성학 심성모델 시뮬레이션의 방향

인공지능에서는 주로 인간의 논리적인 추론 기능의 구현을 연구하였다.(Faigenbaum 1963, Anderson 1973.) 본 연구의 심성모델은 인간의 마음에서 동기적, 정서적 기능을 포함한 윤리적 기능까지 모델링의 대상으로 삼고 있다. 인간의 동기적, 정서적 기능을 시뮬레이션하는 연구는 사례가 흔하지 않다. 사실 심리학에서도 동기나 정서에 관한 이론이 아직 논란의 여지가 많고 정교하게 만들어져 있지 못하다.

성리학의 심성이론에 의하여 도덕적 행위현상을 시뮬레이션하기 위해서는 그 현상을 설명할 수 있다고 생각하는 개념들의 인과관계를 구성하는 것이다. 퇴계 성학에 있어서 마음으로부터 일어나는 도덕적 행위현상을 설명하는 중요한 개념은 心, 性, 情, 道心, 人心, 四端(惻隱之心, 羞惡之心, 辭讓之心, 是非之心), 七情(喜, 怒, 哀, 懼, 愛,

惡, 欲), 知, 覺, 念, 慮, 思, 志, 意, 憶, 度 등이 될 것이다. 이러한 퇴계 성학의 개념들로 컴퓨터 시뮬레이션 모델을 구성하여 심성모델이 도덕적 / 비도덕적 행위를 하게 되는 이유와 도덕교육의 효과를 설명할 수 있는 설명체계가 되도록 해야 한다. 이를 위해서 이와 유사한 마음과 행동에 관한 기존의 시뮬레이션 사례를 살펴보고 심리적인 요소들이 구성되는 방식을 참고로 할 수 있을 것이다.

인간의 마음과 행위에 대한 시뮬레이션 모델을 주로 연구해 온 분야는 인공지능 분야라고 할 수 있다. 그러나 인공지능의 주된 관심사는 인간의 지능적 능력에 관련된 연구였다. 때문에 인간의 정서적 마음과 행위에 대한 연구는 미비한 편이다. 이러한 사정에서도 퇴계 성학에 기반을 둔 심성모델 시뮬레이션을 위하여 인간의 마음과 행위에 관련된 몇 가지 연구를 살펴보면 경제학 / 경영학 분야에서 시스템 다이내믹스(system dynamics)이론을 이용하여 간단하게나마 숙부 살해 행위에 이르게 되는 햄릿의 마음을 시뮬레이션한 경우(Hopkins 1995), 심스(Sims, 2000)나 공주 만들기와 같이 인간의 일상활동을 시뮬레이션 게임으로 만든 경우가 있으며, 최근 컴퓨터 속의 가상인물(프로그램)이 효과적으로 인간과 상호 작용하기 위하여 정서적 능력을 부여하려는 연구(Reilly 1996) 등을 들 수 있다.

햄릿의 경우는 시스템 다이내믹스이론을 이용하여 햄릿의 마음에서 극이 진행되어 감에 따라 나타나는 숙부가 부친을 살해했다는 증거를 인지하는 인식의 강도를 나타내는 변수와 복수하고자 하는 마음의 강도를 나타내는 변수를 인과관계로 엮어 주고 다시 이를 행동으로 옮기는 강도를 나타내는 변수를 연결시킴으로써 햄릿이 숙부 살해에 이르게 되는 과정을 시뮬레이션하였다. 이 연구에서는 어떤 특정한 심성모델에 따라 인간의 마음을 구성하는 모든 요인을 모델링하지는 않았지만 관심 있는 몇 가지 요소에 대하여 햄릿의 마음과 행동을 시스템 다이내믹스 모델에 따라 햄릿의 행위를 결정하는 요소를 변수로 나타내고 이들의 영향관계를 만듦으로써 시뮬레이션 모델을 구성하였다.

심스나 공주 만들기와 같은 시뮬레이션 게임에서는 게임을 하는 사람이 주어진 환경하에서 게임에 등장하는 인물이 특정한 행위를 행하게 함으로써 대인관계, 취업, 체력, 직업적 성공, 나아가서는 행복을 성취할 수 있도록 하는 것이다. 이러한 게임내용의 배후에는 기본적으로 특정행위와 능력, 대인관계, 직업적 성공 사이에 관계를 설정하고 있다. 이러한 관계설정이 비록 게임을 위해 간단한 모델을 기반으로 이루어져 있지만 심성모델 시뮬레이션에서도 유사한 관계설정이 필요할 것으로 생각된다.

카네기멜론 대학에서 이루어진 감성을 가진 프로그램을 개발하기 위한 연구는 OCC(Ortony, Colllins, Clore)모델이라는 인지 기반의 감성모델을 이용하였다. OCC감성모델은 감정의 생성과 감정의 강도 계산을 설명하는 데 있어서 강한 이론적 배경을 가지고 있고, 프로그램으로 구현하기 용이한 구조로 되어 있다. OCC모델을 기초하여 만들어진 감성을 가진 프로그램은 감각자료, 신체의 상태, 사회적 관계, 상호 작용하는 다른 존재의 모델 등을 입력자료로 받아서 감정생성기(Emotion Generator)를 거쳐 감정구조(Emotion Structure)를 만든다. 감정구조는 감정생성기의 미리 정의된 감정생성규칙에 의하여 만들어지며 감정유형, 감정강도, 방향, 원인 등으로 이루어진다. 생성된 감정구조는 감정저장함수(Emotion Storage Structure Functions)를 거쳐 감정계층구조(Emotion type hierarchy) 로 표현된다. 감정저장함수는 감정구조를 계층구조의 특정위치에 배치하는 역할을 한다. 감정구조는 행동특성지도(Behavioral Feature Map)를 통해 행동특성(Behavioral Features)으로 변환되고 행동특성은 최종적으로 프로그램의 행동을 결정하는 요소가 된다. 이러한 일련의 과정을 통하여 가상인물의 행동을 수행하는 프로그램은 감정변화에 따른 표정이나 행동을 나타내게 된다. 카네기 멜론 대학의 연구는 주로 감정표현만을 위한 시뮬레이션 연구이기 때문에 인간의 마음 안에서 일어나는 동기나 인지 등의 여타의 기능은 고려하지 않는다.

퇴계 성학에 따른 심성모델을 컴퓨터 시뮬레이션 프로그램으로 작성하기 위해서는 퇴계 심성모델에서 사용되는 중요한 개념들의 상관관계를 파악할 필요가 있다. 서구심리학에서는 여러 연구자에 따라 다소 다르게 정의되는 개념들이지만 감각, 지각, 인지, 추론, 정서, 동기, 행위 등으로써 마음의 작용을 설명한다. 실제로 작성된 시뮬레이션 프로그램은 아니지만 서구심리학적 전통에 기반을 두고 비교적 마음과 행동에 관련된 포괄적 모델을 제시하고 있는 연구(Moren, 2000)가 있다.

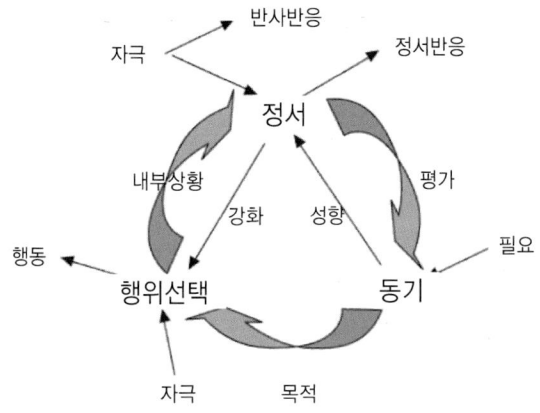

<그림 2> 내부요구와 자극의 정서 평가를 바탕으로 한 행위모델(Moren, 2000)

　　<그림 2>는 정서, 동기, 행위선택이라는 서구심리학의 개념을 이용하여 행위모델을 구성한 것으로서 세 가지 개념들 사이의 관계를 보여주고 있다. 위의 모델에 따르면 정서는 외부자극과 행위선택에 대한 결과로써 발생된 마음의 내부상황에 의하여 촉발되고 그에 대한 평가가 동기에 영향을 주고, 행위선택을 강화하게 된다. 또한 동기는 정서의 평가나 내부의 필요(욕구)에 의하여 촉발되어 행위선택의 목적을 제공하며 정서에 대하여 일정한 성향을 부여하게 된다. 행위선택은 동기로부터 목적이 부여되어 정서에 의한 강화와 외부자극에 의하여

행동을 선택하고 그로 인한 마음의 내부상황이 정서에 영향을 미치는 것으로 설명한다. 이 모델에서 정서, 동기, 행위선택은 마음이라는 전체 시스템을 구성하는 하부 시스템으로서 작용한다.

　퇴계 성학에서 마음을 설명할 때 사용되는 개념이나 그 개념들의 관계는 서구심리학과는 매우 다르다. 또한 현재 성리학적 전통의 유학 예교육에 관련된 여러 문헌을 통해서도 현대적 의미에서 마음을 설명하는 여러 개념들 사이의 상세한 인과관계가 설명되고 있지는 않다. 그러나 성리학 전통의 유학 예교육 문헌들은 도덕적인 심성교육이론으로서의 많은 정교한 실천적 지침서들을 마련하고 있다. 이러한 지침서들은 성리학의 많은 도덕 지향적 사상체계의 심신이론으로부터 사단칠정논변에 이르기까지 독자적인 심성이론에 바탕을 두고 있는 것이다. 때문에 도덕적 행위에 관한 시뮬레이션을 위해서는 이러한 예교육 또는 도덕교육을 위한 실천적 지침서와 도덕적 심성이론의 분석을 통하여 성리학에서 마음을 설명하는 여러 개념들과 그들의 관계가 추정되어야 한다.

　퇴계 심성이론의 개념들을 관련시키는 틀로서 Moren의 모델은 유용한 참조가 될 수 있다. 먼저 四端(惻隱之心, 羞惡之心, 辭讓之心, 是非之心), 七情(喜, 怒, 哀, 懼, 愛, 惡, 欲)은 性이 발하여 나타난 情의 작용이며, 그것들이 지속되면 道心과 人心의 작용이 되는 것이다. 서구심리학의 입장과 달리 사단과 칠정으로 나뉘어 정서 / 동기가 발현되는 것은 퇴계 성학이 도덕 지향적 심성이론이기 때문에 선함으로 대변되는 사단과 선악이 정해지지 않은 칠정으로 나누어져 있는 것으로 본다. 그러므로 사단은 성리학의 핵심적인 도덕적 이상을 표현하는개념인 것이다. 또한 知, 覺, 念, 慮, 思, 志, 意, 憶, 度 등의 개념은 주로 인지 / 추론 기능이나 기억작용으로 간주될 수 있다.

　세부적으로는 是非之心이 인지 / 추론적 기능도 가지는 것으로 볼 수 있다는 문제, 그리고 칠정의 欲이 다른 6개의 정서적 기능과는 다른 동기적 기능으로 보아야 하는 등의 문제가 있지만 퇴계 심성모델의 여러 개념들은 몇 개의 분류로 나누어 볼 수 있다. 이러한 분류는 서구심리학의 여러 개념과 비교가 용이하고 개념들의 상세한 분석의 틀이 될 수 있기 때문에 유용한 것으로 판단된다. 위와 같은 분류에서 언급된 문제점은 성리학 관련 문헌 분석을 통하여 충분히 설명될 수 있을 것으로 생각된다. <그림 3>은 이러한 가정하에서 퇴계 성학에 의한 도덕적 심성모델을 그려 본 것이다. 이 모델에서는 사단과 칠정이 意에 동기 부여를 하는 구조로 파악하고 意에 의하여 행동이 결정될 뿐만 아니라 사단과 칠정에도 영향을 미치는 것으로 본다. 이러한 피드백 작용은 심신 연관관계를 구성하는 데 중요한 설정이 된다.

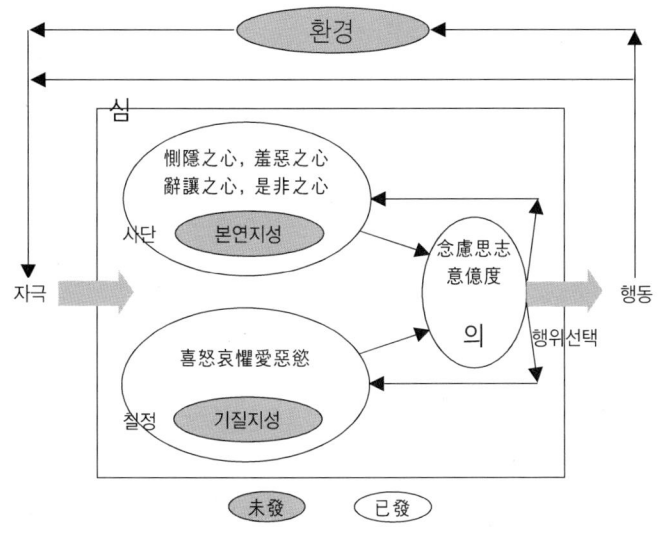

<그림 3> 퇴계 성학에 의한 도덕적 심성모델

현재 아동들을 위한 수신서들과 도덕적 판단과 행동을 유발하는 상황을 설정하여 주요 개념들의 심적 작용을 분석하기 위한 몇 개의 시나리오를 작성하고 있다. 이러한 작업을 통하여 퇴계 심성모델의 주요 개념들의 관계를 더욱 정교하게 분석될 것으로 생각되며 분석된 주요 개념들의 관계는 컴퓨터 시뮬레이션 프로그램 구현의 핵심적인 논리로 이용될 것이다.

6. 결론

지금까지 논한 내용은 퇴계 심성모델의 구성과 그것에 입각한 심성모델 시뮬레이션을 개발하기 위한 논리를 다듬은 것이다. 아직 시뮬레이션의 단계에 들어가지 못했기 때문에 이것은 하나의 준비를 위한 과정이고, 우리의 근본적 가정과 그에 입각한 논리 전개의 가능성을 세워 보기 위한다는 것에 논지를 맞추었다.

그러나 지금까지 서구의 근대철학의 관점에 의하여 해석되었거나 그러한 틀 속에서 바라보았던 퇴계의 성학을 구성주의(급진적 구성주의)의 관점으로 재해석하고자 한 점은 하나의 새로운 시도이다. 그리고 그것이 기존의 퇴계학에 대한 탐구를 거부하는 것이 아니라 오히려 그것을 보완하는 한편, 퇴계학이 지닌 장점과 현대적 의의를 보다 더 잘 설명할 수 있는 유용한 이론을 개발한다는 취지는 계속 살려가야 할 것으로 생각된다.

평소 철학은 비판적 기능의 학문이라고 생각하고 있지만, 다른 한편으로는 우리의 지식의 보다 확실한 근거를 찾기 위한 탐구도 역시 철학의 중요한 학문적 역할이라고 생각한다. 우리는 퇴계학이 서구의 심리학이나 교육학 또는 윤리학 및 철학 등에서 서구와 다른 메타포의 세계를 형성했다고 생각했다. 그것이 그동안 서구철학의 영향 아래 특히 서구 근대철학의 메타포로서 해석되면서 그 본질이 많이 희석되지 않았는가 하는 점은 늘 의문시하던 사항 가운데 하나이다. 다만 퇴계학 또는 유학을 새로운 틀로서 바라볼 수 있는 시야를 제공하는 이론이나 관점이 있으면, 그것이 어떠한 것이든 채택하고 사용할 수 있는 것이지만, 그것을 사용한다고 해서 그 관점이나 이론에 파묻히는 것은 바람직하지 않다고 생각된다. 그것은 그것대로 유용한 것이지만, 한국학 연구에 있어서는 퇴계학, 유학이 형성한 세계의 본모습을 함께 느끼고 이해하는 것이 더 중요하다. 결국은 그렇게 하여서 그들의 메타포의 세계를 공유할 수 있는 길을 찾아가는 것이다.

또한 퇴계학 가운데 형이상학 영역뿐 아니라 심성론에 관한 영역은 철학 연구자들의 독점적 영역은 아니라고 생각한다. 이미 한덕웅 교수의 심리학적 고찰과 분석이 존재하고(한덕웅, 1994), 퇴계학을 벗어나면 동양의 전통철학의 심리학에 대한 연구들도 생산되고 있는 상황이다.(최상진 1999.) 본 연구는 이러한 상황을 촉진하는 계기가 될 수 있을 것이다. 특히 인공지능과의 연합에 의한 학제적 연구는 선례가 없는 것으로 판단된다. 이것이 아직 미완의 연구이고 시도에 불과하지만, 이러한 학제 간 연구의 가능성과 빈 공간은 얼마든지 발견할 수 있을 것으로 생각된다.

참고문헌

[골드먼 1998] 골드먼(저), 석봉래(역), 『철0학과 인지과학』, 서광사, 1998.

[그라저스펠트 1999] 그라저스펠트(저), 김판수 외 6명(역), 『급진적 구성주의』, 원미사, 1999.

[김동식 1994] 김동식, 『로티의 신실용주의』, 철학과 현실사, 1994.

[루 만 1996] 루만, 니클라스 (저), 이남복(역), 『생태학적 커뮤니케이션』, 유영사, 1996.

[박이문 1984] 박이문, 『현상학과 분석철학』, 일조각, 1984.

[바레라 1997] 바레라, 톰슨, 로쉬(저), 석봉래(역), 『인지과학의 철학적 이해』, 옥토, 1997.

[슈미트 1995] 슈미트, 하우프트마이어(저), 차봉희(역), 『구성주의 문예학』, 민음사, 1995.

[슈미트 1995] 슈미트(저), 박여성(역), 『구성주의』, 까치, 1995.

[윤사순, 1997] 윤사순, 『한국유학사상론』, 예문서원, 1997.

[이상은, 1988] 이상은, 『이상은선생전집 2』, 예문서원, 1988.

[최상진, 1999] 최상진 외, 『동양심리학』, 지식산업사, 1999.

[핑가레트, 1993] 핑가레트, 허버트, 『공자의 철학』, 서광사, 1993.

[한덕웅, 1994] 한덕웅, 『퇴계심리학』, 성균관대 출판부, 1994.

[Anderson 1973] Anderson and Bower, *Human associative memory*, V. H. Winston and Sons, 1973.

[Brooks 1991] Brooks, Rodney, "Intelligence without Representation", Artificial Intelligence, 47(1 / 3): 139 – 159,January 1991.

[Faigenbaum 1963] Faigenbaum, "The simulation of verbal learning behavior", Computer and Thought, pp.297 – 309, 1963.

[Lakoff, 1980] Lakoff, Goerge and Johnson, Mark, *Metaphors We Live By*, The University of Chicago Press, 1980.

[Lakoff 1999] Lakoff, George and Johnson, Mark, *Philosophy in the Flesh*: *The Embodied Mind and Its Challenge to Western Thought*, Basic Books, 1999.

[Hopkins 1995] Hopkins, Pamela Lee, "Simulating Hamlet in the classroom", (D −4540 − 1), System Dynamics in Education in MIT, http://sysdyn.mit.edu/

[Mingers 1995] Mingers, John, *Self − Producing Systems: Implication and Application of Autopoiesis*, Plenum Press, 1995.

[Moren 2000] Moren, Jan and Balkenius, Christian, "Reflections on Emotion", Lund University Cognitive Science, Sweden,

http://www.lucs.lu.se/People/Christian.Balkenius/, 2000.

[Reilly 1996] Reilly, W. S., "Believable Social and Emotional Agents", Technical Report CMS − 96 − 138, School of Computer Science, Carnegie Mellon University, Pittsburg, PA, May 1996.

[Sims 2000] TheSims, http://www.sims.com

[Varela 1999] Varela, Francisco, *Ethical Know − how*, Stanford Univ. Press, 1999.

인지과학적 시뮬레이션을 통한 朝鮮 性理學의 禮교육 心性모델 개발*

유권종 · 박충식 · 장숙필*

1. 서 론

원래 이 연구를 시작하게 된 동기는 유교적 도덕교육에 의한 인격 변화의 과정과 그 결과를 컴퓨터로 모의실험하기 위하여, 조선 성리학 자들이 이해했던 心의 구조와 그 작동의 모형을 작성해 보고자 하는 데 있었다. 이전의 연구에서는 그것을 퇴계의 心學에 근거하여 작성 했다. 그리고 그 모델을 유교 혹은 성리학 심성모델이라고 이름하였 다.(유권종, 박충식, 2002, 유권종, 박충식, 강혜원, 2002.) 그러나 이 연구는 퇴계의 심학에만 근거함으로써 心에 대한 조선시대 성리학자 들의 공통된 이해의 틀을 제시하지는 못하였고, 따라서 성리학 심성모

* 『민족문화연구』 37, 고려대학교 민족문화연구원, 2002. 12

델이라고 부르기에는 부족한 점이 있었다. 그 부족한 점을 채워 가기 위해서 우선 필요한 것은 퇴계의 심학과 더불어 조선시대 심학의 기초와 전통을 형성한 율곡의 심학을 연구대상으로 포용하고, 그 둘 사이에 나타나는 차이점과 공통점을 살피고, 그 결과를 근거로 일종의 통합 심성모델을 작성해 보는 작업이다.

퇴계와 율곡은 똑같이 주자학의 이론에 근거하였기 때문에 심의 구조와 작동원리에 대해서 커다란 차이가 없다고 할 수 있으나, 그 내부로 들어가면 心 · 性 · 情을 비롯한 기타 心의 요소들의 정의와 그 관계 및 작동에 관한 이해는 서로 다르다. 그것이 이후 조선 성리학의 心에 대한 이해에서 학파적 분리를 낳는 근원이 된다.

그러나 그러한 분리가 있었다고 하더라도 양자는 주자학의 개념과 이론을 공동의 학문적 기반으로 삼았다는 사실, 인격이란 자신의 노력에 의하여 형성된다고 보고 그 형성의 원리로서 心身修養의 방법을 중시하였다는 사실, 그러한 심신수양은 禮의 학습과 실천 및 格物窮理, 敬, 誠 등을 주요 원리로 삼는다는 사실 등은 그들의 심에 대한 이해의 공통된 틀, 나아가서 성리학의 통합 심성모델을 작성할 수 있도록 한다.(유권종, 2001, 장숙필, 1992.) 그리고 그것은 서구인들이 인간의 마음에 대해서 이해해 온 내용과 어떤 차이 혹은 공통점이 있는가 하는 점을 밝히기 위한 하나의 기준을 정립하는 데에도 유용한 방법이라고 생각된다.

본 연구에서는 이 같은 목적을 위하여 구성주의의 관점에 입각하여 성리학자들의 心에 관한 이해를 해명하는 방법을 사용하고자 한다. 인지과학들의 일부에서 형성된 급진적 구성주의의 관점에 대해서는 바로 뒤에 설명하겠지만, 그것이 우리의 목적에 부합하는 분석의 틀을 제공할 것으로 믿는다. 아울러 시뮬레이션의 논리를 개발하기 위하여 퇴계와 율곡의 심학적 이해의 공통점에 접근하는 작업은 동양철학과 인공지능의 학제 간 연구의 방법을 취하게 된다.

2. 구성주의와 심성모델

구성주의는 지식이 어떻게 정의되든 사람의 머릿속에 있는 것이며 자신의 경험에 기반을 두고 구성될 수밖에 없는 것이라고 가정한다. 구성주의의 연원을 따지면 소크라테스, 버클리, 칸트, 비코까지 거슬러 올라 갈 수 있지만 최근의 구성주의는 근간에 이루어진 생물학, 심리학, 컴퓨터과학, 인지과학과 시스템과학 등의 연구성과와 깊은 관련을 맺고 있다. 그러한 예는 버트란피의 일반시스템이론, 피아제의 발생인식론과 관련된 그라저스펠트의 급진적 구성주의(그라저스펠트, 1999), 슈미트의 경험구성적 문예학(슈미트, 1995a), 푀스터의 제2계 사이버네틱스 이론(슈미트, 1995b), 마투라나와 바레라의 오토포이에시스(Mingers, 1995, 바레라, 19970, 켈리의 PCP(Personal Construct Psychology), 파스크의 대화이론, 루만의 커뮤니케이션 이론(루만, 1996), 레이코프(Lakoff)의 은유이론(Lakoff, 1980, 1999) 등 관련된 많은 것을 모두 언급하기 어려울 정도로 많고 복잡하게 얽혀 있다. 구성주의는 매우 다른 학문 분야로부터 개개 연구자들마다 서로 다른 이야기들로 이루어져 있기 때문에 차라리 구성주의 담론이라고 하는 편이 나을 수도 있다.

다양한 목소리에도 불구하고 구성주의 담론은 다음과 같은 내용으로 그 특징을 정리할 수 있다. 우선 구성주의 담론은 인식의 대상보다는 인식의 과정을, 또한 그 과정의 구체적인 경험 조건들에 관심의 초점을 두고 있다. 때문에 그 관심의 초점은 의미를 구성하는 관찰하기(인지하기)가 된다. 사실 말해지는 모든 것은 관찰자에 의하여 다른 관찰자에게 말해지는 것이고, 또 다른 그 관찰자는 자신일 수도 있는 것이다.

두 번째, 인지는 생물학적인 현상이며, 현상을 체험하는 유기체에 관련된 것으로 생각한다. 인지하는 개체는 자신의 신경시스템의 변화라는 형태로만 세상에 관여할 수 있다.

세 번째, 이러한 관찰하기는 관찰자의 구성이며 이 구성은 자의적으로 형성되는 것이 아니라 생물학적, 인지적 그리고 문화적인 조건에 따라 이루어진다. 따라서 지각이나 인식은 외부세계를 복사하는 것이 아니라 관찰자의 인지체계가 행하는 조작들의 목록화라고 할 수 있다.(슈미트, 1995b.)

네 번째, 이러한 점에서 인지체계는 조작적 폐쇄(operational closure) 또는 조작적 재귀지시성(operational referentiality)하에 있으며, 이러한 조작적 폐쇄에 의하여 스스로의 체계와 환경의 차이점을 스스로 정의하고, 어떤 환경 접촉들을 자신에게 알맞게 가공, 처리함으로써 하나의 체계로 존재할 수 있는 것이다.

다섯 번째, 따라서 구성주의에서 이해는 옳고, 그름의 문제가 아니라 인지체계와의 정합성 문제가 된다.

여섯 번째, 구성주의는 인지체계가 물리적인 토대에서 일어나는 신경생물학적 현상이기 때문에 심신이원론적인 육체와 정신의 구분을 거부한다.

일곱 번째, 또한 인지체계에 외부의 물자체가 그대로 나타나는 것이 아니기 때문에 객관적 진리의 인식 가능성을 인정하지 않는다. 이러한 맥락에서 자아라는 개념도 관찰자에 의한 구성적인 산물로 이해되어야 하기 때문에 실체가 의문시될 수 있다.

여덟 번째, 절대적 현실의 인식 가능성이 무의미하게 됨으로써 모든 연구활동의 가치는 인간의 삶을 위한 유용성에 입각하여 입증되어야 한다.

아홉 번째, 이런 점에서 구성주의는 과학이 자기 생산의 확보, 생명조건의 최적화, 그 종의 장기적인 생존의 확보라는 현실적인 학문활동의 목표를 갖는 실용적인 노선을 추구한다.

열 번째, 이와 연관되어 진리나 현실이 기본적으로 인간으로부터도 인식되거나 소유될 수 없기 때문에 행위의 구속적인 근거수단으로서의 가치를 상실한다면 우리는 윤리적으로 우리의 행위와 인지에 대해 스스로 책임져야 한다.

본 연구의 심성모델 구성에 있어서 구성주의적 해석은 방법적 그리고 내용적 측면의 2가지 관점에서 살펴볼 수 있다. 구성주의적 입장은 절대적 진리의 확인 가능성에 대하여 부정적이기 때문에 여하한 심성모델에 대해서도 진리임을 주장하려는 것은 아니다. 방법적인 측면에서 구성주의는 서구의 심리모델이든 성리학의 심성모델이든 삶의 유용성이라는 관점에서 접근할 수 있는 준거의 틀로 이용될 수 있다. 내용적인 측면에서 구성주의는 마음이라는 것이 개체나 집단의 생물학적, 문화적 구성체라는 입장에 있기 때문에 심신문제에 있어서 심신이원론을 대체할 만한 이론적인 기반을 제공한다. 심신문제에 대한 구성주의적 입장은 동양적인 전통의 심신이론과 일맥상통하는 바가 있을 뿐만 아니라 현대의 인지과학적 연구성과들도 수용할 수 있는 이론적 바탕을 가지고 있다.

본 연구에서 작성하고자 하는 심성모델이란 인간 행동의 핵심으로서 인간의 마음을 이루는 요소들과 그들의 상호관계를 정형화한 것이다. 그것을 성리학에 적용하여 더 자세하게 정의한다면 다음과 같다. 즉, 도덕적 인간의 품격을 갖추게끔 하기 위하여 禮를 교육할 때 禮教育의 내용을 수용하여서 人格의 변화를 이루어 내는 內面의 작동 구조를 컴퓨터로써 구현할 수 있도록 하여 주는 내면적 구조와 작용을 설명하는 이론 모형이 곧 성리학 심성모델이다.(유권종, 박충식 2002.)

구성주의 입장에서 볼 때 심성모델이란 인간 스스로 인간의 마음을 파악하는 것이기 때문에 결코 절대적인 원리는 될 수가 없다. 지금까지 연구되어 온 수많은 심성모델들은 단지 그 심성모델을 통하여 그와 같은 심성모델을 상정한 사람들이 스스로를 어떻게 파악하고 있느냐에 대한 구성적 요소를 파악할 수 있게 해 줄 뿐이다. 그러나 모든 심성모델이 똑같은 정당성을 가진다고 할 수는 없다. 전술한 바와 같이 구성주의에서 연구활동의 가치는 인간의 삶을 위한 유용성에 입각하여 입증되어야 하는 것이기 때문이다.

구성주의적 심성모델의 탐구는 그 심성모델로 인해 가지게 되는 세계에 대한 이해를 명확히 하고 그 속에 담겨 있는 이데올로기를 파악할 수 있도록 해 준다. 다양한 배경에서 이루어진 다양한 마음에 대한 이해로서의 심성모델을 비교하기 위해서는 서로 다른 의미와 관계를 가진 마음의 요소들이 비교 가능한 요소들로 해석되어야 한다. 본 연구에서는 전통적인 서구의 심성모델과 성리학적 심성모델을 비교함에 있어 급진적 구성주의 관점에서 인지과학적 접근을 모색하였다.

3. 서구의 심리모델

1) 서구 심리철학에서의 mind

서구에서 이루어진 마음에 대한 이론은 플라톤의 심적 실체로서의 영혼으로부터 시작되었다고 할 수 있다. 근대 이후 현대까지 서구의 과학적 전통에 힘입어 발전한 심리학은 크게 행동주의적 접근, 신경생물학적 접근, 인지적 접근, 정신분석학적 접근 등의 연구전통을 세워 왔다. 마음의 연구에 관한 한 철학적 접근과 심리학적 접근은 매우 밀접하게 관련되어 있다. 특히 인지적 접근은 마음연구에 대하여 학제적 경향이 매우 강한 방법이다. 본 연구에서 복잡다단한 여러 가지 서구의 심리모델을 일일이 다루기는 어려울 것으로 본다. 때문에 본 연구에서는 최근에 이루어진 심리철학의 인지과학의 연구내용을 중심으로 논의를 하고자 한다.

철학적인 측면에서 볼 때 서구에서의 마음에 대한 탐구는 근대 이후에는 전통적으로 데카르트의 심신이원론의 강한 영향하에서 이루어져 왔다. 이후로 심신이원론의 비실체적인 마음에 대한 논의에 대항하는 행동주의적 접근이 이루어졌다. 행동주의적 접근은 지나친 행동중심주의적 연구로 인하여 많은 비판이 있었고, 컴퓨터과학의 발전에 힘입어 정보처리모델을 중심으로 하는 기능주의적 설명이 이루어졌다. 생물학과 두뇌과학의 영향으로 마음의 연구는 새로운 국면을 맞이하게 되었다. 많은 과학적 사실증거들과 논의들이 심신문제를 다시 심리철학의 핵심적인 사항으로 만든 것이다. 심리철학은 인지과학과 밀접하게 연관되어 논의가 이루어지고 있다. 심리철학자와 인공지능 및 인지과학자들 사이에 이루어진 기계지능의 가능성에 관한 중국어방 논변 등이 전형적인 예이다. 현재 심리철학은 '물리적 상태가 같다면 마음의 상태도 같다.'는 수반적 물리주의 논의가 활발히 이루어지고 있다.(김재권, 1999.)

이러한 서구철학, 심리학, 인지과학의 연구들은 마음에서 비롯된다고 볼 수 있는 윤리적 능력의 함양을 찾기보다는 마음의 현상과 그 실재를 규명하려고 하는 실재론적 관심에 따른 것이라고 할 수 있다. 때문에 현대의 마음 관련 연구들이 추구하는 내용은 실재론적 관심에 따른 마음의 구명에는 많은 성과가 있었다고 할지라도 윤리적 행위를 실천하고 구현하는 인간의 능력을 함양하기 위한 방도를 찾는 데에는 상대적으로 취약함을 드러내었다. 그리고 비록 심리철학의 분야에서 최근 몸과 마음, 물질과 정신 간의 인과관계를 주요 관심사로 연구하고 있어도 현대 윤리학의 논의에서 보듯이 이성에 입각한 도덕적 판단이 곧 윤리적인 행위의 본질이라고 보는 관점이 우세한 상황이다. 하지만 이러한 이성중심의 사고조차 인지과학의 새로운 성과에 의하여 비판받는 상황이고 보면 이성을 마음의 실재로 간주하는 철학적 관점도 반성과 비판의 대상이 될 수 있는 것이다. 그리고 과연 인간의 윤리적 실천능력의 함양에 관해서 서구의 철학과 윤리학은 과연 어떠한 공헌을 할 수 있는가 하는 의문도 제기된다.

2) 인지과학에서의 마음

　최근 들어 인지과학, 특히 컴퓨터과학, 신경과학, 진화생물학, 인지고고학 등은 서구 심리철학이나 윤리학 또는 심리학에 새로운 방향을 모색할 수 있는 계기를 제공하고 있다. 인지과학의 새로운 증거들은 주로 인간의 마음의 물리적인 토대를 일부 밝히고 있으며, 이러한 물리적인 토대가 심신문제에 대한 실마리를 줄 수 있다고 생각된다. 이러한 경향은 철학에서도 인지과학의 성과를 적극적으로 수용하는 철학의 자연화를 부추기고 있다.(골드먼 1998.) 데넷은 신경생리학적 용어로 설명될 수 없는 의식적인 경험의 속성이란 존재하지 않는다고 생각한다. 이러한 마음에 대한 관점은 환원주의적인 입장과는 다른 것이다.(Dennett, 1992.) 왜냐하면 인간의 마음이란 자연선택의 결과일 뿐 아니라 수많은 속성들이 문화적으로 다시 디자인된 결과라고 보기 때문이다. 결국 인간의 마음은 스스로 만들어 가는 무엇이라고 본다.

　심리학에서도 신경생리학이나 사회생물학에 기반을 둔 정서나 동기에 대한 연구의 중요성이 부각되고 있다. 인간의 행동을 논리적 정합성만으로 설명할 수 없는 부분들이 정서나 동기의 연구를 통하여 이루어질 것을 기대하고 있다.

　서구의 심리모델은 인지과학의 점진적인 발전으로 인하여 새로운 모색의 길에 있기 때문에 당장 하나의 통합적인 모델로 제시될 수는 없을 것이다. 그러나 서구의 심리모델이 두뇌과학이나 생물학 등의 자연과학적인 토대 위에 서려고 하는 경향은 분명하다. 이러한 과정에서 세워진 중요한 가설 중에 하나는 인간의 마음은 신경생리학적인 현상이라는 것이다. 이러한 가설이 사실이라면 뇌과학이나 생물학의 발전에 따라 점차 세부적인 것이 밝혀지겠지만 마음이 신경생리학적인 현상이라는 점에서는 변함이 없다. 그러므로 의식, 자아, 의지, 신념 등의 개념들도 실체가 아닌 것이 된다. 그 모든 것은 개인과 집단의 경험으로부터 생겨난 것이다. 그렇더라도 그 모든 것이 무의미해지는 것은 아니다. 오히려 그 모든 것들을 인간이라는 종에 바람직한 형태로 발전시킬 수 있는 계기가 될 수 있는 것이다. 이러한 사실들을 기반으로 불교나 유학과 같은 동양적인 통찰에 관심을 갖는 인지과학자들이 나타나는 것은 놀라운 일이 아닐 것이다.

3) 인공지능에서의 마음

인공지능은 사람처럼 지능적인 기계를 만들고자 한다. 이러한 기계에 대한 많은 논란에도 불구하고 아직도 이러한 노력은 계속되고 있다. 인공지능 개발 초기, 사이먼, 알랜 뉴엘, 맥카시와 같은 인공지능 학자들은 기호주의 또는 표상주의라고 할 만한 방법을 사용하였다. 즉, 사물이나 개념에 대한 표상을 기계가 처리함으로써 지능적인 기계를 만들 수 있을 것으로 생각하였다. 그러나 기호적 인공지능이 큰 성과를 내지 못한 채 맥클러치, 헵, 류멜하트, 세즈노프스키 등과 같은 학자에 의하여 연결주의(신경망)적 접근이 대두되었다. 그러나 연결주의적 접근도 만족할 만한 지능적 기계를 만들어 내지는 못하였다. 연결주의적 인공지능은 지각을 중심으로 한 자기 조직화라는 면에서 구성주의적인 면이 있지만 고차적인 지능의 형성으로 발전시키는 데 실패하였다. 이후 진화개념을 이용한 유전자 이론이 등장하여 부분적인 성과를 거두고 있다. 사실 인공지능은 심리학, 생물학, 언어학, 철학 등과 인지과학의 한 축을 이루면서 다른 학문 영역으로부터의 다양한 이론을 수용하여 지능적인 기계의 가능성을 타진하고 있다. 지능이란 불확실한 환경에 대한 개체의 적응으로 파악하고, 기호적, 연결주의적, 진화론적 이론들이 구성주의적 안목에서 통합적으로 같이 고려될 수 있는 구성주의적 인공지능이 검토되어야 한다. 브룩스의 로보트 연구

(Brooks 1991)는 이러한 관점에서 선구적인 사례라고 할 수 있다.

구성주의적 인공지능은 지능적 기계는 이성적인 기능만으로 구현될 수 없고 생물학적인 기반을 토대로 환경에 적응하는 과정에서 나타나는 정서적, 동기적 기능이 같이 이성적 기능과 동반되어야 지능적 개체로서 존립할 수 있다고 본다. 생명은 지능의 기본적인 전제가 되며, 이러한 생명활동이 개체의 환경적응에 의한 진화를 통하여 지능의 출현을 초래하였다. 생명으로서의 지능은 환경의 적응을 위한 생존에 관련된 기본적 동기적, 정서적 욕구를 기반으로 지각들과 인식의 통합, 그리고 더욱 생존기회를 높이기 위한 다른 지능과의 상호작용을 위한 의사소통의 개발과 그에 따르는 고차적인 동기적, 정서적 기능강화에 이르는 진화에 의하여 발전되었다. 구성주의적으로 볼 때 이러한 연장선상에 개체의 윤리적인 기능도 고차적인 지적 능력과 더불어 출현한 것으로 생각된다. 때문에 지능에 대한 이해를 통하여 지능적인 기계를 만들고자 하는 인공지능의 실현은 지금은 다소 시들해진 기계와 마음에 관련된 논쟁은 차지하고라도 생명의 동기적, 정서적 모델과 깊은 관련이 있다. 인공지능이 만들고자 하는 지능적인 기계가 인간과 같을 필요는 없지만 인간이 지능적인 존재가 될 수 있도록 가능하게 하는 원리들은 이용될 것이다. 거꾸로 우리가 밝혀낸 원리들은 인공지능을 통하여 명확히 정형화되고 구현됨으로써 검증될 수 있을 것이다.

4. 성리학 심성모델의 지향과 구성주의적 해석의 방향

성리학은 특히 心學이라는 명칭에서 알 수 있듯이 심성의 구조와 그 작동원리에 대한 체험적 분석과 그 설명이 틀을 형성하였다. 고려 말부터 수용된 주자학은 조선시대에 들어와 16세기에 이르러 心學으로 발전하게 된다. 성리학과 심학은 그 뿌리는 하나이지만, 심학은 유학의 이상의 성취란 心性의 원리를 밝히고 그것에 의거한 修身으로써 성인의 인격을 성취하는 것에 달려 있다고 생각해서 수신의 방법에 절대적인 의미를 두는 것이다.

대표적 학자로서 退溪의 心學은 眞知와 實踐(力行)을 강조한다. 퇴계가 말하는 眞知란 진정한 깨달음과도 같은 것인데, 그것의 대상은 사물에 대한 일반적인 지식이 아니라 人倫 道義의 옳음과 당연함, 그것밖에는 별도의 길이 없다는 철저한 자각을 말하는 것이다. 이러한 眞知에 도달하는 길은 매일의 삶에서 맞닥뜨리는 人倫의 現場에서 禮儀를 실천하면서 그 예의가 몸에 배도록 하여 그 예의가 언제 어디에서나 자연스럽게 발출되도록 하는 방법이다. 다시 말하면 禮의 습득과 숙달에서 眞知가 성립하는 것이다. 그 때문에 眞知와 實踐, 致知와 力行의 관계는 知行竝進의 필연성으로 표현되는데, 또 그 방법은 理想(聖人)으로 나아가는데 어느 하나라도 결여되어서는 결코 앞으로 나아갈 수 없다는 점 때문에 '새의 양 날개' 또는 '수레의 두 바퀴'의 상호의존적 관계로 설명되기도 한다.(유권종, 2001.)

우리의 심성모델 作定과 관련지어 볼 때, 心學的 사유와 心性에 관한 설명의 유형은 유교 禮교육의 효과를 검증하기 위한 기본적 설명의 틀로 수용하기에 적합한 면이 있다. 즉, 그 이전의 유학들 예를 들면 공자의 유학이나 맹자의 유학에서는 禮 실천의 중요성 또는 그것의 효과에 대해서는 언급이 많지만, 그것이 왜 그러한 효과를 가져오는가 하는 점에 대한 분석과 이론은 발달하지 않았다. 대체로 『논어』와 『맹자』의 언사들은 遂行的(performative)이다. 그러나 성리학 특히 심학에 이르면 물론 수행적 언사들이 많지만, 그 이면에 심성의 원리와 그 작용에 관한 분석이 세밀하고, 외면적 행위(禮 실천)와 내면적 변화와의 연관성에 관한 분석이 행하여져서 나름대로의 설명이론이 형성된다.

그러한 설명이론의 한 형태로서 조선조 성리학의 '四端七情에 관한

理氣論的 解釋'(四端七情論辯), '人心道心에 관한 이기론적 해석'(人心道心論辯) 등을 거론할 수 있고, 그 해석(논변)의 계기가 되었거나 또는 결과로서 작성된 관련 圖解를 통해서도 설명이론의 형태를 파악할 수 있다. 관련된 圖解로는 陽村의 「天人心性合一之圖」, 秋巒(鄭之雲) 退溪의 「天命圖」, 퇴계의 「心統性情圖」, 「心學圖」, 율곡의 「心性情圖」 등을 거론할 수 있다.

또한 心學의 학설들에는 인간의 내면과 외면을 함께 닦는 修身의 이론이 정립되고 있다. 心學은 性理學의 사유를 기초로 하는 것이지만, 그것은 앞서 언급한 道統을 계승한다는 의식도 대단히 강한 유학이므로 孔子 이전부터 전해 와서 공자 이후로 성리학에까지 이르는 工夫의 방법론들을 종합하여 계승하고 있다. 그렇게 해서 그들은 전승되어 오는 기왕의 방법론들을 하나로 종합하는 한편, 그것들을 하나로 꿰는 원리를 개발하여서 보다 차원 높은 방법론의 정착에 도달한다.

性理學 또는 心學의 궁극적인 목적은 聖人의 인격을 성취하는 것, 그리고 그러한 인격을 통해서 治國과 平天下를 이루려고 하는 것이다. 그렇다고 할 때 個人이 목적하는 理想의 경지는 孔子가 그의 70세에 도달한 경지로 표현했던 "從心所欲不踰矩"(마음이 원하는 대로 따라 해도 법도를 어기지 않는다)와 같다고 할 수 있다. 우리가 심성 모델의 구현에서 이상적 결과로 삼을 수 있는 내용이 이것이다. 즉, 마음의 작용과 육신의 행동이 合一되고 그것이 그대로 법도(禮)와 어긋나지 않고 자연스럽게 표출되는 것이다.

이를 구성주의적 관점으로 접근한다면 다음과 같은 점들이 주목된다. 즉, 우선 修身에 의한 인격의 성취의 과정은 자신의 심신에 의한 자기 구성의 원리를 보일 수 있다는 점이다. 그리고 성리학자들이 학습하고 조작했던 心性 및 修身에 관한 개념들은 서구의 이성, 행동, 정서 등의 개념들과 상응하지 않는 독자적인 체계 속에서 분배된 의미 영역을 지니는 것들이다. 그러므로 우리가 주목할 것은 성리학자들은 그들의 개념으로써 몸과 마음의 실제적 현상을 감지하면서 어떠한 개념적 이론적 조작, 즉 心에 대한 이해와 설명 등의 작용을 하고 있는가 하는 점이다. 그리고 성리학자들이 궁극적으로 지향하는 목적이 지능적 개체라기보다는 도덕적 개체라고 하는 점, 그리고 그 목적의 성취는 자신들의 개념을 스스로 조작하고 활용하면서 자신의 심신의 수양이라는 일종의 자기 형성 또는 자기 생산의 과정을 추구하는 것에 의존한다는 점을 주목할 필요가 있다. 그리고 그것은 조선시대 성리학의 풍토가 조성하고 있는 유교의 禮라는 문화적 환경과의 상호교류 속에서 자신의 마음과 몸을 디자인하는 과정이라는 점도 구성주의적 해석의 필요성을 시사한다.

5. 성리학적 수양론과 심성모델의 구성원리

성리학 혹은 심학은 하나의 분명한 목적을 내포한다. 그것은 곧 성인의 인격을 성취하는 것이다. 그것을 위하여 강조되는 것이 바로 인격의 수양이다. 수양에 관한 이론에서 성인의 인격성취와 관련하여 가장 중요하게 생각하는 것은 심신의 일관성과 조화를 얻는 것이다.

一貫性이란 항상 中庸의 상태를 잃지 않는다는 것이다. 中庸이란 산술적 평균이 아니고, 至善의 도리나 예절에 항상 들어맞는 것을 의미한다. 또한 調和란 우선 내면의 다양한 요소들 간의 균형과 어울림을 말하고, 나아가서는 마음과 육신의 균형과 어울림이라고도 생각할 수 있다.

그런데 이러한 균형과 어울림이란 내면은 내면대로, 心身은 心身대로 복잡한 요소들이 상호관계를 맺으면서 복잡다단한 활동을 하고 있다는 것을 전제하고 있다. 먼저 내면을 보자면, 心學에서는 전체를 心이라고 규정하면서, 그 구성을 우선 '理氣之合'이라고 표현한다. 또

心의 내재적 성향이면서 동시에 本具된(innate) 것으로 간주되는 것도 本然性과 氣質性으로 나누어 보고 있다. 그리고 그것으로부터 발출하는 마음의 작용에 대해서도 情(四端)과 七情(喜怒哀懼愛惡欲), 意, 念, 志, 또는 人心과 道心 등등의 요소로 표현한다. 陽村의 「天人心性合一之圖」, 퇴계의 「天命圖」와 「心統性情圖」 등에서는 이들의 관계에 대한 언급이 있다.

퇴계를 예를 들어 설명해 보기로 한다. 퇴계는 이들의 복잡다단한 관계를 善과 惡으로 나누어 보고 있다. 純善無惡한 것은 本然性과 四端의 情, 道心이고, 惡으로 흐르기 쉬운 것은 七情, 人心, 人慾 등이다. 이 가운데 意는 七情을 善으로 가게 할 수도 있고 惡으로 가게 할 수도 있는 작용이다. 그런데 문제는 『書經』 大禹謨의 글에서 인용된 데서 알 수 있듯이 道心의 작용은 미약한 데 비하여 人心의 작용은 위태로울 정도로 거세다는 점이다. 이는 수양이나 학습을 하지 않고 자연상태로 방치하면 慾望[인심]의 노예가 되어서 도덕적으로 善한 마음과 행동이 발출되기 어렵다는 점을 의미한다. 그래서 수양이란 이러한 人心의 작용을 순화하고 道心의 작용을 확충하는 것을 의미한다. 그것이 다시 말하면 本然性을 원래 그대로의 내용대로 회복시키고 밖으로(言行으로) 표출되도록 한다는 것이다. 이것을 도식화하자면, 本然性 → 四端의 情(道心) → 身體의 道德的 言行의 형태이다.

유학사상이 서구의 철학이나 교육학과 차이가 있는 점은, 인간의 나아가야 할 길에 대해서 인간의 자유의지에 의하여 선택 가능한 몇 가지의 길을 열어 놓지 않는다는 점일 것이다.(핑가레트, 1993.) 이는 허버트 핑가레트의 견해인데, 사실 유학자들에게서 그것은 공통된 의식이라고 할 수 있다. 그렇기 때문에 여기서도 교육과 수신에 있어서 목적하는 바에 대해서는 다양한 선택의 가능성을 열어 놓을 필요가 없고, 오로지 공자의 경지를 하나의 통일된 목적으로 삼아도 무방할 것이다.

그렇다고 할 때 필수적으로 해야 할 일은 몸과 마음의 복잡다단한 요소들에 질서를 주고 또 하나로 꿰어서 일신의 전체가 일관된 방향성을 지니고 활동할 수 있도록 하는 것이다. 이것 때문에 退溪가 주목하는 점은 우선 心의 主宰작용이다. 그는 心은 一身의 主宰者라는 관념을 지닌다. 一身의 主宰者라는 것은 몸과 마음의 다양한 요소들을 통합하고 그것들을 일관하여 하나의 방향으로 이끌어 나가는 존재라는 의미이다. 그것과 같은 의미로 볼 수 있는 것이 '心統性情'이라는 명제이다. 이에 대한 해석은 '心이 性情을 통합한다(combine).'는 의미, 또는 '心이 性情을 통솔한다(command).'는 의미로 다르게 나타나기도 하지만, 우리의 작정하려는 심성모델에서는 오히려 양자를 다 포괄하여 보는 것이 유용할 것이다.

그런데 퇴계는 심의 주재력을 중시하면서 동시에 그렇게 해서 통일된 마음[一心]을 주재하는 것은 敬이라고 강조한다. 즉, 敬이란 一心의 主宰者인 것이다. 敬이란 '主一無適'(至善한 것 하나를 주장하여서 마음이 다른 곳으로 움직여 가지 않음), '常惺惺'(항상 정신이 깨어 있는 상태)라고도 표현되는데, 그것과 더불어 '整齊嚴肅'(몸가짐을 단정히 하고 태도를 엄숙하게 한다)이라고 설명된다.(유권종, 2001.) 敬에 대한 설명이 다른 것은 그 설명자가 다르기 때문이지만, 그 차이는 敬을 어떠한 각도에서 보고 설명하는가 하는 차이점에 해당하지 본질적인 敬의 이해가 차이 나는 것은 아니라고 생각된다. 실제로 퇴계는 그 설명들을 동일한 원리의 다른 면으로 생각하였다고 보인다.

敬의 원천은 원래 禮의 실천에 있다. 『禮記』曲禮篇 서두에 '毋不敬'이라고 하였다. 이는 『禮記』 전체의 정신을 하나로 뭉뚱그려 표현한 것으로 이해되기도 한다. 그리고 위에서 보듯이 '整齊嚴肅'이라는 것도 실은 단정한 복장과 몸가짐을 의미하는 것이다. 그렇다고 한다면, 우리가 심성모델에서 찾으려고 하는 禮가 心性의 一貫性과 調和의 원리로서 어떠한 중요성을 차지하는가 하는 점을 짐작할 수 있다. 이는 心學者들의 말대로 "바깥에서 공을 들이면 내면이 수렴되는" 효과를 얻게 하는 것이 바로 禮와 敬임을 보여주는 것이다. 다시 말하면 整齊嚴肅이라는 것은 신체의 외면을 檢束하는 것인데, 그러한 檢束의 효과가 단순히 겉모양의 변화에 그치지 않고 내면의 작용과 상태에도 일관성과 조화를 부여하는 효과로 이어진다는 것이다. 그러므로 「敬齋箴圖」나 「夙興夜寐箴圖」에서 퇴계가 敬을 일관된 생활의 원리로 강조하는 것도 음미해 보아야 할 부분이다.

우리가 심성모델을 작정하려고 한다면, 禮의 실행이 내면의 작용과 상태에 미치는 변화 자체와 더불어서 그러한 변화를 일으키는 체계가 무엇인가를 밝히는 것이 병행되어야 한다. 그러나 그것이 성리학자들의 설명에서도 명확하게 밝혀져 있는 것은 아니다. 이 부분에 대한 설명들은 현대의 학문에서 이해 가능하고 다른 학문의 개념과 비교가 용이한 개념과 용어로 해석하는 작업이 필요한 부분이다. 그 작업은 心性情의 상호관계를 설명하는 틀을 개발할 의무와 관련이 있는 부분이기도 하다.

이를 위해서는 『小學集註增解』의 설명들, 『養正篇』의 원리, 그 밖의 『聖學十圖』와 『聖學輯要』, 퇴계 율곡의 서한이나 심학에 관한 각종 언급들에서 자료가 될 만한 것을 선별해 내는 일이 필요하다. 그와 더불어 중요한 할 일은 심성모델을 작정한 다음에 거기에 투입할 禮교육의 내용에 대한 구체적인 절차와 방식에 대한 논의이다.

6. 성리학 통합 心性모델의 구성 – 퇴계와 율곡의 통합모델

앞서 밝힌 것처럼 성리학 통합 심성모델은 성리학자들의 심성에 대한 공통된 이해를 근거로 정립하고자 하는 심성의 모형을 의미한다. 퇴계는 「천명도」와 「심성정도」를 통해서 그가 생각하는 심성의 모형을 제시했고, 율곡은 「심성정도」를 통해서 그의 심성모형을 제시했다.

이들의 모형과 그에 관한 견해는 대체로 인간이 수신을 해나갈 때 지켜야 하는 심성작용의 원리에 초점을 맞춘 것이다. 그러므로 이들의 모형에서 제시된 심성의 구조와 작동에 관한 제안은 규범적 혹은 당위적 성격을 지닌다.(유권종, 2001, 장숙필, 1992, 김경호, 2001.)

그런데 그것들과 현대의 인지과학이나 인공지능에서 언급되는 심리모델과의 비교를 가능하게 하기 위해서는 규범적 내용보다는, 규범적 내용의 이면에 전제된 실제의 작동원리 및 작동과정, 인격변화의 심리적 과정과 요인에 대한 분석과 설명이 필요하다. 이에 입각하여 본다면, 퇴계와 율곡이 심성에 관한 견해를 구성주의의 관점으로써 재구성할 때 기본적 요소로 간주했던 理, 氣, 心, 性, 意, 敬, 禮 등에 관한 사고를 다음과 같은 내용으로 추론하고 정리할 수 있다.

① 理氣의 합성 구조에 대한 이해 - 理는 心·性·情·意·志 등 모든 내면적 요소들 또는 신체까지 포함한 요소가 나아가야 하는 공동적이고 당연한 궤도라고 해석된다. 氣는 몸과 마음을 하나로 이어주는 실체이면서 작용을 하는 것이라고 해석된다. 氣로써 이루어진 몸을 形氣라고 하는 동시에 우리의 마음이 理氣의 합으로 되어 있다고 할 때 그 기는 형기와 다른 기라고 할 수 없기 때문이다. 이러한 氣에 근거하여 성리학자들은 예의 실천과 같은 행위가 착한 심성의 회복에 관건이 된다고 하였던 것이다.
② 理의 성질 - 理는 일종의 올바른 삶의 궤도 내지 과정에 해당하는 것이다. 그것을 성리학자들은 元亨利貞 또는 仁義禮智라고 하였고, 理는 일정하고 불변하는 것이며 누구에게나 똑같이 적용되는 것이라고 하였다. 그것은 성리학자들에게 하나의 삶의 표준이 될 뿐 아니라 수신을 통해서 추구하는 당위적 도리의 실체이다. 그럴 때 理는 公共된 것이며, 내면에 존재하는 동시에 외부세계에도 존재하는 것이다. 그러므로 理는 內 또는 外로 구분된 영역에 갇혀 있는 것이 아니라, 어디에 있든 항상 열려 있는 것이며 다른 존재와 공통된 것이고, 항상 전체[公共]를 지향한다. 삶의 상황과 과정 속에서 理의 구체적인 표상으로 제시된 것이 곧 禮이다. 理에 부합하는 행

위의 패턴 혹은 행위의 구체적 형태가 곧 예라고 생각되었다. 문제는 理의 실천이 곧 禮의 실천과 다름없는 것인데, 禮의 실천은 신체에 의한 행위가 결부되어야 하는 것이고 그것이 곧 기의 작용을 의미한다는 점이다.

③ 氣의 성질 - 마음과 관련하여 성리학자들은 그것을 靈한 작용이 있다고 한다. 그 작용을 靈하다고 한 것은 인간의 내면적, 외면적 작용이 실현되는 실질적 바탕이 氣라고 생각했기 때문이라고 추측된다. 즉, 인간의 마음이 道義를 실천한다고 할 때, 도의의 지각과 판단 및 실천에 이르는 작용 자체는 氣에 의한 것이고 그 작용이 道義라는 표준과 지향을 가지는 것은 理 때문이다. 形氣 내지 마음을 이루는 氣는 個體의 생명을 보전하고 지속시키기 위한 생명활동의 실체이다. 그런데 기의 생명활동은 사람마다 지닌 氣에 존재하는 淸濁 粹駁의 차이로 인하여 그 생명활동의 내용이나 차원, 혹은 지향에 차이가 있게 마련이다. 그리고 氣는 변화가 있는 것이므로 수신을 통한 인격의 변화는 이러한 기의 탁한 상태로부터 맑은 상태로, 잡박한 상태로부터 순수한 상태로의 변화로 인하여 이루어진다는 사고가 가능하다.

④ 理氣의 관계 - 理는 共存과 共生이 진정하고도 영속적인 삶의 길이라는 것을 보여준다. 그럴 경우 氣는 그러한 理를 지향하는 마음과 행위를 실제로 구현하는 작용을 하기도 하지만, 반대로 氣는 그것을 왜곡하고 一身의 평안과 만족으로 나아가게 하는 역할을 하기도 한다. 이 때문에 氣는 理를 구현하는 실질적 작용의 바탕이면서도 경우에 따라서는 그것을 가로막는 장애가 되기도 한다.

⑤ 心에서의 理氣 - 성리학자들에 의하여 心은 理氣之合이라고 정의되었다. 孟子는 心은 大體, 四肢는 小體라고 규정하였다. 그러면 이 양자의 관계는 육체의 욕구를 의미하는 小體가 大體인 마음의 한 영역을 차지하여 道義를 추구하는 마음과 갈등을 일으키는 관계에 있음을 말한다. 작용의 측면에서 본다면 도의를 추구하는 마음은 그 기가 理를 지향하고 구현하는 작동을 하는 셈이고, 소체는 기의 작용이 理를 왜곡하고 일신의 평안과 만족으로 나아가게 하는 것이라고 해석할 수 있다. 전자는 理氣가 잘 조화된 상태에서 나오는 마음이고 후자는 양자가 갈등 대립하는 상황이라고 할 수 있다. 이 경

우 우리는 心을 무엇이라고 볼 것인가? 우리의 신체 내면에 있거나 작용하는 모든 것들이 섞이고 하나로 어울려서 일상생활을 지배하는 意識(consciousness)을 이루어 내는데, 그러한 흐름을 총칭하는 것이 곧 心이라고 볼 수 있지 않을까? 특히 思慮와 行動을 이루어 내는 의식의 총체적 흐름 또는 그 패턴을 心이라고 볼 수 있지 않을까? 그렇게 볼 수 있다면, 理와 氣 혹은 本然性과 氣質性, 道心과 人心, 四端과 七情은 마음의 내부에서 대립적인 상태가 될 수도 있으나 잘 조화가 된다면 하나로 조화될 수도 있는 유동적인 상호관계에 놓인 것이 될 것이다. 그리고 그것들이 분열된 상태면 분열된 상태로 마음은 복잡하고 예측 불가능하게 작용하는 것이고, 그것들이 상호 조화되면 마음의 길은 순수하고 명백하여서 항상 道義에 맞는 사려와 판단 및 행동이 이루어지게 된다는 것이 성리학적 사고라고 해석된다. 즉, 心이란 그러한 요소들이 어울려서 이룩한 전체의 흐름이 되는 것이다. 따라서 心이 별도로 理氣 本然性과 氣質性 등을 벗어나서 존재하는 또 하나의 실체(substance)라고 볼 수는 없는 것이다.

⑥ 心의 主宰力 - 심의 주재력은 내면의 다양한 요소들을 통합하여 한 방향으로 나아가도록 하는 힘이다. 心學에서는 이러한 주재력을 얻는 것은 敬을 통한 存心養性과 省察을 비롯한 각종 禮에 입각한 일상적 인륜의 실천에서 가능하다는 것이다. 그렇다면 주재력을 지니는 심은 내면의 다양한 요소들과는 별도의 존재인가? 바로 앞에서 밝혔듯이 주재란 내면의 다양한 요소들이 어울려서 이룩한 전체의 흐름이 다시 부분적 요소들에 되먹임작용(feedback)을 일으키면서 나타나는 일종의 통제작용 내지 인솔작용이라고 볼 수 있다.

⑦ 敬과 禮에 의한 수양 - 敬은 본래 禮 실천의 태도를 의미한다. 그것은 행위의 일관성을 잃지 않는 내면적 통제력, 자기 조절력, 응집력, 주의 등을 의미하는 것이다. 그것은 앞에서 밝힌 대로 理에 부합하는 기의 작용이 심신에 확보됨으로써 가능한 것이다. 심신에 공통적인 氣의 작동을 매사에 또는 언제라도 理와 일치되도록 하는 응집력, 자기 조절력은 어디에서 오는가? 그것을 성리학자들은 心이라고 했지만, 心의 구성은 이와 기 외에 별도의 요소가 있는 것이 아니다. 그렇다면 심의 자기 조절력 혹은 응집력은 역시 이에 부합

하는 기의 작용을 확보함으로써 이루어지는 것인데, 그 방법으로서 가장 근본적이고 실제적인 것은 예의 실천이다. 예의 실천은 몸(形氣)에 대한 통제로써 마음의 일관성을 이루어 내는 것이다. 물론 마음의 일관성을 유지하는 방법으로 志를 강조하는 것, 窮理와 思慮, 意를 강조하는 것이 있지만, 이들이 비롯되는 근원이 예의 학습과 실천에 있음을 고려한다면, 예 실천이 곧 마음의 자기 조절력, 응집력, 주의 등의 근원이라고 할 수 있다.

퇴계와 율곡의 통합 심성모델 구성 - 퇴계와 율곡의 심성에 관한 견해는 性과 情에 관해서 서로 대립된다. 그러나 그렇다고 하더라도 위에서 언급한 예 실천의 강조와 경을 중시하는 입장은 다르지 않다. 그리고 전반적으로 이기론의 관점에서 제시하는 심의 구조와 작동의 원리는 대동소이하다. 그러므로 사단칠정의 해석에서 나타난 차이보다는 예 실천에 의하여 확보되는 敬의 과정과 구조를 모델로 제시하면 성리학의 통합 심성모델이 가능하다. 비록 사단과 칠정의 발출 원리에 관한 해석에 두 학자의 견해가 차이가 있지만, 중요한 것은 예를 실천함으로써 경의 태도가 형성되고, 그것은 理에 부합하는 氣의 작용이 유형화하게 된다는 점으로 설명될 수 있다. 이를 구성주의의 관점에 의하여 분석하고 설명하면, 퇴계와 율곡의 관점은 다음과 같은 점에서 공통점이 있다고 생각된다. 즉, 예를 실천하게 되면 몸과 마음의 여러 요소들이 禮, 즉 理에 부합하는 방향으로 통합된다. 그리고 이러한 예 실천을 지속하게 되면 理에 부합하는 몸과 마음의 요소들이 일관성을 형성하게 되어 결과적으로는 心이 그 요소들과 몸에 대하여 예에 입각한 주재력을 가지게 되는 것이다. 이 과정은 율곡에 의하여 氣質의 변화가 강조되든, 퇴계에 의하여 理發에 의한 사단의 발출이 중시되든 결과적으로는 유교적 理致에 부합하는 기작용의 과정을 유형화하는 것이라고 할 수 있다. 즉, 퇴계가 사단의 발출에 있어서 理發을 강조했어도 그것은 기의 부수작용이 없이는 불가능한 것이기 때문에 기작용이 理에 부합하는 방향으로 나아가도록 하는 퇴계의 입장을 중시할 필요가 있는 것이다.

7. 현대 윤리학의 방향과 성리학 심성모델

현대 윤리학의 과제는 개인의 윤리적 실천능력의 진정한 함양과 제고의 방법을 모색하는 것이다. 그런데 그동안 현대의 윤리교육을 이끌었던 서구철학의 입장은 일부 급진적 구성주의자들에 의하여 비판을 받고 있어서 주목된다. 그것은 우리의 논지 구성에 중요한 근거가 되었으므로 소개한다.

논의를 인간의 윤리적 실천능력에 한정시켜서 말한다면, 이 논의에서 중요하게 다루어야 할 것은 윤리적 실천능력의 본질에 관한 것부터 새롭게 정의하는 일일 것이다. 생물학자이자 인지과학자인 바레라에 의하면 서구 윤리학의 전통에는 그 관점과 입장의 차이에도 불구하고 윤리의 실천을 관찰하는 일반화된 방법이 있다. 그 일반적 방법이란 어느 한 가지 행위에 작용한 의도를 분석하는 것으로부터 시작해서 그 과정에서 이루어진 도덕적 판단들의 합리성을 평가하는 것으로써 끝마치는 것이다.(Varela, 1999.) 즉, 서구의 윤리학은 윤리의 실천이란 이성적 판단과 추론에 근거하며, 그 판단과 추론이 실재하는 진리(윤리적 가치)와 부합하는가의 여부가 윤리적인 실천인가 아닌가를 결정하는 관건이 된다는 것이다. 그러나 바레라는 윤리적 행위에다가 이성에 의한 윤리적 판단과 추론을 무분별하게 결부시키는 것에 대하여 반대한다. 윤리적 행위의 대부분은 이러한 판단 없이 혹은 그러한 판단 이전에 이미 진행되는 것이기 때문이다. 그에 의하면 윤리적 실천의 본질은 이성으로 환원될 수 없는 것이다.

바레라는 일상생활에서의 진정한 윤리적 생활은 상황에 따라서 즉각적으로 대응하는(immediate coping) 행위의 일련 과정이라고 해서 주목된다.(Varela, 1999.) 이러한 즉각적 대응의 신속함과 자연스러움이 곧 윤리적 행위의 실제적 효과를 내는 것이라고 한다면, 순간마다 이루어지는 즉각적 대응의 과정에 이성적 사유, 즉 판단과 추론이 개입할 틈은 없다. 그에 의하면 윤리적인 일상의 행위들은 이성적 사유의 산물이 아니라 실은 평소에 학습을 통해서 익힌 윤리적 노하우(ethical know-how)의 산물이기 때문이다. 단 그렇게 익힌 노하우가 통하지 않는 낯선 상황에 직면해서야 우리는 비로소 심각하게 사려함으로써 적절한 행위의 방식을 찾으려고 하게 된다. 이는 그 노하우가 단순한 기계론적 관점 혹은 행동주의적 관점에서 나온 것은 아님을 말한다. 그런 의미에서 그의 윤리적 노하우는 실은 맹자 등이 말하는 덕의 의미와 유사하다.

이 같은 관점에서 그는 서구의 전통적인 윤리학의 방향으로부터 동양의 전통적 윤리학으로 선회하는 구성주의의 입장을 잘 보여준다. 진실로 윤리적인 행동은 단순한 습관에서 발출하는 것은 아니고, 또 어떠한 표준형들이나 규칙들을 맹종하는 것으로부터 발출하는 것도 아니다. 진실로 숙달된 사람은 확장된 경향들을 따라서 행위하게 되는 것이지, 교훈을 따라서 행위하는 것이 아니다. 그리고 그렇게 해서 순전히 습관적인 대응의 방식들 속에 담긴 한계를 초월하는 것이다. 이것이 훈련되지 않은 사람에게는 진실한 윤리적 행위가 가끔 깊이를 잴 수 없는 듯이 보이는 이유이고, 金剛乘(眞言)의 전통에서 비범한 지혜(crazy wisdom)라고 불리는 것이 될 수 있는 이유이다. 이러한 유연성은 자신의 숙달된 기술(expertise)을 닦아 온 사람이 지닌 중요한 요소들을 시사한다. 왜냐하면 그의 숙달된 기술은 맹자가 知라고 부르는 지적 주의력(intelligent awareness)을 함축하고 있기 때문이다.(Varela, 1999.)

바레라의 관점에 따르면 진정한 윤리의 본질은 몸과 마음이 함께 터득하여 자연스럽게 발출되는 경향을 지닌 행위와 그것의 확장성이다. 그것이 바로 윤리의 노하우가 되는 것이다. 주목해야 하는 것은 지적 주의력과 확장에 관한 것이다. 지적 주의력이란 일종의 응집력과 적응력으로서 수시로 변화하는 상황에 대한 즉각적인 대응의 실체인 것이다. 또 확장성이란 지적 주의력을 통해서 평소에 익힌 것과 똑같지 않더라도 유사한 상황이면 막히지 않고 통하게 하는 힘이다. 이 양자의 근원을 바레라는 장기간에 걸친 실천적 훈련을 통해서 체화된 마음(embodied mind)이라고 설명된다.

구성주의의 이러한 입장과 설명은 성리학의 禮學이나 수신의 논리와 많은 유사성이 있으며, 오히려 성리학의 방법을 보다 실증적으로 설명할 수 있는 가능성을 지녔다고 판단된다. 더 많은 연구가 있어야 하겠지만, 예를 들면 위에 언급한 지적 주의력, 혹은 확장성은 성리학자들이 말하는 禮를 익히는 데서 비롯되는 敬과 같다고 보인다. 아직 구성주의와 동양철학을 연결시켜서 논하는 것은 일반화되지 않았고 국내에서는 그렇게 다룬 예를 아직 보지 못하였다. 그러나 바레라의 입장은 서양철학의 이성중심의 윤리학이 앞으로 그 유용성을 주장하기가 어렵다는 점을 보여준다. 반대로 동양철학의 修身을 중시해 온 전통이 현대사회의 윤리문제 해결에 더 실제적이고 유용한 방법이 될 수 있음을 시사한다. 때문에 동양의 전통적 지혜를 인격화한 표상이 君子 또는 보살인데 바레라는 이 인격체의 구성에 대한 깊은 관심을 지닌다.

그 내용을 모두 살필 수는 없기에, 다만 그가 주장하는 요점을 다음과 같이 요약한다. 서양철학이 2천 년 넘도록 주장해 온 내면의 중앙통제장치로서의 이성에 환원되는 자아는 실재하지 않는다. 즉, 우리의 내면은 사실 주체의 실재에 관한 한 空, 즉 無我이다. 우리가 상정하는 주체성이란 내면세계의 무수한 요소들이 함께 중앙통제 없이 활동하는 가운데 그것이 목적적이고 통일된 전체로서 관찰자에게 나타나는 그 무엇을 지칭하는 것이다. 그렇다면 이러한 인지과정에서 우리에게 관찰되는 자아는 자아의 역사와 행동 등이 그 일부가 된다. 그러므로 '나'는 신경시스템을 가진 모든 존재에게 공통적인 육체로써 구성된 신체와 인간이 살고 있는 사회적 과정 사이의 다리이다. 즉, 나의 나는 개인적이거나 사회적이라기보다는 두 가지가 함께하는 것이다. 문제는 이러한 무아에 대한 체험을 열어 가면서 내외의 의식과 행위의 일관된 흐름을 이루어 나가는 방법에 관한 것이다.

무아의 체득과 윤리적 노하우의 숙달을 위해서 바레라가 강조하는 것은 온정과 자비이다. 그것은 자아중심적 습관을 버리고 자비가 즉각적으로 그리고 자발적으로 유지되도록 하는 훈련을 통해서 개발되고 체화되어야 하는 것이다. 그 때문에 그는 유교든 불교든 수신의 중요성에 주목한다. 말이나 이성적 사고만으로는 즉각적인 대처능력을 키워서 이기적 욕망과 무규범적 행위로 향한 일탈을 방지할 수 없다. 그것보다는 수신의 지속적인 체험이 필요하다는 것이 그의 결론이다.

이상에서 살핀 바레라의 견해는 일찍이 국내에 소개된 미국의 언어학자인 허버트 핑가레트의 견해와 일맥상통하는 점이 있다. 핑가레트는 禮는 인간적 충동의 완성, 즉 충동의 문명적 표현이지, 결코 형식주의적 비인간화가 아니라고 설명한다.(핑가레트, 1993.) 예를 학습하게 되면 祭禮와 같은 신성한 儀式의 현장에서나 혹은 일상생활의 현장에서나 그 상황에 맞는 행위가 억지 없이 자연스럽게 발출하게 되는 것이다. 그러나 이러한 억지 없이 자연스럽다는 말을 기계적이거나 또는 자동적이라고 생각하지 않는 것이 중요하다고 핑가레트는 말한다. 오히려 자연스런 자발성이 발휘됨으로써 예식에 참여하는 개개인들이 진지하고 성실하게 몸과 마음을 움직이기 때문에, 예식에는 생명력이 있다고 그는 설명한다. 또한 예식에는 그러한 생명력으로 인해서 (외부적, 타율적) 강제력 없이도 예식에 참여하는 개개인들이 서로서로 한마음이 되어 협조하는 미묘함과 놀라운 복잡성이 존재한다는 것이다.(핑가레트, 1993.)

이러한 분석을 통해서 핑가레트가 禮의 신비스런 기능을 강조했던 것이 바레라에 의해서 윤리적 노하우라고 개념화되었다고 생각된다. 그리고 양자의 견해는 禮를 중심으로 이루어지는 유교의 修身의 의미 함축이 행동주의적 관점이나 기계적 습관화라는 평가의 차원을 넘어선 것임을 강력히 시사한다. 성리학자들이 강조했던 敬의 발원이 禮에 있다는 점, 그리고 아울러 그것이 心의 주재력을 형성하는 점, 나아가서 다른 개체와의 친화력을 이끌어 내어서 결국 전체의 균형과 조화를 이루는 자연스럽고 자발적인 힘의 근원이 된다는 것을 두 학자의 견해는 지지하는 것이다.

8. 결론: 성리학 통합 심성모델과 서구 심리모델의 비교와 연관성 검토

구성주의적 입장에서 볼 때 마음에 대한 이론은 특정이론을 주장하는 사람들의 구성체이다. 그러한 구성체로서의 심리모델들은 심리모델이 설명하려는 현상, 심리모델을 천착해 나가는 방법과 그 방법에 토대가 되는 가정들, 모델을 구성하는 요소들과 그들의 관계설정, 심리모델의 발전 가능성, 그리고 심리모델로써 이룰 수 있는 실천적 가치와 효용 등에서 비교될 수 있을 것이다.

본 연구에서 다루고자 하는 서구 심리모델은 최근 인지과학적 성과를 토대로 하고, 기존의 서구 심리모델을 비판적으로 수용하는 데넷, 바레라 등의 심리모델들이다. 이러한 심리모델들은 심리철학적으로 수반 물리주의적이라고 할 수 있으며, 신경과학의 최근 성과를 수용하는 진보적인 성향을 가지고 있다.

가치중립적인 서구 심리모델, 특히 윤리적 행위에 대한 서구의 심리모델은 철저히 개인의 이익을 중심으로 탐구되고 있다. 죄수의 딜레마를 이용하여 게임이론적으로 인간의 이타적인 행위를 분석하는 응용 윤리학에서는 특히 이러한 경향이 두드러진다. 이러한 윤리적인 서구 심리모델에 대한 태도는 논리적 정합성에만 목적을 두고 있으며, 공동체를 위해서는 절망적인 결론에까지 이르는 결과를 초래하고 있다.

그러나 전제한 바와 같이 인지과학에서의 마음은 자연선택의 결과일 뿐 아니라 문화에 의하여 디자인된 결과로 보는 까닭에 새로운 접근이 가능할 수 있다. 응용윤리학의 윤리 시뮬레이션에서도 경우에 따라서는 개인의 이익보다는 공동체에 대한 정서적, 동기적 원인으로 이타적 행위가 생기는 사례를 볼 수 있다. 이러한 공동체에 대한 정서적, 동기적 원인은 문화적인 디자인의 결과라고 할 수 있을 것이다.

구성주의적 입장에서 볼 때 성리학에서의 인간 마음에 대한 이해는 도덕 지향적이라고 할 수 있다. 사회에 설계되고 정착된 문화(禮)의 학습과 실천을 통해서 윤리적 마음이 형성된다고 생각하는 점에서 구성주의가 주장하는 문화에 의하여 디자인된 마음과 사실상 다르지 않다. 그러나 성리학은 서구의 철학이나 심리학 내지 인지과학 등과는 전혀 다른 개념 혹은 은유의 체계로서 마음과 몸에 관한 이해를 해 왔다. 그러한 이해를 하면서 성리학자들은 유교의 인륜도덕이야말로 인간 마음을 디자인하는 중요한 틀로 간주한 점에서 유교적 도덕을 지향한다는 특징을 지녔다. 성리학이 도덕 지향적인 이유는 인간의 올바른 삶을 위한 모색이 학문과 삶의 가장 중요한 활동으로 간주되었기 때문이다. 그 올바른 삶의 근거로서 유교의 도덕을 중시한 것은 그 도덕이 인간을 포함한 자연 전체에 원활한 질서와 조화를 가져온다는 공동의 믿음이 작용했기 때문이라고 할 수 있다. 사실 예문화와 그에 내재된 유교의 인륜도덕은 오랜 세월 동안 중국과 한국 등지의 유교인들에 의하여 성립되고 변화를 거듭하면서 성리학자들에게 전승된 것이다.

이러한 이유로 성리학자들이 인간의 윤리적 행동을 앙양시키기 위한 심성모형을 구성하고 다듬어 온 것은 당연한 일이라고 하겠다. 지금까지 성리학에 관한 연구는 서구 근대철학의 심신이원론적 관점의 영향을 받아서 心과 身을 분리하여 보는 관점에서 이루어진 것이 대부분이다. 그러나 心의 구성이 理氣의 合이라고 하는 규정에서부터 출발하여, 수양의 원리가 심신을 분리하여 보지 않는 관점이 존재하는 점, 禮에 부합하는 신체의 행동이 올바른 마음을 형성하는 기초가 된다고 하는 관점 등은 앞서 언급한 인지과학의 마음에 대한 수반물리주의적 이해와 유사한 점이 있다고 할 수 있다. 그리고 바레라 등이 강조하는 체화된 마음(embodied mind)의 이론과도 매우 가까운 유사성이 있는 것이 성리학자들이 이해한 마음이다. 더 나아가 인간은 오랫동안의 예의 학습과 실천을 거쳐서 성인의 인격과 마음을 획득한다고 하는 수양론의 내용은 사실 문화에 의한 마음의 구성 및 마음이란 주어진 실재가 아니라 삶의 과정에서 형성되는 것이라는 구성주의적 관점과 매우 흡사하다고 할 수 있다.

성리학은 인간의 윤리적인 행동을 앙양시키기 위한 실천적인 지침서와 정교한 마음의 모델을 가지고 있다. 이러한 성리학적 이해와 그에 입각하여 보편화되어 온 유교문화는 개인화되고 이기적으로 흐르는 현대문명을 위한 대안으로서 이타적인 마음을 디자인하기 위한 좋은 대안이 될 수 있을 것으로 믿는다. 그리고 현대의 인지과학이 발견하고 있는 인간의 도덕적 실천능력의 본질과 관련하여 그것을 양성할 수 있는 방법과 원리는 성리학적 심신수양론으로부터 응용이 가능하다고 생각된다. 성리학 심성모델의 탐구와 모색이 중요한 이유는 그것과 관련된다고 할 수 있다.

참고문헌

[유권종, 박충식, 강혜원 2001] 유권종, 박충식, 강혜원, 「유교 심성론에 근거한 체화방법이 유아의 기본생활습관 및 자율성에 미치는 효과」, 아동학회지 제22권 4호, 한국아동학회, 2001.

[유권종, 박충식 2002] 유권종, 박충식, 「도덕 심성모델의 새로운 시도: 퇴계학, 구성주의, 인공지능」, Journal of Korean Studies vol.2 Central Asian Association for Korean Studies, April 2002.

[유권종, 박충식, 강혜원 2002] 유권종, 박충식, 강혜원, 「성리학적 심성모델 시뮬레이션을 이용한 유교 禮교육방법의 효용성 분석」, 『동양철학』 제16집, 한국동양철학회, 2002.

[유권종 2001] 유권종, 「퇴계예학연구의 과제와 전망」, 퇴계학보 109집, 퇴계학 연구원, 2002. 5.

[장숙필 1992] 장숙필, 『栗谷 李珥의 聖學研究』, 고려대 민족문화연구소, 1992.

[김경호 2001] 김경호, 「栗谷 李珥의 心性論에 관한 研究」, 고려대학교대학원 박사학위논문, 2001. 12.

[골드먼 1998] 골드먼(저), 석봉래(역), 『철학과 인지과학』, 서광사, 1998.

[그라저스펠트 1999] 그라저스펠트(저), 김판수 외 6명(역), 『급진적 구성주의』, 원미사, 1999.

[김재권 1999] 김재권(저), 하종호, 김선희(역), 『심리철학』, 철학과 현실사, 1999.

[루만 1996] 루만, 니클라스 (저), 이남복(역), 『생태학적 커뮤니케이션』, 유영사, 1996.

[바레라 1997] 바레라, 톰슨, 로쉬(저), 석봉래(역), 『인지과학의 철학적 이해』, 옥토, 1997.

[슈미트 1995a] 슈미트, 하우프트마이어(저), 차봉희(역), 『구성주의 문예학』, 민음사, 1995.

[슈미트 1995b] 슈미트(저), 박여성(역), 『구성주의』, 까치, 1995.

[윤사순 1997] 윤사순, 『한국유학사상론』, 예문서원, 1997.

[이상은 1988] 이상은, 『이상은선생전집 2』, 예문서원, 1988.

[최상진 1999] 최상진 외,『동양심리학』, 지식산업사, 1999.

[핑가레트 1993] 핑가레트, 허버트,『공자의 철학』, 서광사, 1993.

[한덕웅 1994] 한덕웅,『퇴계심리학』, 성균관대 출판부, 1994.

[Brooks 1991] Brooks, Rodney, Intelligence without Representation, *Artificial Intelligence*, 47(1 / 3): 139 − 159, January 1991.

[Dennett 1992] Dennett, Daniel, *Consciousness Explained*, Little Brown and Co., 1992.

[Lakoff 1980] Lakoff, Goerge and Johnson, Mark, *Metaphors We Live By*, University of Chicago Press, 1980.

[Lakoff 1999] Lakoff, George and Johnson, Mark, *Philosophy in the Flesh*: *The Embodied Mind and Its Challenge to Western Thought*, Basic Books, 1999.

[Mingers 1995] Mingers, John, *Self − Producing Systems*: *Implication and Application of Autopoiesis*, Plenum Press, 1995.

[Varela 1999] Varela, Francisco, *Ethical Know − how*, Stanford Univ. Press, 1999.

인지과학적 시뮬레이션을 통한 朝鮮 性理學의 禮교육 心性모델 개발*

유권종, 박충식, 장숙필

1. 연구의 취지와 목적

어느 일정한 시대 예를 들면 조선시대가 500여 년의 기간에 걸쳐서 유교의 예문화체계를 형성하고, 그 체계를 유지함으로써 사회의 통합력을 잃지 않았던 원동력은 무엇인가? 그 원동력은 그 사회의 체계와 관련되는 것이지만, 근원적으로는 그 체계를 구성하고 운영하는 사람과 그 마음의 내적 구조에 기인하는 것이라고 생각된다.

인간의 역사는 물리적 세계의 변천뿐 아니라 정신적 세계의 진화의 영역에서도 진행되는 것이다. 양자의 교섭에 의한 진화의 동태적 양상을 기술하고, 또 그 진화의 기제를 분석하고 설명하는 일은 학문연구의 중요한 과제가 된다.

---

* 『동양철학연구』 39, 동양철학연구회, 2004. 09

그런데 인간의 역사를 다루는 많은 연구들은, 역사학이건 철학이건 인간의 마음이 개재되어 나타나는 사회체계의 동적 변화과정과 그 과정에서 발생하는 피드백 과정에 대해서 거의 주목하지 않았다. 그러나 사회를 하나의 유기적 체계로 간주하고 그것 역시 하나의 생명체처럼 진화하고 생성, 소멸하는 것으로 본다면, 그것의 동태적 변화와 거기서 필연적으로 발생하는 피드백 과정에 대한 사실적 접근을 하는 것이 그 진화의 비밀을 이해할 수 있는 길이 될 것이다. 그리고 그러한 진화의 비밀은 무엇보다도 마음의 해명을 통해서 그 핵심적 이유에 접근할 수 있을 것으로 생각된다. 그러한 이유에서 우리는 인간의 마음과 문화의 체계 사이의 상호관계에 더 많이 주목해야 옳은 것이다. 그렇다면 문화와 마음 간의 역동적 상호관계는 과연 어떠한 방식으로 고찰할 수 있으며, 또 무엇을 대상으로 삼을 수 있을 것인가? 본 연구에서는 이를 문화체계와 인간의 마음 간의 관계로 보고, 양자의 역동적 상호관계의 틀과 내용을 더 잘 설명할 수 있게 설득력을 갖춘 이론적 틀을 개발하고자 한다.

또 한 가지 본 연구를 하게 된 근본적인 동기는 한국인의 마음이 현대에도 유교적 심성을 잃지 않는 이유는 무엇일까 하는 의문에 있었다.[1] 즉, 조선시대 성리학자들이 조선의 예문화체계를 확립해 가는 상황 속에서 예교육과 학습을 통해서 성취했던 도덕적 심성의 특성이 아직까지도 한국인의 지배적인 심성으로 작용한다는 것이 확인되고 있다. 또한 한국인의 유교적 심성은 지속적인 문화체계와의 상호인과적 관계 속에서 형성된 것이라는 일종의 문화심리학적 또는 근본적 구성주의의 관점을 취한다면, 한국에서는 조선시대부터 예 실천에 의한 심성수양이 개인의 유교 도덕적 심성을 형성하고, 그러한 심성이 유교 예문화체계를 재강화, 재생산하는 모태가 되었다고 보는 것이 타

---

1) 이점을 실증하는 연구로는 최상진, 2000, 『한국인 심리학』, 중앙대학교 출판부 참조.

당하다.[2] 그렇다면 한국인의 마음에 관한 진실은 오랜 문화전통 속에서 구성된 실재(constructed reality)가 되는 것이다.[3] 그러한 진실은 성리학자들이 설명하는 마음의 구조와 작용에 관한 개념과 이론 속에 존재한다. 따라서 위에서 제시한 의문을 해소하기 위해서는 그들을 해명하고, 아울러 성리학자들이 이해한 마음의 구조와 작용을 현대적 학문에서 논의 가능한 심성모델로 개발하는 것이 필요하다. 그 모델로써 한국인의 심성이 타 문화권 사람들의 심성과 비교되는 특성을 설명하는 이론적 기반을 삼을 수 있기 때문이다.

이에 따라서 개인의 인격변화와 예문화체계의 변화와의 관계에 관한 시뮬레이션을 시도함으로써 본 연구가 출발점으로 삼았던 두 가지 물음에 대한 해명의 자료를 확보하고자 한다. 본 연구과제의 일환으로 발표된 선행연구에서 心學과 禮의 관계를 분석했지만,[4] 본 연구에서는 인지과학적 시뮬레이션을 통해서 이를 더욱 과학적으로 검증 가능한 원리로 만들고자 한다. 시뮬레이션을 통해서 검증하고자 하는 문제는 유교의 예를 실천하게 되면 왜 예에 부합하는 마음이 성립되고 유지되는가 하는 점이다. 이미 이에 대한 설명의 이론은 제기된 바 있지만, 본 연구에서는 마음은 문화와의 상호관계에 의하여 구성된다는 구성주의적 가정을 바탕으로 마음의 구조와 내용을 해명하고자 한다. 특히 유교적 마음 구조와 내용에 대한 해명이 본 연구에서 중요하게 다룰 내용이다.

여기서 시도하려는 시뮬레이션은 일종의 사회집단과의 관계를 맺으면서 개인이 마음의 변화하는 방식에 관한 것이다. 논자들의 선행연구에서는 예교육 및 그와 관련된 마음의 구성에 대하여 개인 차원의 마음 구조와 작용에 관한 시뮬레이션을 시도한 바 있다. 이 마음 구조와 작

2) 유권종, 2003, 「조선시대 유학자들의 인식으로 본 마음의 구조와 작용에 대한 구성주의적 성찰」 21st AKSE Conference proceeding, 유권종, 2004, 「조선시대 성리학자들의 마음 인식에 관한 성찰」, 『유교사상연구』 20집, 한국유교학회.
3) Constructive Realism과 관련해서 Thomas Slunecko(ed.), 1997, *The Movement of Constructive Realism*, Wilhelm Braumuller 참조.
4) 유권종, 2003, 「퇴계의 심학과 예」, 『한국사상사학』 21집, 한국사상사학회.

용의 모형은 李滉의 심성론에 기초하여 만들어 본 것이다. 그리고 본 과제의 1차연도 결과논문에서는 이황의 심성론과 아울러 李珥의 심성론을 종합하여 좀더 일반화되고 포괄성을 지닌 조선시대 성리학 마음모델의 원리를 구명하였다.[5] 본 연구에서는 이러한 마음모델을 구체적인 사회상황과 문화체계에 적용함으로써 그 실제적 결과와 효용에 대하여 탐구하고자 하는 것이다. 때문에 본 연구에서는 구체적으로 다음과 같은 내용을 다루게 된다. 첫째, 시스템 분석을 통해서 예문화체계의 요소들과 그 요소들의 상호관계와 작동에 관하여 살핀다.[6] 둘째, 특히 그 속에서 생활하는 개인들이 예문화와 적합한 상호관계를 맺는 방식을 추정하고 그것을 모의실험한다. 셋째, 아울러 그러한 상호관계의 과정을 통해서 변화하는 사람들의 마음의 내용을 설명하고 그것에 기초하여 유교의 예교육으로써 구성되는 심성모델을 확정한다. 넷째, 궁극적으로 유교문화의 성숙과 개인적 인격성취와의 관계를 논하고자 한다.

연구의 방법은 세 사람의 연구자가 학제 간 연구를 통해서 얻은 학문적 성과를 올바르게 나타내기 위하여 공동으로 논문을 작성하는 방법을 취한다. 논자들은 이 연구논문을 작성하기 이전에 이 연구와 관련하여 다음과 같은 연구를 진행하였다. 「조선시대 유학자들의 인식으로 본 마음의 구조와 작용에 대한 구성주의적 성찰」,[7] 「A New Approach to Neo-Confucian Mind Model from Constructivism and A. I.」,[8] 「退溪의 心學과 禮」[9], 「退溪의 禮교육과 人格形成의 原理」,[10] 「16세기 유학적 수양론과 경세론의 연관구조」,[11] 「조선시대 성리학자들의 마음

---

5) 이는 본 협동연구과제 중간결과 발표 논문인, 유권종, 박충식, 장숙필, 2002, 「인지과학적 시뮬레이션을 통한 朝鮮 性理學의 禮교육 心性모델 개발(1)」, 『민족문화연구』 37호.
6) 시스템 분석에 관해서는 김도훈, 문태훈, 김동환, 1999, 『시스템 다이내믹스』, 대영출판사 참조.
7) Yoo, Kwon Jong, 21st AKSE Conference Proceedings, 2003. 4. 9~4. 13, Italy.
8) Yoo, Kwon-Jong & Park, Choong-Shik, 21st World Congress of Philosophy Proceedings, 2003. 8. 10~8. 17, Turkey.
9) 유권종, 2003, 『한국사상사학』 21집, 한국사상사학회.
10) 유권종, 2003, 『儒敎思想硏究』 18집, 한국유교학회.
11) 장숙필, 2003, 『東洋哲學』 제19집, 한국동양철학회.

인식에 관한 성찰」,[12] 「한국철학의 현대적 해석과 그 의의」,[13] 「한국인의 내면에 형상화된 '마음' – 한국인의 마음모델 구성을 위한 기초연구」,[14] 「유학에 대한 심리학적 연구의 성찰과 전망」[15] 등이다. 이 연구성과들이 본 연구논문의 이론적, 내용적 기반이 됨을 밝힌다.

2. 연구방법

　이 장에서는 조선 전기에 형성된 유교의 예문화체계와 구성원들의 유교의 도덕적 심성 구성의 관계를 밝히기 위한 방법에 관한 문제를 논한다. 인지과학적 원리에 입각한 시뮬레이션은 본 연구의 목적을 성취하기 위한 하나의 방법이며, 그것을 준비하고 작동하는 과정을 통해서 인간의 마음과 문화체계와의 관계에 관한 추론도 함께 진행되는 것이다. 그러므로 시뮬레이션과 추론은 상호보완적이다. 시뮬레이션을 통해서 검증하고자 하는 것은 객관세계의 문화체계가 구성원 각각의 마음속에 내면화되는 방식과 구성원 각자가 공동의 삶을 통해서 그 문화체계의 생산과 재생산을 이룩해 내는 과정이다. 그러므로 이는 문화와 마음 간의 상호 영향을 주고받는 과정에 대한 시뮬레이션인 것이다. 시뮬레이션의 실제성을 확보하고, 추론의 합리적 근거를 보완하기 위해서 당시의 유교문화체계의 구성과정과 그 속에서 삶을 영위해 온 구성원들의 도덕적 심성을 추구하는 교육과 실천의 구체적 실례를 살펴볼 예정이다.
　그런데 이 양자의 관계를 설명하려고 할 때 단지 문화와 마음만의 상호관계라고 보기에는 사회 혹은 문화의 체계가 매우 복잡하다. 한

12) 유권종, 2004, 『儒教思想研究』 제20집, 한국유교학회.
13) 유권종, 2003, 한국동양철학회 춘계발표회 발표문, 4월 24일.
14) 유권종, 최상진, 2003, 『東洋哲學研究』 34집, 한국동양철학연구회.
15) 유권종, 2003, 『동아시아 문화와 사상』, 10호, 동아시아 문화포럼.

사회의 체계는 여러 요소로 구성된다. 즉, 문화의 체계를 전체로 볼 때 여러 요소들과 더불어 인간은 하나의 구성요소이다. 그러므로 다양한 구성요소들의 복잡하고도 복합적인 상호관계로써 이루어지는 체계에 대한 해명에는 시스템 분석이 하나의 유용한 방법이 될 것이다. 그러나 기존의 시스템 분석은 체계에 대한 관찰로서 매우 유용한 것임에도 불구하고, 문화체계와 특히 인간의 마음의 관계에 대한 분석의 사례는 많지 않기 때문에 조심스러운 접근이 필요하다. 현재로서는 문화와 마음의 관계에 대한 문화심리학적 고찰과 인류학적 고찰로부터 유용한 가설을 얻고 있으며, 또한 인지과학의 한 부류인 근본적 구성주의의 관점이 새로운 과학적 발견과 추론에 의하여 문화와 인간의 마음의 상호관계에 관한 새로운 전망을 던져 주고 있다.[16] 그러므로 본 연구는 문화심리학, 인류학 및 인지과학의 근본적 구성주의의 가설과 관점을 바탕으로 하면서 시스템 분석의 이론을 통해서 예문화체계 속에서 인간의 마음의 상호관계에 대한 해명을 시도하고자 한다.

한 가지 주목되는 것은 조선시대 유학자들이나 정치가들이 중시했던 禮개념이다. 이 禮는 문화의 체계로서 존재하는 것이면서 동시에 사람의 심성의 체계로 작동하는 것이다.[17] 즉, 예는 사회의 예제와 의례를 의미하면서도 五常 또는 禮義廉恥와 같이 유교적 마음의 본성을 상징한다. 그리고 그것은 학습과 예를 통해서 擴充되어 가는 것이다. 이렇게 하나의 개념이 문화를 의미하면서 동시에 마음의 본성을 상징하는 것은 유학자들이 禮의 문화체계와 그에 상응하는 마음의 체계가 가능하다고 생각했었음을 보여주는 매우 중요한 단서이다.

따라서 미리 밝히자면, 비록 예문화체계의 구성요소가 다양하고 복잡하더라도 이 禮개념을 통해서 본다면, 결국 외재적 질서체계인 禮규범에 상응하는 내면의 도덕적 체계 혹은 인지체계로서의 禮의식을 형성

---

16) 유권종, 박충식, 2001, 「도덕 심성모델의 새로운 시도: 퇴계학, 구성주의, 인공지능」, Journal of Korean Studies, Central Asian Association for Korean Studies 참조.
17) 유권종, 2001, 「退溪 禮學 硏究의 과제와 전망」, 『退溪學報』 109집, 退溪學硏究院.

하는 것이 예문화체계 속에서의 교육적 이상이 되는 것이다.[18] 실제로 조선 건국 초부터 위정자들과 사대부들이 유교의 예제와 의례를 법제화하고 교육과 계몽을 꾸준히 해 온 이유는 유교적 가치관과 의식 혹은 사유방식을 내면화하려고 한 데 있다. 그 유교적 가치관과 의식을 집약적으로 표현한 것이 바로 禮이다. 따라서 주목할 것은 15세기 후반부터 본격화하여 16세기까지 꾸준히 진행된 사람들의 자발적인 『小學』 실천과 『朱子家禮』의 준행이다. 즉, 그러한 교육과 계몽 내지 꾸준한 예 실천의 노력이 없었다면 조선인들의 내면에 五常의 본성이나 禮義廉恥와 같은 마음은 구성되지 않았을 것으로 추론된다. 그러므로 우리는 이 예개념을 통해서 논의의 중요한 단서를 확보할 수 있는 것이다.

하나의 유기적 체계로서 문화는 진화하고 소멸하는 것이다. 조선의 예문화체계는 건국 초에 정착되면서 적어도 16, 17세기까지는 발전적으로 성장하였다고 판단된다. 본 연구는 바로 이 시기에 이루어진 문화체계의 성장과 유교적 심성의 형성의 관계를 밝히고자 하는 것이다. 이는 오랜 시간의 흐름 속에서 많은 요소들의 복잡한 상호관계를 통해서 이루어진 것이므로, 단선적인 인과관계의 추론을 통해서 적절한 설명이 이루어진다고 할 수 없다. 시스템 분석의 동태적 사고(dynamic thinking), 피드백 사고(feedback thinking) 및 사실적 사고(operational thinking)의 방법을 원용하여 이를 살피는 것이 효과적이다.[19] 동태적 사고란 한 시점에서 문제의 원인을 찾기보다는 시간의 흐름에 따른 문제형태의 변화 추이를 살피려는 사고이다. 이에 따라서 예문화체계도 성숙되는 과정이 있고, 집단의 유교적 심성도 역시 그와 더불어 성숙하는 것이라는 가정에 입각하여, 조선의 건국 초부터 16세기 말까지 약 2세기의 긴 세월에 걸쳐서 성숙된 것임을 관찰하는 것이다.

그리고 피드백 사고는 순환인과적인 피드백 구조가 변화추이를 결

---

18) 유권종, 2003, 「退溪의 禮교육과 人格形成의 原理」, 『儒教思想研究』 18집, 韓國儒教學會.
19) 김도훈, 문태훈, 김동환, 전게서.

정하는 동인이라고 보는 사고이고, 또 형태의 원인을 시스템 구조와 시스템 내부의 피드백 구조에서 찾으려고 하는 사고이다. 그 피드백은 특정변수의 영향이 다른 변수들을 거쳐서 결국은 자기 자신에게로 돌아오는 것을 말한다.[20] 또는 그 이전에 발생했던 부분적인 인과관계들이 종합되어 새로운 차원의 세계를 인지할 수 있도록 허용하게 되는 작용을 의미한다.[21] 이를 개인에게 적용할 때 한 개인에게 반복적인 예교육과 계몽을 하게 되면 예의 심성체계가 형성되고, 그 피드백으로서 사회의 예교육과 계몽(문화)의 체계가 더욱 공고하게 된다. 거꾸로 한 개인이 진정한 뜻을 가지고 자신이 속한 사회의 예문화체계를 아끼고 중시하여 철저히 예를 준행하게 되면, 그 피드백으로서 개인의 마음에는 예문화의 진실성에 대한 확신이 더욱 확고하게 변화해 간다. 그리고 예의 교육과 계몽이 오랜 기간 동안 여러 세대에 걸쳐 지속되면서 내면에 예문화의 체계가 확고하게 자리 잡는 개인이 발생하고, 예문화체계는 더욱 공고하게 되는 것이다.

　사실적 사고란 변화가 실제로 어떻게 일어나고 있는가에 초점을 맞추는 사고이다. 이는 시스템 작동의 기제를 파악하는 사고이다. 문화의 체계에서의 재귀적 과정이란 그 사실적 얼개로만 본다면 다음과 같은 것이다. 정치가 또는 교육자들의 예제 수립과 교육계몽의 활동이 예제와 의례의 사회적 정착을 가능하게 하고, 그렇게 정착된 예제와 의례가 구성원들에 의하여 실천되고, 그러한 실천은 예문화에 대한 선호를 낳게 된다. 그리고 예문화가 선호되면 될수록 예제와 의례는 구성원들의 문화체계로 공고하게 되는 것이다. 공고하게 된다는 것은 그 타당성을 더욱 확고하게 인정받고 더욱 많은 권위를 확보하여 감을 의미한다. 그때 조선인들에게 예는 삶의 일시적인 효용성이나 유용함을 가져다주는 차원을 넘어서서 그들이 추구하는 진실한 삶의 체계와

20) 김동환. 2000. 『김대중 대통령의 시스템 사고』. 집문당. 104쪽.
21) 상게서. 40쪽.

유형을 가리키거나 하나의 이상적 목적을 보여주게 된다. 그 까닭에 이것을 더욱 정확하고 상세하게 연구하고 실천하는 풍조가 형성되었던 것이다. 사회통합과 발전은 그로 인해서 가능하게 되는 것이다. 특히 주목되는 것은 조정의 계도와 권유, 즉 타율적 강제나 권유에 의한 예문화 실천의 단계로부터 사회구성원들(특히 士族들)의 자발적 예문화 실천이 확산되고 일반화되면서 학문이 심화, 발전되고 실천적 기풍이 확산, 정착되는 현상이다. 이것이 본 연구진이 시도하는 시뮬레이션에서 중요하게 취급하는 부분이다.

3. 예문화체계의 구성과 전개

그러면 이러한 가정과 구상에 따라서 먼저 예문화체계의 구성과 그것의 공고화 과정을 살피되, 개인의 유교적 심성의 구성에 대해서는 별도로 장을 구성하여 고찰한다. 즉, 이 장에서는 우리가 객관적 실재 혹은 역사적 현상으로서 그 자취가 남아 있거나 추론이 가능한 조선시대 유교의 예문화의 실상에 한정하여 그것을 체계라는 관점에서 살펴보고자 하는 것이다.

본 연구에서 체계는 시스템(system)의 번역개념으로 사용하는 것이다. 현대의 학문인 시스템 다이내믹스는 조직 역학 또는 계통 역학이라고 번역되는데, 이때 시스템이란 각종 구성요소들이 하나의 유기적 질서 아래 결합되어 일정한 투입을 하면 그에 따른 산출이 생기는 처리과정의 체계 혹은 계통을 의미한다. 이러한 체계에는 천체의 운동과 같은 자연적 체계와 전화망 같은 인공적 체계로 구별되는 부류가 존재한다.

조선시대의 예문화를 하나의 체계로 간주한다면, 그것은 일종의 인공적 체계에 속한다. 그렇다면 그 구성요소는 어느 것들이고, 그들의 상호

관계는 어떠한 것이고, 또 그 시스템의 자체적 생산내용과 변화의 과정은 어떠한 것들인가? 이미 일본의 학자들은 중국의 정치를 예치시스템으로 간주하고, 그 구성과 특징을 분석한 예가 있다.[22] 이는 철학적 문제의식을 정치의 분야에 투영하여 그 특징을 예의 체계로 간주하고 분석한 것이다. 본 연구에서는 조선시대의 예문화 내부의 다양한 구성요소들의 유기적 관계를 더 상세한 수준에서 추적하고 분석하고자 한다.

체계라고 할 때 고려해야 할 것은 그 유기적 계통을 구성하고 있는 하위 요소들의 존재와 그것들의 유기적 관계 맺음의 유형과 방식이다. 그리고 또 한 가지 중요한 것은 그 체계에 입력되는 것과 출력되는 것이 무엇이었는가 하는 점이다. 그런데 禮의 체계에서 정치를 관찰하면 정치의 측면에서의 입출력이 무엇인가를 관찰할 수 있는 것이고, 도덕교육을 관찰하면 그 교육의 측면에서의 입출력이 무엇인가를 관찰할 수 있는 것이다. 이 경우 입출력의 내용과 요소가 똑같이 되지 않을 가능성을 우리는 인정해야 할 것이다. 그러나 궁극적으로는 정치와 교육이 하나로 합치될 수 있도록 설계된 인위적 계통이 바로 조선의 유교 예문화의 체계였다는 점도 살필 수 있을 것이다.

사회를 하나의 체계로 볼 때 그 구성요소들은 인간, 물건, 정보, 기술, 시간과 같은 이질적이면서도 다양한 여러 요소들이고, 그들은 복잡한 상호관계 혹은 인과관계를 맺은 상태에서 작동한 것이다. 예문화 체계도 인간을 비롯한 여러 요소들이 복잡한 상호관계와 인과관계를 맺어서 작동하는 것이다. 예를 문화의 체계로 인식할 때, 먼저 문화의 개념을 정의하자면 다음과 같다. 문화에 대해서는 많은 논의와 정의가 있지만, 구성주의의 관점에 의하면, 자연적, 사회적 조건과 배경에 대해서 삶의 유용성과 가치를 높이기 위해 고안되거나 자연적으로 발생된 장치들의 복합적, 유기적 관계들의 총체가 곧 문화이다.

하나의 유기적 조직의 계통으로서 조선시대 예문화의 주요 구성요

---

22) 미조구찌 유조 외 지음, 동국대동양사연구실 옮김, 2001, 『중국의 예치시스템』, 청계.

소들은 무엇일까? 첫째, 인간이다. 예문화체계의 주요 구성요소로서 인간은 우선 유학자들과 유교이념에 동조하였던 위정자들, 그리고 교화의 대상이 되었던 백성들을 꼽을 수 있다. 특히 유교이념과 문화를 연구하고 실천하고 계몽, 교육하였던 주체로서 유학자들은 예문화체계의 생산과 발전의 중요한 요소이다. 둘째, 물건에 해당하는 것으로서, 禮制 禮儀와 같은 成文 不文의 모든 규범 형식들과 예문화체계의 공간적 요소 및 禮物 등이다. 이는 건국 초부터 이루어진 『朝鮮經國典』, 『經國大典』 등 각종 憲章的 禮制類, 『國朝五禮儀』, 『朱子家禮』 같은 의례서를 비롯하여, 각종 교과서 등 서책, 학교, 서원, 사당 등을 비롯한 각종 의례의 공간 그리고 복식, 음식, 제기를 비롯한 예물 등이 해당된다. 셋째, 정보에 해당하는 것으로서 당시 교육을 통해서 전파된 각종 유교적 지식들이다. 경전의 내용과 그에 대한 풀이, 의례의 형식과 실천 방식, 인륜의 덕목, 사적인 서신을 통해 주고받은 학문적 토론과 실천 경험담, 정치의 득실에 관한 논의, 경연에서의 강론의 내용 등이 이에 해당한다. 이러한 정보들은 조선시대 유학자들의 문집과 저술, 『經國大典』, 實錄을 비롯한 각종 문헌 속에 존재한다. 넷째, 기술에 해당하는 것으로서 유학자들의 수양을 통해서 확립되는 학습과 교육의 노하우 및 정치적 이념의 실천 등에서 오는 학문적 경륜 등이다. 다섯째, 시간이다. 시간의 요소는 체계의 발전과 변화를 가능하게 하는 것이다. 즉, 체계의 동태가 가능하게 되는 것이 시간 때문이다. 그런데 이 시간이 어떠한 내용과 성격을 내포하는가 하는 점이 중요하다. 14세기 말부터 19세기까지의 시간은 예문화체계의 성립과 성장 및 쇠퇴를 보여주는 요소이다. 조선이라는 국토공간에서 흐르는 시간은 중국으로부터 수용된 朱子學의 정착과 심화, 대체적인 陽明學 거부의 현상을 낳게 되고, 내부적으로는 건국에 따른 예문화체계 구성과정으로부터 시작하여 그 체계를 위협하고 붕괴시키는 사건이 발생하는 한편, 그와 달리 그것을 수호하고 발전시키고자 노력하는 존재들도 등장하였던 까닭에 예문화체계는 성장과 변화를 보였다고 할 수 있다. 그리고 이 시간을 통해서 각종 구성요소들 간의 복합적이고 다발적인 상호관계가 형성되고 해체되는 과정이 무수히 발생하면서 각 요소들마다 각자의 작동에 의한 피드백이 발생하게 되고, 그것의 결과로 발생하는 변화가 결국에는 일정한 기간 동안 예문화체계의 강화와 증폭을 가져왔다고 할 수 있다.

논의의 방향을 잡기 위하여 따져 보아야 할 것은 예문화체계의 전반적 지향성과 성격에 관한 것이다. 예문화체계는 전체적으로 어떠한 성격을 지녔고 어디를 지향했다고 할 수 있을까? 이는 오늘날 자본주의의 문명체계가 사람의 삶에 대하여 요구하는 것과 비교할 때 그 성격이 다소 분명하게 된다. 자본주의 문명의 체계는 경제원칙에 입각한 상호경쟁을 강조하는 체계이다. 즉, 개인의 존재와 개인의 경제적 동기, 이기적 성향 등을 원동력으로 삼아서 더 많은 이익을 확보하는 무한경쟁을 강조하는 체계이다. 그 이익은 개인도 추구하고 집단도 추구하는 제일의 가치이다. 그리고 그 이익추구의 목적이나 이념이 인간의 행복과 어떠한 관련이 있는가 하는 점에 대하여 모호하거나 답이 없는 것이 이 체계이다. 경쟁이란 상호협동과 상호발전보다는 상극적 적대관계가 더 근본적 위치를 차지하기 마련이다. 그리고 중요한 것은 이 체계에서는 인간의 마음을 수양하는 문제가 핵심적 요소가 되지 못한다는 점이다.

반면에 예문화체계는 근본적으로 경제적 이익이 목적이 아니고 도덕적 성취를 목적으로 삼는다. 예문화체계에서는 인간의 욕망과 이기적 성향이 전 체계를 부정하고 타락하도록 만든다고 간주하기 때문에 교육에서는 그것을 통제, 조절할 수 있는 도덕적 인격 양성이 중요한 과제가 된다. 또한 예문화체계가 보여주는 이상사회모델이 함유한 성질은 차별적 질서에 의한 조화를 그 본질로 삼는다. 그런데 그 차별적 질서의 수용과 그것에 의한 조화의 기제는 제도에 의해서 외형이 갖추어지더라도 인간의 마음 작용의 자발성이 결여되면 가능하지 않은 것이다. 그 자발성이란 질서를 수용하고 실천하는 능력이며, 그것은 교육에 의하여 성취된다고 그들은 생각하였다. 조선의 위정자 또는 사족들이 정치의 목적을 성취하기 위하여 교화를 매우 중요한 방법으로 간주한 이유도 거기에 있다. 교화를 통해서 가르쳤던 것은 인륜도덕의 의미와 그 실천의 형식과 방법이다. 그런데 특히 자발적 수양과 실천을 통해서 예문화의 자기 생산과 재생산의 활동력을 높인 것은 바로 성리학의 士林들이었다. 그러므로 예문화체계에서는 마음과 그 수양의 과제가 핵심적인 요소가 되는 것이다. 따라서 여러 다양한 요소들이 함께 예문화체계를 구성함에도 불구하고, 그 요소들 가운데서도 주축이 되는 요소는 인간의 마음일 수밖에 없는 것이다. 이러한 관점으로부터 인간의 마음이 문화를 구성하고, 문화가 마음을 구성하는 문화와 마음의 상호관계에 대한 추론을 해 볼 수 있다.

4. 예문화체계의 시스템 분석

조선의 건국부터 16세기에 이르는 시기는 조선에 유교의 예문화가 하나의 사회체계로 자리 잡는 기간이다. 이 시기의 예문화에 대해서 동태적 사고, 사실적 사고, 피드백 사고를 적용하여 그 시스템의 성장과 그 요인에 대한 분석을 하고자 한다.

먼저 동태적 사고에 의하면, 예문화체계는 어느 한 시점에 고정된 현상이 아니다. 오랜 세월의 生長과정을 거쳐서 형성된 것이다. 이러한 변화의 단계를 기존의 연구에 따라 세 시기로 나누어 본다.[23] 첫

---

23) 이 시기 구분은 윤사순, 1982, 「朝鮮前期 性理學의 思想的 機能」, 『韓國儒學論究』, 현암사, 34쪽에 따른 것임. 그러나 시기 구분은 이 논문을 따르더라도 그 구분의 이유와 시기별 명칭은 구별하였다.

번째 단계는 예문화체계가 생성되는 시기이다. 太祖로부터 成宗 시기가 해당되는데 이때에는 법제의 정립과 계몽의 실시와 같은 예문화체계의 始動 단계이다. 두 번째 단계는 예문화의 정착 단계로서 燕山君, 中宗 시기를 중심으로 한 士禍期에 해당한다. 이 단계에는 도학적 이념을 지향하는 사림들과 정치적 경제적 실리를 추구하는 집단 간의 갈등이 두드러졌다. 이때에 예문화체계는 내부적으로 갈등과 혼란을 겪기도 하지만, 중요한 것은 그 체계를 자발적으로 수호하고, 그 학술과 지식을 자발적으로 확대, 재생산하여 간 士林들이 등장함으로써, 그들에 의하여 예문화체계가 지속되는 내적 동력을 성취하게 되었다는 점이다. 셋째는 토착화 및 확장의 단계이다. 도학의 이념을 추구하는 사림들이 정국을 주도하는 시기인 16세기 중엽에 예문화체계는 조선의 사회통합의 기능을 충분히 발휘하게 된다. 즉, 예문화가 사회의 전역에 확장되고 구성원들의 일상생활의 행위와 사유의 체계로서 내면화되는 단계다.

사실적 사고로 본다면, 예문화체계의 생성 단계에 일어난 주요한 사건과 사실은 다음과 같다. 鄭道傳이 국가의 통치이념과 제도의 기틀을 제시한 『朝鮮經國典』, 『經濟文鑑』, 『經濟文鑑別集』, 趙浚 河崙 등에 의하여 편찬된 『經濟六典』, 성종대에 완성된 『經國大典』 등 이른바 憲章的 典書들의 간행을 예문화체계의 생성과 관련된 주요한 사실로 간주할 수 있다. 또 조선 초부터 국가에서 사대부들을 대상으로 행한 『朱子家禮』의 거듭되는 보급, 계몽 및 『國朝五禮儀』, 『三綱行實圖』의 편찬, 제작과 보급활동도 역시 불교문화의 풍토로부터 유교문화로 전환시키기 위한 중요한 체계 내적 활동이 아닐 수 없다.

또한 두 번째, 예문화체계의 정착 단계에는 훈구파들의 비행에 의하여 조선의 정치이념과 예제가 많은 손상을 입었고, 거기에 사화가 발생하면서 예체계의 인적 구성요소의 손실을 보는 사실도 있었다. 그러나 그럼에도 불구하고, 조선 초기부터 성장한 節義派, 士林派의 인물들은 훈구파의 비행을 유교의 이념에 입각하여 저항하거나 비판하는 한편, 자발적으로 『小學』, 『朱子家禮』 등을 익히고 실천하는 동시에 향촌민들을 대상으로 鄕約을 시행하여 그들에게 유교이념과 예법을 계몽, 교육하는 노력을 아끼지 않았다. 특히 鄭汝昌, 南孝溫, 姜應貞, 朴演 등이 小學契를 조직하여 群聚講論하였던 사례,[24] 혹은 小學童子를 자처한 金宏弼 등의 예에서 보듯이 사림파 선비들의 자발적 노력이 이 시기 예문화체계의 저변을 확대하고 뿌리를 내리도록 작용한 사실적 요소로서 중요하다.

세 번째, 토착화 및 확장의 단계에 발견되는 사실적 요인들은 도학의 발달 현상으로부터 꼽을 수 있다. 사화기부터 사림들에 의하여 중시되던 『소학』과 『주자가례』의 실천이 더 일반화되고 강화되는 상황을 맞이하고, 그 실천적 행위의 이면에서 행위를 주재하는 심성의 구조와 작용에 대한 심화된 연구로 나아가면서 心學과 理氣心性論이 발달하고, 禮學에서는 예 실천을 더욱 진실하게 하면서 『주자가례』의 한계와 문제점에 대한 인식이 확산되고, 그것을 古禮에 관한 지식과 실천을 통해서 극복하거나 보완하는 쪽으로 변화되어 간 추세가 관찰된다. 그리고 이 시기에는 많은 유학자들이 심성의 수양이 만사의 근본이 된다는 인식을 더욱 확고하게 공유하면서 聖學의 체계화가 진행되었다. 그리고 眞知와 實踐, 眞知와 力行을 통해서 유교 수양방법에 의한 실질적이고도 진실한 효과를 추구하는 성리학적 實學의 풍조도 강화되었다.[25] 따라서 성리학은 心學, 禮學, 聖學, 實學의 학문적 분야로 분개, 확산되고 전문화되었다. 이러한 전문화는 이전보다 더 고차원적인 성리학 학술의 발전을 의미한다고 할 수 있다. 또한 陽明學이 異端 학문으로 배척되면서 주자학적 원리와 실천의 정확성을 기하기 위한 실천적 방법을 心學과 聖學의 체계화를 통해서 추구하는 현

---

24) 李樹健, 1998, 『嶺南學派의 形成과 展開』, 一潮閣, 289쪽.
25) 유권종, 1999, 「朝鮮時代 退溪學派의 禮學思想에 관한 철학적 고찰」, 『退溪學報』 102집, 退溪學研究院.

상도 관찰된다. 특히 이 시대의 학문적 주된 흐름은 유교를 통해서 성인의 인격을 성취한다는 理想을 실현하는 학문적 방법과 원리를 체계화한 聖學에 학자들의 관심이 집중되는 현상으로부터 찾을 수 있다. 李滉의 『聖學十圖』는 예 실천과 심성수양을 통해서 聖王이 되는 방법을 체계화하고 있다면, 李珥의 『聖學輯要』는 修己와 治人의 구체적이고 정당한 방법과 원리를 체계화하고 그것과 관련된 방법과 격언들을 집성함으로써 성왕 혹은 성인이 되는 길을 제시하였다.[26]

5. 예문화체계의 피드백 구조

이상에서 동태적 사고, 사실적 사고를 통해서 살펴본 예문화체계의 변화와 발전의 과정에서 또 하나 중요한 점은 내부의 구성요소들 간의 인과관계와 그것들의 순환에 의해서 발생하는 피드백 과정이 있다는 점이다. 예문화체계 내부의 피드백 과정은 각 구성요소들의 관계마다 발생하는 것이지만, 여기서는 구성원들의 마음과 기타 요소들과의 관계에서 발생하는 것에 관심을 갖고 분석하도록 한다.

1) 예문화체계 생성기의 피드백 구조

먼저 생성기에 가능했던 피드백 작용에 대하여 살펴보면 다음과 같다. 예를 들면 鄭道傳이 편찬한 『朝鮮經國典』과 『經濟文鑑』은 유교국가의 제도와 통치의 요령을 밝힌 것이다. 여기에는 國號와 國統에 대한 설명을 비롯하여 六典(治典, 賦典, 禮典, 政典, 憲典, 工典)의 체제하의 官制, 軍事, 戶籍, 農桑, 商工, 儀式, 科擧 등 모든 통치의

---

26) 장숙필, 1992, 『栗谷 李珥의 聖學硏究』, 고려대 민족문화연구원 참조.

규범과 제도가 설정되어 있다. 조준에 의해 편찬된 『경제육전』이나 성종조에 반포된 『經國大典』도 사실상 이 체제의 강화와 보완을 목적으로 편찬된 것이다. 官制를 비롯한 군사, 호적, 농상, 상공, 의식, 과거 등의 제도는 전반적으로 국가의 운영의 방식을 규정한 것이다.

『조선경국전』, 『경국대전』 등은 『周禮』의 이념과 체제를 모델로 삼은 것이다. 『주례』의 경세론은 한마디로 국가의 공권력을 강화하여 정치·경제·사회·군사를 일원화하고 통제함으로써 부국강병을 달성하고 사회복리를 증진시키는 것에 목표를 두고 있다.[27] 이것이 예문화체계의 인적 요소들의 현실적 존립 기반이 되는 것이다.

그런데 『주례』의 제도적 특징과 이념에서 조선의 예문화체계 건립과 관련하여 주목되는 것은 다름 아닌 국민의 교육을 강조하는 점이다. 이는 조선이 백성을 부유케 하고서(富民) 백성의 敎化를 추구하는 구체적 방법에 대한 제도화이며, 『주례』에 입각한 예제 구성을 통해서 지향하고자 하는 예문화체계의 성취방법과 긴밀한 관련을 갖는 것이다. 『주례』에서는 鄕三物을 교육내용으로 삼는다. 향삼물은 知·仁·聖·義·忠·和의 六德, 孝·友·睦·婣·任·恤의 六行, 禮·樂·射·御·書·數의 六藝를 일컫는데, 이는 사회인에게 기본적인 도덕과 교양을 갖추도록 하는 교육내용이다. 그리고 또 『주례』는 사회교육의 차원에서 예속의 강화를 추구하고 있는데, 王朝에 대해서는 吉禮·凶禮·賓禮·軍禮·嘉禮의 五禮를 중시하고 민간에 대해서는 冠禮·婚禮·鄕射禮·鄕飮酒禮 등의 예를 중시했다.[28] 특기할 것은 지방관리가 행정력에 의해서 이 禮의 시행을 지도하는 강제성을 띠도

---

27) 한영우, 「정도전의 정치, 경제사상」, 『정도전 사상 연구』, 한국공자학회 편, 유림문화사, 1993년, 18~20쪽. 경제사상은 통제경제의 특징이 있는데, 주요 내용은 연좌법에 의한 납세군역 교육의 義務共同體를 구성하며, 국가는 만민의 경제사회 활동을 강력하게 통제하는 한편 고아·무의탁 노인·노동력이 없는 사람·가난한 사람·병든 사람 등에 대하여 책임지고 생존권을 보장하며(養萬民), 모든 재부에 대한 개인의 겸병을 방지하여 富의 소수인 집중을 막으며, 計夫授田에 의하여 농민생활을 안정시키고 이에 기초하여 兵農一致의 皆兵制를 지향하고 있다는 것 등이다.
28) 上揭論文, 20쪽.

록 제도화되어 있다는 점이다. 예를 들면 혼인 연령을 남자 30세, 여자 20세로 정하고, 幣帛의 양을 제한하고 홀아비 과부의 재혼을 국가가 촉성하는 것 등이 좋은 예이다.[29] 이는 제도와 행정력의 결합에 의하여 국가의 구성원들을 예문화체계 속에 편입시키고 그에 걸맞은 생활의 패턴을 갖추도록 하는 데서 매우 직접적인 효과를 바라볼 수 있도록 하는 면이 아닐 수 없다.

정도전의 『조선경국전』이나 『경제문감』은 근본적으로 『주례』의 사상을 기초로 삼아서 예속의 형성과 국민의 교육에 커다란 비중을 두고 있다. 田制와 兵制 등 국가 운영의 주요 제도와 예속의 형성과 상호 관련되는 것이지만, 예속의 형성과 정착을 위한 정도전의 사고를 검토해 보면 역시 『주례』의 이상을 충실히 계승하고 있음이 드러난다. 특히 『경제문감』에 규정된 감사와 수령의 여러 역할 가운데 학교 진흥과 예속 형성을 정한 것은 예문화체계의 생성 정착과 관련된 매우 중요한 점이다.[30]

또 儀式이 중시된 것도 주목된다. 그는 『조선경국전』 禮典에서 朝會, 宗廟, 社稷, 風雲, 雷雨, 文廟, 諸神祀典, 燕享, 符瑞, 輿服, 樂, 曆, 經筵, 學校, 貢擧, 擧遺逸, 求言進書, 遣使, 功臣圖形賜碑, 諡, 旌表, 鄕飮酒, 冠禮, 婚姻, 喪制, 家廟 등 모두 26항목에 대한 규정을 담고 있다. 원래 어느 나라나 집단이건 그 집단의 구성원들의 언어와 행동, 의식과 마음을 공동의 문화적 행위의 체계 속에 묶어 놓기 위해 의식을 행하는 것이다. 또 국가에서는 『주자가례』를 사대부들의 일상 의례와 冠婚喪祭의 人生儀禮의 규범으로서 준행할 것을 강요하였다. 아울러 『국조오례의』를 제정하여 전 구성원들의 의례적 규범의 틀과 구체적 방식을 정하고, 그것의 준행을 유도하였다.

이렇게 헌장적 제도에 의한 예체계의 구성과 그것에 의한 구성원들

---

29) 上同.
30) 한영우. 1999. 『왕조의 설계자 정도전』, 지식산업사, 128쪽.

의 삶의 범위와 방식을 규정하는 일, 행정력을 통해서 그것의 준수와 실천을 강제하였던 일, 또한 儀式을 제정하고 보급하고 실천과 준행을 강요하였던 일 등은 조선의 건국 이래로 불교문화의 遺制와 遺風의 영향력을 점차적으로 축소시키는 한편, 유교의 예문화체계를 생성하고 정착시키는 중요한 계기가 되었다고 할 수 있다. 이는 예제 및 의례가 인간의 마음을 전환시키는 작용을 하고 그 반대급부로서 인간은 그 예제와 의례를 삶의 규범으로서 인정하고 따르게 되는 상호의존적인 관계를 낳는다. 이 상호의존의 관계가 동태적으로 구현되면서 피드백 구조가 작용하게 되고, 그것이 여러 구성원들에 의하여 무수히 반복되고, 또 그 작용이 사회적으로 확산되면서 유교적 예제와 의례의 공고화가 진행되었던 것이다.

2) 예문화체계 정착기의 피드백 구조

두 번째 단계인 정착기에는 피드백 구조에 매우 중요한 변화가 나타난 것으로 관찰된다. 즉, 그것은 사림파의 등장이다. 이들은 훈구파들의 비행을 유교의 도의에 입각하여 탄핵하고, 왕도정치의 구현을 위해 유교이념과 예를 실천한 인물들이다. 이들의 등장은 예문화체계의 구성요소 가운데 사람이라는 요소의 변화를 가져왔다. 이들은 세조의 왕위 찬탈에 반발하여 나타난 節義派와도 연관이 있지만, 그 이전에 고려 왕조의 멸망과 조선 왕조의 건국이라는 상황에서 不事二君의 충절과 의리를 실천했던 吉再를 직접적 연원으로 하는 선비의 집단이다. 이들의 등장이 피드백 구조에 중요한 변화가 되는 이유는 다음과 같다. 먼저 이들의 특징은 유교의 義理를 자신들의 생명보다 더 귀중한 것으로 간주하고, 그것을 실현하고 지키기 위해서 殺身成仁하는 자세를 보인 사람이 많다는 점에 있다. 그리고 이들은 그러한 정신과 태도를 자발적으로 익히고 배양하는 노력을 개인적으로 그리고 집단적으로 행하였다. 그러한 배양의 근원이 된 텍스트가 곧 『주자가례』와 『소학』이었다. 개인적 차원에서 이를 잘 보여준 학자는 30대의 뒤늦은 시기에 『소학』에 의해 계발되어서 평생 小學童子를 자처할 정도로 『소학』 실천에 진지했던 金宏弼을 꼽을 수 있다.[31] 집단적 차원에서 이루어진 사례로서 앞서 언급했던 정여창 등 기묘명현으로 꼽히는 다수의 사림파 선비들이 小學契를 조직하여 『소학』을 실천했던 사실, 또 전라도 관찰사로 봉직한 金安國이 당시 소년이었던 金麟厚에게 『소학』을 주면서 사림파 선비들의 정신과 학문을 계승시킨 사실 등을 꼽을 수 있다.[32] 아울러 사림파 선비들은 鄕約을 보급, 시행하고, 『주자가례』에 맞추어 사당을 건립하고 奉祀를 행하고, 三年喪을 행하는 등 예제와 의례의 준행에 자발성을 보였다. 또 金正國이 『警民編』을 편찬하여 언해본과 더불어 간행, 보급하였던 것도 이와 유사한 사업이다.[33] 그들은 이러한 활동들로써 당시 유교의 이념과 예문화체계에 대해 부정적이거나 파괴적인 행위를 보이고 있었던 훈구파들과 맞섰던 것이고, 그로써 유교이념과 예문화체계의 유지는 물론 재생산에 크게 기여하였던 것으로 판단된다.

그렇다면 이 과정에서 발생했던 피드백 구조는 다음과 같은 것으로 추정된다. 조선 초기부터 보급되고 강조된 『주자가례』와 『소학』 교육과 실천이 유교이념의 내면화 방법과 기술을 터득하게 해 주었고, 그 결과 『주자가례』와 『소학』은 물론 유교적 예제와 의례가 사회규범으로서 지니는 구속력과 통합력은 더욱 심화되는 결과를 가져왔다고 볼 수 있다. 이는 예제와 의례 같은 물건 내지 지식 쪽에서 일어난 피드백이다. 반면에 구성원들 특히 사림파 선비들에게는 훈구파와의 대립이나 士禍에서의 被禍과정에서도 이러한 개인적 집단적 유대에 입각

---

31) 윤사순, 1982, 「寒暄堂의 선비精神」, 『韓國儒學論究』, 현암사 참조.
32) 『국역 하서전집』, 연보.
33) 유권종, 1991, 「思齋 金正國의 생애와 사상」, 『民族文化』, 한성대 민족문화연구소 참조.

한 활동들을 통해서 유교의 이념과 예제에 대한 신념과 학문이 증가하는 결과가 발생했다고 판단된다. 그것이 사림파의 도학적 이념과 의리 실천의 기풍이 후대의 학자들에게 전승되고 확산되는 결과를 가져왔다고 할 수 있다. 이는 이들의 내면에 입력되었던 유교이념과 예제, 의례 등에 관한 지식이 일련의 실천과 시련을 통해서 더욱 강화되는 陽的 피드백의 구조를 보여주는 것이다.

3) 예문화체계 토착화와 확산 단계의 피드백 구조

시스템 사고에서 피드백이란 그 이전에 발생했던 부분적 인과관계들이 종합되어 새로운 차원의 세계를 인지할 수 있도록 허용하는 작용을 의미한다. 피드백이란 구체적으로 말하면 유학자들(인간)의 여러 종류의 행위들이 당시 예제를 비롯하여 의례를 준행하게 됨으로써, 유교적 예제와 의례에 관한 지식이 확장되고 심화되며, 또 유교를 실현하는 학문적 노하우(기술)가 숙련되는 과정을 거치면서 그 결과가 다시 유학자들의 마음에 예문화체계의 진실에 대한 확신을 강화하고 그 실천능력을 고양하는 결과를 가져오는 사실을 의미한다.

토착 및 확산의 단계에서 주목할 만한 피드백 구조를 추론하자면 다음과 같다. 먼저 사화기에 비해서 이 시기에 성리학이 더 심화, 발전되었던 현상은 사림파들의 역사적 경험에 대한 공유와 그로부터 얻은 유교적 진리에 대한 확신이 강화되고 전승된 탓이라고 생각된다. 즉, 역사를 사실적 연관으로 본다면, 사림파의 행위들이 훈구파 혹은 인척들의 권세를 억제하는 힘을 발휘하였던 것을 중시하고, 그것이 역사의 방향을 전환시킬 수 있었던 현실적 작용을 하였다고 평가할 수 있을 것이다. 그러나 그것이 비록 사실이라고 하더라도, 이후의 선비들이 사림파 선비들의 도학을 내면화하고 도학을 심화, 전문화시키는 쪽으로 나아갈 수 있었던 것은 무엇보다도 사화기의 참화를 당하면서도 도의를 지킨 것에 대한 자긍심과 그것을 통해서 도의적인 사회가 실현될 수 있다는 자신감과 기대가 마음속에 굳게 작용했거나 자리 잡았던 것이 중요한 까닭이라고 추정된다. 그리고 실질적으로 역사의 전환을 가져온 동력은 그러한 마음으로부터 솟아나는 굳은 집단적 의지가 만들어내는 것이라고 생각할 수 있다. 그들은 그러한 자긍심과 자신감 및 기대를 心學, 聖學, 實學, 禮學 등의 학문을 통해서 구체화하는 방안을 모색하고 체계화하였던 것이라고 생각된다.

그리고 이 시기의 여러 성리학자들의 활동이 단지 독서와 학문연구에만 한정되지 않고, 과거를 거쳐 仕宦에 이르면 관리의 직분으로써 유교 예제와 의례를 준행하게 되고, 지방관직에 임하면 국가의 예제가 정한 임무와 사명을 수행하였던 것, 그리고 사적으로는 학생들에게 교육하는 행위를 하고, 각종 교과서와 계몽서의 저술을 하는 것, 講堂과 祠堂을 주 건물로 삼는 서원을 건립하여 講學과 尊賢 사업을 병행하였던 일,[34] 家廟를 설치하고 그에 합당한 의례를 실천하였던 일, 경학을 심화하고 예서를 편찬하였던 일, 심성에 관한 문제와 예 조목에 관한 주제로 논변을 행하는 일, 유교의 禮에 입각하여 心身修養에 진력하였던 일, 그리고 그러한 수양에 의한 자신의 경험을 공유하고자 서신을 주고받거나 그에 관한 토론을 벌였던 일[35] 등은 예문화체계의 변동과정에서 나타났던 사실적 요인들이다.

우리는 그러한 변화를 보여주는 사실들로부터 당시의 성리학자들의 내면세계에는 유교의 이상과 진리에 대한 더욱 확고한 신념이 자리 잡고 아울러 그것을 다시 그들의 학문과 저술로써 표출함으로써, 당시의 예문화의 체계를 재강화하고 재생산해 나갔던 과정을 상정하기에

---

34) 정기철. 1999. 「17세기 사림의 '묘침제' 인식과 서원 영건」, 서울대 대학원 박사학위논문. 6～51쪽.
35) 愚伏과 蒼石의 서신에서 그러한 내용이 있다. 유권종. 1996. 「愚伏의 禮學 思想」, 『愚伏鄭經世先生硏究』, 愚伏先生記念事業會 참조.

충분하다. 예를 들면, 鄭之雲과 李滉, 金麟厚 등이 각각 天命圖를 그리면서 인간의 마음을 천지의 중앙에 위치시키고 그것을 통해서 天人合一의 이상을 성취할 수 있음을 밝힌 것,[36] 이황과 이이가 성학을 체계화함으로써 聖王에 의한 이상사회를 염원하였던 것, 『儀禮』, 『禮記』 등에 입각한 古禮의 회복은 일상생활 속에서 가능하다고 여겨서 그것을 일상 의례화하려고 노력하였던 일 등은 바로 이러한 자신감의 기초 위에 이루어진 예문화체계의 재강화와 재생산의 증거로 볼 수 있는 것이다.

그뿐 아니라 사회의 전반적인 문화체계의 요소들의 변화는 명현들의 文廟從祀의 성취, 사대부들의 『주자가례』 준행의 보편화, 鄕約 鄕規 등 민간 교화의 확대 시행 및 사대부들의 향촌 지배와 지도력의 확장과 확립, 朋黨 政治의 구현, 禮에 대한 연구와 전문적 견해의 축적에 따른 지식과 정보의 확장, 사림들의 서원 건립과 사우 건립에 의한 道學風의 강화, 등등의 여러 변화된 사실들이 나타났던 것은 위에서 언급한 성리학자들의 유학자적 의식세계와 이러한 사건들 사이에

형성된 상호 피드백 과정의 무수한 반복의 결과로 나타나는 현상이라고 판단할 수 있다.

6. 마음과 예문화체계의 관계 정립

이상에서 살핀 내용들은 결국 예문화체계 내부에서 발생한 일인데, 내적 요소들 간의 피드백 과정들 가운데서도 특히 인간의 요소가 주축이 된 여타 요소들과의 상호 피드백 과정이 가장 비중이 높은 것으로

---

36) 유권종, 2002, 「天命圖 비교: 秋巒, 退溪, 河西」 『한국사상사학』 19집, 한국사상사학회.

판단된다. 이는 물론 논자의 관점이 거기에 집중되어 있는 까닭도 있지만, 논자들은 무엇보다도 인간의 마음이 萬事의 成敗를 가름하고, 萬事의 善惡을 결정한다는 성리학의 心學的 원리가 그 문화체계의 핵심적 역할을 하였기 때문에 그러한 관점이 틀리지 않는다고 판단한다.

李滉이 『戊辰六條疏』에서 "임금의 마음이 한번 경계를 태만히 하여 일락에 빠지게 되면, 법도가 곧 뒤따라 무너질 뿐 아니라 어진 이도 끝까지 맡겨 쓰지 못하고 간사한 사람을 버리지 못할 것은 필연적인 이치요 형세"[37]라고 진언한 것, 따라서 같은 疏에서 修省을 정성스럽게 하여 하늘의 사랑을 이어받아야 함을 건의한 것은 한 나라를 다스리고 지도하는 임금의 한 마음이 전체 예문화체계의 존립 여부와 긴밀한 관련이 있다는 그의 의식을 시사하는 것이다. 이는 이황뿐 아니라 그를 전후한 대부분의 성리학자들의 공통된 의식이다. 이렇게 유학자들의 공통된 의식으로부터 우리는 이들이 추구했던 문화의 체계에서 무엇보다도 인간의 마음이 가장 중요한 변수가 된다는 점을 유추할 수 있다.

그런데 이는 이들의 의식만 그러한 것이 아니다. 실은 그들이 수용하고 받아들인 성리학에서는 유교 이상의 성취 여부가 곧 인간의 마음에 달려 있다는 가르침을 펴 왔다.[38] 이러한 가르침의 내용은 여러 경전과 유학자들의 저술들과 그림들에서 무수히 발견되는 것이다. 이러한 사고의 연원을 성리학에 한정하여 구한다면, 朱熹가 주석한 『대학장구』와 『中庸章句』 등의 사고에서 설명의 단서를 찾을 수 있다. 주희는 『대학』을 章句化하면서 三綱領과 八條目의 체제를 大學의 道라고 간주했다. 즉, 明明德과 新民이 先後 本末의 관계로 인식되었고, 팔조목의 체제에서도 格物과 致知에 입각한 誠意 正心이 修身의 기초로 인식되었다. 또 『中庸章句』 序에서는 성인의 도통의 내용을

---

37) 퇴계학연구원, 1992, 『국역 퇴계전서』 3책 81쪽.
38) 장숙필, 2003, 「16세기 수양론과 경세론의 연관구조」, 『동양철학』 19집, 한국동양철학회.

允執厥中으로 표현하면서 특히 人心 道心에 대한 경계를 강조했던 사실, 未發의 中과 已發의 和를 천인합일의 방법으로 인식한 것 등이 조선의 성리학자들에게는 매우 중요한 지식이자 학술정보로서 인지되었다고 할 수 있다.

따라서 조선의 성리학자들은 조선 초부터 이러한 인지내용의 학문적 표출 사업을 활발하게 하였다. 먼저 권근은 『入學圖說』의 「大學之圖」, 「中庸首章分釋之圖」에서 이러한 인식을 표출하였을 뿐 아니라, 그 원리들을 종합하여 「天人心性合一之圖」, 「天人心性分釋之圖」 등으로 표상하고 있다. 그리고 15세기의 김굉필이 지은 寒氷戒는 그러한 원리를 자신의 심신수양을 통해서 구현할 수 있는 방법을 스스로 경계하기 위한 것이다. 또 16세기의 鄭之雲, 李滉, 金麟厚 등이 지은 天命圖들은 만사의 성패가 마음의 주재력의 확보에 달려 있음을 그림으로써 표상하는 것이었다. 때문에 그 그림들은 한결같이 마음의 주재력을 확보하는 방법, 또는 주재력이 확보된 상태에 해당하는 것을 敬이라고 간주하여 강조하였다. 敬은 이미 『대학』에서 강조되기 시작하여, 성리학에 이르러 그 원리가 치밀하게 강구되기에 이르렀던 것인데, 특히 조선시대 16세기의 성리학자들은 여러 학문적 주제들 가운데서도 이 敬의 실천과 그에 의한 도덕적 심성의 성취를 공동의 주요 관심사로 삼았던 것이다.

그런데 이 시대의 성리학의 동향에서 주목되는 것은 心學과 禮學의 병행 발전 현상이다.[39] 그리고 聖學과 實學이 강조되었던 현상도 주목해야 할 점이다. 사실 심학의 텍스트인 『심경부주』에서 제시하는 심성수양의 원리와 방법에서 예의 학습과 실천은 절대적이다. 그리고 李滉의 聖學의 체제에서는 「心學圖」, 「心統性情圖」 등에서 마음을 주재하는 원리로서 敬이 강조되고, 「敬齋箴圖」, 「夙興夜寐箴圖」에서 예의 실천을 통해서 敬을 확보하고 아울러 敬을 통해서 예 실천을 빈

_____

39) 유권종, 2003, 「退溪의 心學과 禮」, 『韓國思想史學』 21집.

틈없이 실행하는 것을 강조하고 있다. 이러한 사실은 예학과 심학의 병행 발전의 이유를 매우 적절하게 시사하고 있는 것이다. 즉, 마음의 주재력은 예절의 실천에서 이루어진다는 점, 또 역으로 인간의 마음이 주재력을 제대로 발휘될 때에 예절의 실천은 원만하게 될 수 있다는 점을 함께 시사하는 것이 바로 그의 성학의 체제이다.

우리는 이러한 체제로부터 객관적 예 규범을 내면화시키는 원리에 관한 유교적 해법의 일단을 찾을 수 있다. 인지 과학적 방식으로써 말하면 객관적 예 규범 혹은 도덕적 가치의 체계가 인간의 내면세계에 일목요연한 인지체계로 건립될 수 있어야 하고, 그렇게 되어야만 객관세계로 향하는 언행이 객관세계의 도덕적 규범 혹은 예 규범과 일치되는 결과를 얻는다는 유교적 사유도 읽을 수 있다.[40] 즉, 유학자들은 외부세계에 예 규범의 체계를 세워 놓고, 또한 그것에 상응하는 체계를 마음속에 건립하는 일을 수양의 주요 과제로 삼았던 것이라고 할 수 있다. 또 외부세계에 건립된 예 규범의 체계에 대해서도 거듭되는 禮經의 탐구와 논의를 통해서 이상시되는 고례적 체계의 부활을 지향하는 과정에서 예문의 수정이나 예목의 상세화라는 변화를 결과하기도 했지만, 이황과 같이 일상생활에서의 예절의 준행과 그로부터 확립되는 경의 상태가 성인이 되는 요건임을 밝힌 것은 주자학적 학문방식의 실천적 탐구가 가져온 중요한 결실이라고 할 수 있는 것이다.

특히 聖學을 체계화하는 16세기 중엽 이후의 상황은 조선의 예문화체계가 고조되기 시작하는 시기로 판단될 수 있는데, 이 시기에 이르러 예문화체계는 인간의 마음에 대하여 문화체계의 중추적인 변수로서의 위상을 확고하게 부여하기에 이르렀다고 할 수 있다. 그 때문에 이 시기에 이루어진 인간의 마음에 관한 논의의 내용들이 이후의 학문 탐구와 논의의 방향타가 되었던 것이고, 그러한 방향타라는 비유는 바로 조선의 선비들이 그들의 마음을 음미하고, 마음 경험을 유도하고

---

40) 유권종, 2001, 「退溪 禮學 研究의 과제와 전망」, 『退溪學報』 109집.

해명하는 잣대가 되었음을 의미한다. 마음에 대한 음미, 마음의 경험을 유도하고 해명하는 일 등이 일상생활에서 무수히 반복되면, 결국 마음의 인지적 활동들은 일정한 패턴을 형성하게 되고, 그 패턴의 조합이 일정한 마음의 활동체계를 창출하는 것이다. 곧 조선의 선비들은 마음에 관한 성리학적 논의의 방식을 지속함으로써 결국은 성리학적 원리에 입각한 자기 마음의 구성의 결과를 얻게 되는 것이다. 「천인심성합일지도」, 「천명도」 등을 통해서 보여준 성리학자들의 마음에 관한 인식은 성리학적 원리의 탐구와 그에 입각한 마음 이해, 마음 경험을 통해서 자가적으로 구성한 마음의 실제일 뿐이다. 즉, 우리는 그들이 진실이라고 표상한 마음의 구조와 원리로부터 일종의 유교적 예문화체계 속에서의 구성적 실재(constructive reality)를 관찰할 수 있는 것이다. 오늘날 한국인의 심성이 유교적 성격을 띠고 있다거나 나아가 유교문화에 의하여 구성된 것이라는 논의가 가능한 것은 현대의 생활에서 바로 이러한 실제를 접할 수 있기 때문이다.

7. 문화체계 시뮬레이션의 방법

이상의 논의에 입각하여 조선시대 예문화의 체계 속에서 구성되었다고 볼 수 있는 유교적 심성모델은 이미 「천인심성합일지도」, 「천명도」, 「心性情圖」 등을 통해서 발견할 수 있다. 이 심성모델들의 특징은 유학적 이상사회를 이루는 인간을 육성하기 위한 윤리 지향적 도덕 심성모델이라는 것이다. 퇴계와 율곡에서 정점을 이룬 조선 성리학 심성모델은 인간이 윤리적으로 성숙된 군자가 되기 위한 수양과 그에 따른 마음의 작용에 대한 매우 정교한 모델을 성리학적 우주관에 따라 설명하고 있다. 성리학적 우주관에 따르는 인간의 마음은 서양철학의 이원론적인 관점과는 달리 심신일체의 관점으로 이해된다. 이성과 감성의 분리 / 정신과 육체의 분리에 따르는 서양근대 철학의 전통은 최근 생물학, 신경두뇌학, 인류학, 시스템이론 등의 인지과학의 발전에 따라 반성되가 이루어지고 있으며, 문화사적으로도 반정초주의나 포스트모더니즘 등의 영향으로 이성주의 일변도의 서양문화에 대한 반성이 일어나고 있다. 최근에 일어나고 있는 과학적 그리고 문화적 반성은 이성에서 감성으로, 정신에서 육체로의 관심이라고 할 수 있다. 이러한 관심은 고도 산업화된 자본주의하에서 이에 따른 소외와 생태학적 위기와 무관하지 않으며 좀더 인간적이고 윤리적이며 자연친화적인 삶에 대한 희망으로 볼 수 있을 것이다. 이러한 상황에서 조선 성리학의 심성모델은 최근의 인지과학적인 관점과도 통하는 통찰로써 윤리적 이상사회를 이루기 위한 사회적인 이론으로서의 예교육과 실천적 수양의 정교한 마음이론을 제공한다.

본 연구는 다음과 같은 면에서 구성주의적 관점을 취한다. 구성주의적 관점에서 어떤 이론이나 설명체계의 가치는 연역적인 원리에 기반을 두고 진리로서 표명되는 것이 아니라 이론이나 설명의 효용성과 합치성에 있다는 것이다. 그러므로 조선 성리학의 심성이론도 그러한 효용성과 합치성이라는 측면에서 유의미한 것으로 간주되는 것이다. 그리고 현대의 인지과학적의 연구성과를 수용하고 있는 구성주의적 관점의 심신이론과 성리학의 심성이론은 일맥상통하는 점이 있다. 또한 구성주의에서는 대상을 시스템이론적 관점에서 다룬다. 시스템이론에서 시스템은 환경과 구별되는, 상호 작용하는 다수의 구성요소로 이루어져 시스템 전체의 목적, 즉 환경에의 적응(생존)을 이루는 집합을 의미한다. 그러므로 구성주의적 관점에서 인간을 포함한 생명체는 전형적인 복잡적응시스템으로 간주되며, 인간에 의하여 이루어진 사회체계도 시스템으로 연구된다. 결국 구성주의적 관점에서 볼 때 시스템의 내적 구조는 환경에 대한 시스템의 적응을 위하여 생성 내지 변화되는 것이기 때문에 마음도 시스템의 환경적응적 산물이라고 볼 수 있을 것이다. 그러므로 본 연구에서는 구성주의적 시스템이론 관점에서 조선 성리학의 심성모델과 예교육문화가 윤리적 인간의 육성과 윤리적 사회의 이상에 유효한 설명체계임을 보이려 한다. 인간에게 있어서 문화는 매우 이성적인 언어나 수학조차도 문화 기원설이 시도되고 있다.[41] 때문에 정서적인 측면이 강조되는 인간의 윤리 기능에 있어서 문화의 역할은 매우 크다고 할 수 있다.

본 연구진은 지난 두 번의 연구를 통하여 퇴계의 성리학 심성모델을 인지과학적 관점에서 재해석하여 시뮬레이션을 시도하고, 다시 율곡을 포함하는 조선 성리학의 심성모델로 통합을 시도하였다. 그러므로 본 연구는 인간의 마음모델로서 조선 성리학의 통합 심성모델을 이용하고 사회문화체계로서 예교육문화체계모델을 이용하여 조선 성리학이 윤리적 이상사회를 향한 유효한 모델임을 설명하고 시뮬레이션을 시도하였다.

본 연구의 시뮬레이션은 개인의 심성모델만을 대상으로 하여 수행되었던 시뮬레이션과는 달리 인간의 집단적인 사회현상을 대상으로 하는 사회 시뮬레이션(social simulation)에 해당된다. 사회과학에서 컴퓨터 시뮬레이션은 연구되어야 할 현상이 직접적으로 접근이 불가능하거나 직접적으로 관찰이 불가능할 때 유용하다. 또한 컴퓨터 시뮬레이션은 사회학적 이론을 명확히 하는 방법으로 이용되어 왔다.[42] 길버트가 지적하였듯이[43] 시뮬레이션의 장점은 관찰하기 어려운 사회의 동적 변화와 그 결과를 예측할 수 있도록 해 준다는 것이다.

그렇게 시뮬레이션을 하고자 할 때 중요한 것은 다음과 같다. 언어로써 서술되는 사회학 이론으로부터 시뮬레이션 모델을 만들기 위해서 모든 가정들이 명확하고 정형적으로 기술되어야만 한다. 또한 시뮬레

---

41) Michael Tomasello, 1999, *The Cultural Origins of Human Cognition*, Harvard Press.
42) Paul Davidsson, 2002, *Agent Based Social Simulation: A Computer Science View*, Journal of Artificial Societies and Social Simulation, vol.5, no.1.
43) Nigel Gilbert and Klaus G. Troitzsch, 1999, *Simulation for the Social Scientist*, Open University Press.

이션을 수행하기 위해서는 시뮬레이션 모델의 모든 매개변수(parameter)에 값이 주어져야만 한다. 가정되는 모든 것이 결코 애매할 수 없다. 이러한 측면에서 본 연구의 시뮬레이션은 인간의 마음과 사회라는 다소 애매하게 다루어지기 쉬운 인문사회학적인 주제인 조선 성리학의 심성모델과 조선 성리학의 예문화체계의 유효성을 좀더 명료하게 설명하는 데 일조할 수 있을 것으로 생각한다.

사회 시뮬레이션은 크게 고전적 시스템이론 기반을 두고 변수들과 그 사이에 가정된 관계를 방정식으로 구성하는 방법과 게임이론에 기반을 두고 상호작용하는 에이전트(agent)들의 집합으로 모델을 구성하는 방법으로 나눌 수 있다.[44) 이러한 구별은 미시(micro)와 거시(macro) 그리고 구조(structure)와 에어전시(agency)의 관점의 구별이라고 할 수 있다. 미시 시뮬레이션 기술은 개별적인 개인의 개별적인 행동을 모델링하는 것이며, 그와 대조적으로 거시 시뮬레이션 기술은 집단의 특성을 평균하여 만들어진 수학적 모델을 만들고 전체 집단에서 이러한 평균된 특성의 변화를 시뮬레이트하려는 모델링이다. 그러므로 거시 시뮬레이션에서 개별적인 개인의 집합은 다수의 변수에 의하여 나타날 수 있는 하나의 구조로 간주되는 반면, 미시 시뮬레이션에서는 구조는 개인들 사이에서 일어나는 상호작용으로부터 창발되는 것으로 본다.[45) 서로 다른 두 방법은 상대적인 장단점을 가지고 있지만, 대체로 에이전트 기반 모델링은 지역화와 분산화의 정도가 높고 이산적인 결정에 의하여 주도되는 분야에 적합하며, 방정식 기반 모델링은 중앙통제적인 모델링이 가능하고 그 동태(dynamics)가 정보처리보다는 물리적인 법칙에 의하여 주도되는 분야에 적합한 것으로 알려져 있다.

원래 에이전트란 자기 환경의 지각을 기반으로 자신의 행동을 스스

---

44) R. Hannerman and S. Patrick, 1997, "*On the Uses of Computer-Assisted Simulation Modeling in the Social Sciences*", Sociological Research Online, vol.2, no.2.
45) Paul Davidsson, 2002, "*Agent Based Social Simulation: A Computer Science View*", Journal of Artificial Societies and Social Simulation, vol.5, no.1.

로 통제하는 자체적인 프로그램을 의미하는 용어로서 인공지능의 한 분야인 분산인공지능(Distributed Artificial Intelligence)으로부터 개발된 것이다.[46] 분산인공지능은 하나의 문제를 풀기 위하여 서로 다른 전문 지식을 가진 여러 에이전트들의 상호작용과 속성을 연구하는 분야이다.[47] 사람의 경우, 에이전시의 개념은 인간 행위의 목적 추구성을 의미하는데 의도, 자유의지, 목적을 성취하는 능력 등과 관련된 개념이다. 에이전시의 개념이 컴퓨터 프로그램에 적용될 때는 에이전시의 범위는 일반적으로 다소 약해진다. 컴퓨터 에이전트는 일반적으로 자신의 행위와 내부상태를 직접적으로 제어하는 다른 존재 없이 동작하는 자율성(autonomy), 어떤 종류의 언어를 통하여 다른 에이전트와 상호작용하는 사회적 능력(social ability), 자신의 환경을 지각하고 그것에 반응하는 반응성(reactivity), 그리고 자신의 환경뿐만 아니라 주도권을 갖고 목적 지향적인 행위를 할 수 있는 대처능력(proactivity) 등의 성질을 일반적으로 가지는 것으로 간주된다. 덧붙여 대개 인간에게 적용되는 믿음, 욕망, 동기, 정서와 같은 지향성(intentionality)도 은유적으로 컴퓨터 에이전트의 성질로 부여되기도 한다.

사회 시뮬레이션에 이용되는 에이전트 프로그램은 적은 수의 에이전트가 관련되는 상대적으로 복잡한 모델링에 쓰이는 SDML[48]이 있는 반면 상대적으로 간단하지만 많은 수의 에이전트의 모델링에 쓰이는 Swarm[49]이나 Ascape[50] 등이 있다.[51]

본 연구의 시뮬레이션은 조선 성리학의 심성모델로 설명되는 개인

46) Nigel Gilbert and Klaus G. Troitzsch, 1999, *Simulation for the Social Scientist*, Open University Press.
47) N. R. Jennings, 1998, *"A Roadmap of Agent Research and Development"*, Autonomous Agents and Multi-agent Systems, vol.1, no.1, pp.7-38.
48) http://www.cpm.mmu.ac.kr/sdml
49) http://www.santafe.edu/projects/swarm
50) http://www.brook.edu/ES/dynamics/models/ascape
51) Koen Bertels and Magnus Boman, 2001, *"Agent-Based Social Simulation in Markets"*, Electronic Commerce Research, vol.1, no.1, pp.149-158.

으로 이루어진 조선사회의 예문화체계를 대상으로 하고 있다. 예문화체계는 서로 상호 작용하는 개인들로 이루어져 있고, 상호 작용하는 개인들은 자연발생적으로 성립된 가족, 친족공동체, 지역사회 등과 조선 성리학적 사회 - 정치이념에 의하여 이루어진 다양한 제도, 기관, 관습으로 이루어져 있는 사회 속에서 일상을 영위한다. 예문화체계 시뮬레이션은 이러한 일상 속에서 조선 성리학적 예문화체계가 조선 성리학의 심성모델로 설명되는, 개인의 윤리적인 마음을 형성하는 데 어떠한 작용이 가능해서 그러한 개인들의 상호작용에 의하여 다시 사회의 특성에 반영되는 과정을 살펴볼 수 있어야 한다. 그러므로 본 연구에서는 지난 연구를 통하여 설정된 조선 성리학 통합 심성모델을 예문화체계를 이루는 개인의 마음모델로 삼고, 이러한 개인들이 조선 성리학적 사회정치이념에 따라 구현된 다양한 제도, 조직, 관습하에서 상호 작용하는 관계를 묘사함으로써 예문화체계의 동태적인 모습을 시뮬레이션을 통하여 추정한다.

<그림 4>는 예문화체계 안의 개인의 마음을 묘사하기 위한 퇴계와 율곡의 심성이론을 고려한 조선 성리학 심성모델을 표현한 것이다. 비록 사단과 칠정의 발출 원리에 관한 해석에 두 학자의 견해가 차이가 있지만, 중요한 것은 예를 실천함으로써 경의 태도가 형성되고, 그것은 理에 부합하는 氣의 작용이 유형화하게 된다는 점으로 설명될 수 있다. 그러므로 논의의 쟁점이 되고 있는 사단과 칠정을 이와 기의 구별 없이 하나의 원 그림으로 표시하였다(하나의 원으로 표시한 것은 율곡의 설에 따른 것은 아니고 구별하지 않는다는 의미이다). 예의 실천이 사단의 발출을 용이하게 할 수 있다는 설명을 위해 사단과 칠정, 그리고 염려사지의탁도의 기능을 고려한 심성모델 시뮬레이션은 지난 연구를 통하여 수행하였다. 본 연구에서 심성모델은 예문화체계의 다양한 환경하에서 심성모델의 사단과 칠정의 발출 정도를 다루어야 하기 때문에 사단과 칠정의 자세한 발출과정에 관련된 요소들은 간략히 처

리할 수 있을 것이다. 사실 심성모델 시뮬레이션에 있어서 사단과 칠정과 같은 넓은 의미의 정서적 기능 외에도 이성 기능은 중요한 요소일 것이다. 그러나 조선 성리학 심성모델의 핵심적인 내용이 사단과 칠정일 뿐만 아니라 인간에게 있어서 정서의 기능은 상황 판단에 대한 종합적인 지시자 역할을 한다는 것이 두뇌신경학적으로도 밝혀지고 있다.[52] 이러한 개인의 감정 내지 정서와 사회와의 관계에 있어서 크게 볼 때 감정의 생물학적 특성을 강조하는 실증주의적 관점과 사회적인 관계를 통한 감정의 학습을 강조하는 사회구성주의적 관점이 존재한다.[53] 그러나 두려움, 화, 우울감, 만족감과 같은 일차적 감정은 진화생물학적이고 문화 보편성에 따르는 것으로 보이며, 죄책감, 자부심, 수치심 등의 이차적 감정은 사회적 구성으로 접근 가능하다. 본 연구의 시뮬레이션에서는 2가지 모두 고려되어야 할 것으로 생각된다.

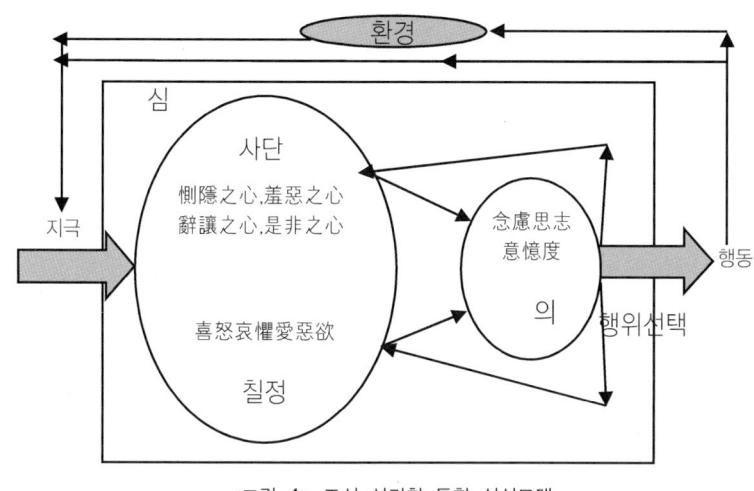

<그림 4> 조선 성리학 통합 심성모델

본 연구의 시뮬레이션에서 가장 핵심적인 내용은 조선 성리학 심성

52) 안토니오 다마지오, 1999, 『데카르트의 오류』, 김린(역), 중앙문화사.
53) 이성식, 전신현(편역), 1995, 『감정사회학』, 한울아카데미.

모델의 설명에 따라 예에 따르는 바른 행동의 반복을 통하여 칠정이 적절히 통제되고 사단의 발출이 용이하게 되는데 조선 성리학에 의해 이루어진 정치사회 제도와 관습에 의한 조선시대의 일상은 고도로 산업화된 자본주의 사회에 비하여 예에 따르는 바른 행동을 유도하는 생활, 교육, 관습, 사회 분위기가 강하였기 때문에 상대적으로 윤리적인 심성상태였다는 것을 추정하는 것이다. 그러므로 시뮬레이션은 조선시대의 예문화체계에서 예를 기반으로 하는 제도, 조직, 관습 속의 개인의 일상을 묘사하는 것이 중요하다. 급진적 구성주의 사회학자인 루만의 사회 시스템이론에 따르면 사회 시스템을 이루는 것은 사회를 이루는 개인이 아니라 개인들 사이에 행해지는 커뮤니케이션으로 간주한다.[54] 여기서 커뮤니케이션은 좁은 의미의 메시지 전달만을 의미하는 것은 아니고 직·간접적인 관계를 뜻한다. 이러한 커뮤니케이션은 한 개인에게 사건(event)이라는 형태로 경험된다. 그러므로 예문화체계 내의 개인들은 제도나 관습, 일상들을 사건을 통해서 경험하는 것으로 묘사할 수 있다. 때문에 본 연구의 예문화체계 시뮬레이션의 모든 상호작용은 사건의 경험으로 시뮬레이션할 것이다.

예문화체계 시뮬레이션에서 개인의 심성모델에 영향을 줄 수 있는 것은 많이 나열할 수 있을 것이다. 그러나 본 연구에서는 조선 성리학적 정치문화적 제도와 관습 중에서도 윤리적 정서에 영향을 미칠 수 있는 중요한 몇 가지를 중심으로 사건 모델링하여 그 동태적인 관계와 추이를 파악할 수 있도록 하는 데 주안점을 두었다. 개인에게 일어나는 중요한 경험들을 사건화하는 데 있어서 사단의 발출의 정도를 강화하는 사건과 약화하는 사건으로 분류하여 볼 수 있다. 조선시대의 대가족 제도하에서 어른에게 아침인사를 드려야 되는 일상은 예를 통한 사단의 발출 정도를 강화할 수 있는 경험이 된다. 집안에서 가친에게 소학 등의 교육을 받는 거나 서당이나 향교에서 교육을 정기적으

---

54) 발터 리제, 2001, 『니클라스 루만의 사회사상』, 이남복(역), 백의.

로 받는 것도 긍정적인 경험이 될 것이다. 그리고 두레나 향약을 통하여 단체활동을 하는 것도 긍정적 경험이 된다. 집안의 사당에 참례하거나 관혼상제의 빈번한 경험도 긍정적인 경험이 될 것이다. 마을에서 효자나 효부에게 내려지는 포상 등의 사건은 긍정적이다. 그러나 정당하지 못한 행위를 통하여 자신이나 다른 사람이 이익을 취하는 사건에 대한 경험은 올바른 마음자세를 가지는 데 부정적이다. 반인륜적 사건이나 부당한 행위에 대한 응당한 처벌이 따르지 못하는 사건에 대한 경험 또한 부정적일 수밖에 없다. 자신의 정당한 행위가 부당하게 오해받고 비난받는 경험은 부정적이다. 사대부를 비롯한 지도층이나 기득권층의 부당한 관행이나 사회적 모순을 시정치 못하는 무기력에 대한 경험은 부정적이다. 시뮬레이션하에서 개인의 긍정적이거나 부정적 경험은 일정한 기간을 두고 적절히 배치되어야 하며 어느 정도 당시 상황을 추정하여 이루어져야 한다.

긍정적이거나 부정적인 경험은 개인의 기질적인 태생이나 살아온 이력에 따라 그 정도가 다를 수 있을 뿐만 아니라 심지어는 서로 반대의 효과를 나타낼 수도 있지만 시뮬레이션에서는 극단적인 경우를 배제할 수 있을 것이다. 시뮬레이션에서는 집단의 개인에 따라 반응의 정도를 적절히 분포시킬 수 있다. 이렇게 개인의 경험상에 사건이 결정되면 사건의 결과는 누적되고 이 개인의 심성모델에서도 상반된 두 가지 힘이 존재하게 된다. 사회 시뮬레이션에서 중요한 것은 이렇게 개인적으로 경험된 사건은 주변의 사람들에게 전달되어 상호작용을 하는 것이다. 이러한 상호작용은 개인에 따라 가족이나 사회적 모임의 다른 사람 등으로 일정한 범위를 정하여 파급시킬 수 있다. 이러한 상호작용이 퍼져 나가서 그 파급의 정도가 일정수준을 넘어서면 전반적인 사회의 특성을 형성시킨다.

이와 같은 시뮬레이션 방법으로 예문화체계하에 있는 조선시대의 가상적인 중소 규모의 마을을 대상으로 하여 예문화체계가 조선 성리학의 심성모델로 설명되는 개인들의 집단이 어떻게 윤리화되는지 그 과정을 추적하는 것이다.

8. 예문화체계 시뮬레이션의 구현

본 연구에서는 전술한 개개인의 심성모델과 이들의 집단으로 이루어 지는 컴퓨터 시뮬레이션을 만들기 위하여 규칙기반(rule – based)의 인공 지능 프로그래밍 도구인 CLIPS(C – Language Integrated Production System)[55])를 사용하였다. 규칙기반 인공지능 프로그램은 사실들(facts)과 규칙들(rules)에 의하여 이루어지고, 사실들에 규칙들이 적용되면서 새 로운 사실들이 생기고 이에 다시 규칙들이 적용되는 방식으로 수행된 다. 모든 프로그램(시스템)은 입력과 출력을 가지게 되는데 입력은 사 용자에 의한 새로운 사실의 추가로, 출력은 프로그램이 사용자에게 보 여주는 사실들로 처리되며, 처리과정은 어떤 사실들에 어떤 규칙들이 적용되는지를 살펴봄으로 알 수 있다. 심성모델 시뮬레이션 프로그램을 수행할 때 사용자는 상황과 내부상태에 해당되는 사실들을 입력하고 한 단계씩 규칙들의 적용을 지정할 수 있다. 지난 연구의 시뮬레이션 에 사용되었던 JESS와 다른 점은 CLIPS가 C언어로 만들어져 있기 때 문에 처리속도가 빠를 뿐만 아니라, 객체지향 모델링을 지원하기 때문 에 시뮬레이션의 에이전트를 모델링하기에 적합한 구조를 가지고 있 다. 또한 전형적인 사회 시뮬레이션에서 사용되는 SWARM이나 Ascape 를 사용하지 않는 이유는 이러한 시뮬레이션 도구들은 지식처리를 위 한 지식표현 처리기제를 가지고 있지 않기 때문에 개인과 사회의 다양 한 상황의 조건처리에는 미흡한 것으로 판단되었기 때문이다.

---

55) CLIPS, 2003, http://www.ghg.net/clips/CLIPS.html

CLIPS로 심성모델들로 이루어진 예문화체계를 시뮬레이션을 하기 위해서는 몇 개의 부분으로 나누어 프로그램하는 전략이 필요하다. 구성요소 정의부분과 시나리오 정의부분으로 이루어진다. 먼저 예문화체계의 구성요소가 되는 조선 성리학 심성모델로 모델링되는 개인들이 정의되어야 한다. 이 개인들은 시뮬레이션이 진행됨에 따라 자신만의 상태를 저장할 수 있는 다수의 변수들을 가져야 하며 이 변수들은 특정한 시작 값들을 가질 수 있으며, 자신이 속한 가족이나 단체 등을 표시할 수 있는 관계표현이 필요하다. 그리고 각 개인은 자신에게 일어난 사건이나 자신에게 보내진 메시지를 처리하기 위한 규칙들을 가지고 있으며, 이 규칙들은 다른 개인에게 메시지를 보내거나 사건을 발생시키고, 자신의 상태를 변경하는 데 사용된다. 그리고 외부의 사건이나 메시지 없이 내부조건이나 일정한 시간에 스스로 작동되는 규칙을 가질 수 있다. 시나리오 정의부는 일정한 기간 동안 정해진 시기에 특정한 사건이나 메시지를 정의하여 실제적으로 순차적으로 시뮬레이션이 일어나게 하고 시뮬레이션에 필요한 환경을 정의한다. 시뮬레이션 제어기는 이렇게 정의된 구성요소와 시나리오를 이용하여 시나리오의 개별 사건이나 메시지를 구성요소에 적용하고, 구성요소들에 의하여 생성되는 사건이나 메시지를 발생시킴으로써 시뮬레이션을 진행시킨다.

CLIPS에 의하여 만들어지는 간단한 예를 살펴보면 먼저 구성요소인 개인을 정의하는 경우 'ELEMENT의 부분집합인 HUMAN을 정의하되 기본 값이 0인 상태 sadan, 기본 값이 0인 상태 chiljung, 그리고 기본 값이 0인 상태 age를 가진다.'라는 것은 다음과 같이 정의된다.

```
(defclass HUMAN (is - a ELEMENT)
_____(slot sadan (default 0))
_____(slot chiljung (default 0))
_____(slot age (default 0)))
```

구성요소가 정의되면 구성요소 집합에 속하는 특정인물은 다음과 같이 정의된다. 그 의미는 'human 집합에 속하는 특정인물을 생성하라.'이다.

```
(make - instance of HUMAN (age 5))
```

개인의 반응규칙으로서 '10세 이하의 사람(어린이)이 소학을 배우면 그 사람의 sadan의 값을 1 증가하라.'라는 규칙은 다음과 같이 정의된다.

```
(defrule sohak - rule
____?human 「 - (object (is - a HUMAN)(age ?age))
____(test (「?age 10))
____?event 「 - (object (is - a EVENT)(name "sohak"))
____=」
____(send ?human put - sadan ( + (get ?x get - sadan) 1))
____(retract ?event))
```

시나리오 발생을 위해서 사건을 정의해야 하는데 사건은 다음과 같이 정의되고

```
(defclass EVENT (is - a element)
____(slot name))
```

사건 중에 하나인 소학을 배우는 일(사건)은 다음과 같이 만들어진다.

```
(make - instance of EVENT (name "sohak"))
```

위와 같은 소학을 배우는 사건이 시나리오 정의부에 한 번 등장하면 10세 이하의 모든 사람(어린이)에게 사단의 발출에 긍정적인 사건

으로 작용하여 그 값이 증가된다. 이 소학을 배우는 사건은 필요한 횟수만큼 시나리오에 추가함으로써 가상적으로 소학에 의한 효과를 시뮬레이션에 반영할 수 있다. 이 소학을 배우는 경험을 좀더 복잡하게 전체 어린이의 일정한 비율에만 그 효과를 반영하거나 어린이의 상태에 따라 0부터 1 사이의 값을 반영할 수 도 있다. 이러한 방법으로 추정되는 조선시대의 가상적인 예문화체계를 구성하여 시뮬레이션을 수행함으로써 집단 전체의 사단의 발출 정도의 평균값 또는 특정집단, 가령 어린이들만의 칠정의 발출 정도의 평균값으로 집단의 동태적 변화를 추적할 수 있다.

9. 결 론

본 연구는 조선시대의 예교육에 의하여 구성되는 인간의 마음을 정형화하는 것을 목적으로 삼고, 그것을 위하여 조선시대 전반기에 예문화체계의 형성과 정착 및 확산의 과정을 동태적 사고, 사실적 사고, 피드백 사고 등 일종의 시스템 분석의 방법을 원용하였으며, 조선시대의 예교육에 의한 도덕 심성 구성의 과정을 추론하기 위하여 하나의 마을에서의 개인들의 예 실천에 관한 삶과 변화를 시뮬레이션하는 원리와 구체적 방법을 논하였다. 그리고 이 시뮬레이션의 원리는 근본적 구성주의의 관점과 시스템이론에 기반을 두었다.

이 시뮬레이션을 하기에 앞서서 조선시대의 예문화체계의 형성 및 그것과 상호관계를 통해서 형성된 사회구성원들의 마음의 구성에 관해서 기존의 연구자료와 학계에서 널리 통용되는 지식들을 활용하여 추론을 하였다. 이 추론은 특히 시스템 사고에 입각한 피드백 구조를 추정하는 데 초점을 맞춘 것이다. 그런데 앞으로 더 많은 사실연구를 참조하여 실제적 내용을 보완한다면, 더 충실하고도 사실에 가까운 시뮬레이션을 행할 수 있을 것이다. 그렇지만 현재로서는 이러한 피드백 구조에 대한 탐색을 한 것 자체에 중요한 의의가 있다고 할 수 있다.

이 결과는 앞으로 조선 성리학에서 논의된 심성에 관한 제 이론을 종합하여 조선 성리학 도덕 심성모델을 구성하는 기초자료로 활용할 예정이다. 아울러 이 연구결과는 마음 관련 제 연구 분야에서 한국인의 도덕 심성에 관한 토론, 문화에 의한 마음의 구성에 관한 이론을 구성할 수 있는 관점과 자료로 활용이 가능할 것이다. 아울러 논의된 마음의 모델은 조선 성리학의 심학이 구성해 온 구성적 실재로서 한국철학의 독특한 진리체계로서 인정될 수 있을 것이다.

참고문헌

『韓國文集叢刊』, 『退溪全書』, 『栗谷全書』, 『心經附註』, 『小學』, 『朱子家禮』

김재권 지음, 하종호, 김선희 옮김, 1999, 『심리철학』, 철학과 현실사.
유권종, 2001, 「퇴계예학 연구의 과제와 전망」, 퇴계학보 109집, 퇴계학연구원.
유권종, 2001, 「禮治에 관한 퇴계의 사고」, 퇴계학보 110집, 퇴계학연구원.
유권종 2002, 「천명도 비교: 추만, 하서, 퇴계」, 『한국사상사학』 제19집.
유권종, 박충식, 2002, 「도덕 심성모델의 새로운 시도」, Journal of Korean
    Studies No.2, Central Asian Association for Korean Studies.
유권종, 박충식, 2002 「성리학 심성모델과 서구 심리모델의 비교」, Journal
    of Korean Studies No.3, Central Asian Association for Korean Studies.
유권종, 박충식, 장숙필, 2002, 「인지과학 시뮬레이션을 위한 유교 예교육
    심성모델의 구성(1)」, 민족문화연구 37집, 고려대 민족문화연구원.
유권종, 2003, 「退溪의 心學과 禮」, 『韓國思想史學』 21집, 韓國思想史學會.
유권종, 2003, 「퇴계의 예교육과 인격형성의 원리」, 『유교사상연구』 18집,
    한국유교학회.
최상진, 2000, 『한국인 심리학』, 중앙대학교 출판부.
최상진 외, 1999, 『동양심리학』, 지식산업사.
스티븐 미슨 지음, 윤소영 옮김, 2001, 『마음의 역사』, 영림카디널.
그라저스펠트(저), 김판수 외 6명(역), 1999, 『급진적 구성주의』, 원미사.
바레라, 톰슨, 로쉬(저), 석봉래(역), 1997, 『인지과학의 철학적 이해』, 옥토.
조르쥬 비노 지음, 김언자 / 임기대 / 박동열 옮김, 2002, 『인지과학입문』,
    도서출판 만남.
슈미트, 하우프트마이어(저), 차봉희(역), 『구성주의 문예학』, 민음사, 1995.
슈미트(저), 박여성(역), 『구성주의』, 까치, 1995.
M. 존슨 지음, 노양진 옮김, 2000, 『마음 속의 몸: 의미상상력이성의 신체
    적 근거』, 철학과 현실사.
스티븐 프리스트 / 박찬수 외 옮김, 1995, 『마음의 이론』, 고려원.

한국역사연구회 조선시기 사회사 연구반, 2000, 『조선은 지방을 어떻게 지배했는가』, 민음사.

김도훈, 문태훈, 김동환, 1999, 『시스템 다이내믹스』, 대영.

김동환, 2000, 『김대중 대통령의 시스템 사고』, 집문당.

정기철, 1999, 「17세기 사림의 '묘침제'인식과 서원 영건」, 서울대 박사학위논문.

이상은, 2000, 『퇴계의 생애와 학문』, 예문서원.

장숙필, 1992, 『栗谷 李珥의 聖學 硏究』, 고려대 민족문화연구원.

미조구찌 유조 외 지음, 동국대동양사연구실 옮김, 2001, 『중국의 예치시스템』, 청계.

李樹健, 1998, 『嶺南學派의 形成과 展開』, 一潮閣.

윤국일 지음, 『국역 경국대전 연구』.

정두희, 2000, 『조광조』, 아카넷.

금장태, 1998, 『퇴계의 삶과 철학』, 서울대 출판부.

Thomas Slunecko(ed.), 1997, *The Movement of Constructive Realism*, Wilhelm Braumuller.

Rita Carter, 1998, *Mapping the Mind*, Weidenfeld & Nicolson.

F. Varela, 1999, *Ethical Know-how*, Stanford Univ. Press.

Lakoff, Goerge and Johnson, Mark, 1980, *Metaphors We Live By*.

Lakoff, George and Johnson, Mark, 1999, *Philosophy in the Flesh*: *The Embodied Mind and Its Challenge to Western Thought*, Basic Books.

Richard E. Nisbett, 2003, *The Geography of Thought*: *How Asians and Westerners Think Differently ······and Why*, The Free Press.

Michael Tomasello, 1999, *The Cultural Origins of Human Cognition*, Harvard Press.

이성식, 전신현(편역), 1995, 『감정사회학』, 한울아카데미.

발터 리제, 2001, 『니클라스 루만의 사회사상』, 이남복(역), 백의.

안토니오 다마지오, 1999, 『데카르트의 오류』, 김린(역), 중앙문화사.

R. Hannerman and S. Patrick, 1997, *On the Uses of Computer-Assisted Simulation Modeling in the Social Sciences*, Sociological Research Online, vol.2, no.2.

Paul Davidsson, 2002, *Agent Based Social Simulation*: *A Computer Science View*, Journal of Artificial Societies and Social Simulation, vol.5, no.1.

N. R. Jennings, 1998, *A Roadmap of Agent Research and Development*, Autonomous Agents and Multi-agent Systems, vol.1, no.1, pp.7-38.

Nigel Gilbert and Klaus G. Troitzsch, 1999, *Simulation for the Social Scientist*, Open University Press.

Koen Bertels and Magnus Boman, 2001, *Agent-Based Social Simulation in Markets*, Electronic Commerce Research, vol.1, no.1, pp.149-158.

N. Gilbert, 1994, *Computer simulation of social processes*, Social Reseach Update, Issue 6, Department of Sociology, University of Surry, England.

CLIPS, 2003, http://www.ghg.net/clips/CLIPS.html

3부

유교적 마음모델과 예교육 프로그램

性理學的 心性모델 시뮬레이션을 이용한 유교 禮교육방법의 효용성 분석*

유권종, 강혜원, 박충식

1. 서 론

조선시대에는 禮교육을 통하여 인격을 형성하는 교육전통이 어느 시대보다 확고하게 정립되었다. 예교육으로써 인격을 형성한다는 것은 예교육이 心身 양면에 중요한 변화를 가져온다는 의미이다. 성리학자들은 일찍부터 그 점에 주목하여 禮를 학습하거나 실천하는 修身에 노력하면서 그 변화의 원리를 理氣論과 心性論 등으로써 탐구하고 해명하였다.(윤사순, 1997.) 그 이론적 탐구의 결과 그들은 心의 구조와 작용을 圖解하여 인격형성의 원리를 알기 쉽게 표명하고자 하였다. 오늘날 인지과학의 관점에서 본다면 그 圖解들은 대단히 귀중한 심성모델들이다. 그리고 그 이론과 심성모델에 기초한 조선시대 유교의 예교육 전통은 도덕교육에 관해 축적된 우수한 노하우로서 현대인의 도덕교육에도 매우 절실한 지혜를 시사하는 바가 작지 않은 것이다.

* 『동양철학』 16, 한국동양철학회, 2002. 2

현대에도 초·중등 교육과정에서 예교육을 시행하고 있지만, 그것의 효용이나 우수성을 입증하는 학문적 탐구는 이루어지지 못하고 있다. 따라서 그것이 과연 진정한 효과를 거두는 것인가에 관한 확신도 부족하고, 그 진정한 효과를 얻기 위해서 취하여야 하는 방법에 관한 학문적 논의도 매우 미약한 상태이다. 또 현대에 들어와 시행되고 있는 기존의 도덕교육은 아동의 인지발달, 도덕적 추론능력의 배양에 목표를 두었는데, 실제로 그로 인해 도덕성이 증가하는가 하는 점은 의문스럽다.

그것을 대체할 수 있는 방안으로 찾게 된 것은 유교의 禮에 바탕을 둔 修身교육이다. 이것도 역시 평가가 엇갈린다. 그러나 우리는 그것의 긍정적 기능과 보편적 가치에 주목한다.(유권종, 1993, 예의식의 현대화.) 그리고 禮교육의 효과에 대한 긍정적 담론은 많았어도 그 실천과 보편화의 계기를 만들기가 어려웠던 것이 연구의 계기가 되었다. 한국철학, 인공지능, 교육학 세 분야의 전공자들로써 구성된 본 연구진은 전통적 유교 예교육방법이 도덕적 인격 양성의 교육방법으로서 지닌 효용과 그 원리를 밝히기 위하여 학제 간 연구를 진행하였다.

본 연구가 전통적 유교 예교육의 효용을 분석하기 위하여 취한 방법은 다음과 같다. 즉, 성리학자 退溪(李滉, 1501~1570)의 心性論과 圖解를 근거로 삼아 인공지능의 이론과 관점에 의하여 현대화된 도덕 심성모델을 만들었다. 그 모델에 입각하여 예교육 효용이 발생하는 心의 원리와 작용을 설명할 수 있는 시뮬레이션 프로그램을 개발하고, 유치원 아동들을 대상으로 실시한 예교육 결과의 경험적 자료를 기초로 예교육 시뮬레이션을 하였다.

예교육 시뮬레이션으로써 보이고자 하는 것은 예에 의한 인격변화의 내면적 구조, 즉 성리학 심성모델의 체계와 역학 구조의 타당성이고, 또 단기간의 관찰자료로써 장기간 교육을 할 경우의 예상되는 결과의 추출이다. 그러나 후자에 관해서는 아직까지 충분한 경험적 자료의 축적이 미흡한 상황이고, 그것을 반영할 수 있는 인공지능 시뮬레이션 프로그램의 완성은 보다 많은 연구 기간이 필요하다는 점 때문에 장기 과제로 남겨 놓은 상태이다.

유치원 예교육과 인공지능 시뮬레이션을 병행하는 이유는 다음과 같다. 실제 교육의 자료를 확보하는 것은 예교육의 효용이 크다는 것을 입증하기 위한 것이지만, 그것이 구체적으로 어떠한 원리와 과정을 거쳐서 인격변화를 가져오는가 하는 점은 인공지능 시뮬레이션으로 설명하는 것이 용이하고 효과적이기 때문이다.

본론에서는 지난 1년여 동안 행한 학제 간 연구의 결과를 보고한다. 참고로 이 연구를 진행하는 과정에서 연구진은 이와 관련된 부수적 연구성과를 거두었으며(유권종·박충식, 2000, 유권종, 2001), 그것이 이 연구결과 보고서를 작성하는 데에 기초자료로 활용된다는 점도 아울러 밝힌다.

2. 퇴계 성리학 연구의 새로운 방향

1) 퇴계 성리학과 도덕 심성모델

도덕 심성모델이란 인간의 도덕적 행위를 이루는 몸과 마음의 요소들의 구조 및 그 상호관계를 정형화한 것이다. 그것을 시도하는 이유는 개인의 도덕성 양성과 인격발달의 적절한 원리와 방법을 모색하려는 목적 때문이다. 즉, 오늘날 철학은 물론 심리학, 교육학, 인지과학 등의 깊은 관심사로서 논의의 대상인 인지발달, 도덕적 인격형성 등의 원리와 방법에 대한 탐구는 심성모델의 정립과 불가분의 관련이 있는 것이다.(유권종·박충식, 2000.)

우리는 급진적 구성주의의 관점에서 퇴계 성리학이 새로운 도덕적 심성모델을 제공할 수 있으며, 인공지능은 이러한 작업을 더욱 명료하게 할 수 있을 것으로 기대한다.(그라저스펠트 1999.) 급진적 구성주의의 사고는 기본적으로 마음은 만들어지는 것이라고 생각한다. 이렇게 단순한 급진적 구성주의의 발단은 우리의 도덕적 마음도 만들어지는 어떤 것일 뿐만 아니라 도덕적 마음을 연구하는 우리의 마음도 만들어진 어떤 것임을 필연적으로 요구하게 될 것이다. 그러므로 우리의 도덕적 심성모델에 대한 논의는 인식, 존재, 진리, 자아, 가치, 행동 등에 대한 전통적인 개념과는 다소 다른 맥락에서 이루어질 것으로 생각된다.(유권종 · 박충식, 2000.)

급진적 구성주의의 관점을 필요로 하는 이유는 기존의 연구와는 다른 관점에서 퇴계의 심성론을 고찰하고, 그것의 도덕 심성모델을 정형화하기 위함이다. 기존의 연구는 조선시대 성리학의 심성론은 주자학적 관점과 이론에서 정형화된 객관적 틀이 있다고 생각하고, 그것에 대한 해석에서 퇴계의 심성론이 얼마나 객관성과 타당성을 얻었는가를 연구하여 왔다. 그러나 급진적 구성주의의 관점에 의하면 퇴계의 심성론과 圖解에서 보이는 심의 구조와 요소들의 관계는 퇴계 자신의 심성수양과 그것의 관찰과정에서 선택되었거나 그 타당성을 인정받아서 결정되고 구성된 것이다. 따라서 퇴계 심성론의 기본개념과 이론들은 기존의 주자학으로부터 가져온 것이라고 하더라도, 그의 「天命圖」와 『聖學十圖』의 「심통성정도」 등에 표상되고 이론화된 心의 구조와 그 力學的 체계는 퇴계 자신의 구성물이라고 하는 것이 틀리지 않다. 그러한 의미에서 우리는 퇴계의 심성론에서 다양한 요소들로 구성되는 心의 구조와 체계를 퇴계에 의해서 구성된 도덕 심성모델이라고 부를 수 있게 된다.

序에서 밝혔듯이 우리가 퇴계 성리학의 심성모델에 관심을 갖는 것은 실효 있는 도덕교육의 방향을 모색하기 위함이다. 퇴계의 심성모델은 내면적 心의 작동과정에 있어서 그 도덕적 동기의 부여로부터 도덕적 행위 실천까지 귀결되는 일련의 입력과 출력과정에 禮가 불가결한 요소이다. 따라서 이는 도덕적 인격의 양성에 있어서 무엇보다도 禮의 반복학습과 실천에 의하여 체화된 마음을 얻고자 하는 교육방법에 속하는 것이 퇴계의 심성모델임을 보여준다.(유권종, 2001.)

현대의 인지과학이나 교육학, 인공지능 등이 도덕교육을 위해 연구해 오고 있는 것은 주로 도덕적 추론능력과 관련된 인지의 발달과 성립에 관한 것이다. 그러나 퇴계 성리학의 심성모델에 기초한 본 연구는 도덕적 추론능력보다는 도덕(禮)으로 체화되는 마음(embodied mind with morality)에 초점을 맞춘다. 이와 더불어 퇴계 성리학의 개념으로 정의된 心의 작용과 구조 및 각 하위 요소들의 역할이 禮를 학습하고 실천하는 것과 구체적으로 어떠한 연관이 있는가 하는 점에 대한 보다 실제적인 이해에 도달하는 것을 목표한다.

나아가 禮교육(수신)의 효과에 대한 실제 경험적 데이터를 추출하여 예교육 효용성에 관한 담론의 자료를 제공할 시뮬레이션의 이론적 기초를 마련하는 것을 목표로 한다. 그러므로 본 연구에서 퇴계 성리학 심성모델을 중시하는 이유는, 성리학적 수양론을 하나의 전통적 모델로 간주하고 그것을 구성주의와 인공지능의 방법으로 재조명, 보완 등의 작업을 하게 되면 그 실제적 응용의 가능성이 적지 않다는 점 때문이다.

2) 퇴계 성리학 예교육의 교육학적 특징

퇴계 성리학의 심성모델에 입각하여 중시되는 예교육은 교육학의 관점에서 볼 때 어떠한 특징을 지니는가? 우리나라 도덕교육에서 유교 예교육과 관련된 연구들은 주로 전통적 유교교육의 현대적 의의를 논한 이론적 고찰들이며, 유교 예교육의 효과를 실증적으로 입증한 연구는 거의 없다. 대신 교육현장에서 행해진 대부분의 경험적 연구들은 서구심리학에서의 도덕성 이론들과 관련되어 있다.

인간을 외적 환경에 수동적으로 대응하는 존재로 보는 행동주의적 관점에서는 도덕적 행위를 인간 외부에 이미 존재하는 전통, 관습, 가치, 행위규범을 습관화하여 충실히 실천해 나가는 것으로 본다. 이러한 도덕행동은 반복, 강화, 관찰 및 모델링 등을 통해 변화될 수 있다. 그러나 행동주의 관점은 사고과정을 인정하지 않는 까닭에 心에 대한 구체적인 모델이 성립되지 않는다.

인지발달적 관점은 도덕성을 인지발달의 한 측면으로 보아 도덕적 추론능력의 발달에 중점을 둔다. 이 입장에서 볼 때 도덕성은 인간이 환경에 대한 능동적, 역동적 상호과정을 통해 자율적으로 구성함으로써 발달되는데, 이때 구성작용의 핵심은 합리적 추론을 통한 도덕적 사고이다. 피아제, 콜버그를 중심으로 한 인지적 도덕발달 단계이론은 1960년대 이후 교육현장에 영향을 미쳐 왔고, 도덕적 추론의 단계를 상승시키기 위해 가설적 딜레마를 중심으로 하는 토론방식이 활용되었다. 이러한 경향은 우리나라의 도덕교육에도 영향을 주었고, 도덕적 갈등상황에 대한 토론방법을 사용하여 도덕적 사고를 촉진할 수 있다는 연구결과들이 보고되고 있다.(구현서, 1998, 정재순, 1997, 한강희, 1999.) 그러나 이 입장은 도덕적 추론능력의 발달에만 초점을 두고, 추론적 사고의 행동화 내지 도덕(禮)의 체화에는 관심을 두지 않는다. 즉, 가치의 인식과 내면화가 되면 행동으로 실행될 것이라고 전제하지만, 실제로 어느 정도 행동의 변화가 이루어졌는가는 측정하지 않는다.

최근 행동주의와 인지이론을 절충하려는 시도들이 있다. 행동주의에 인지적 측면을 포함시킨 사회인지이론에서는 도덕적 행동의 변화에 관심을 두었다. 반두라(1991a, b)는 도덕적 행동과 관련된 자기 조절에서 내면화된 자기 제재를 사용하여 예기적으로 자기 조절을 해 나가는 과정을 제안하였는데, 자기 행동 관찰 → 행동의 판단과정 → 행동의 자기 반응에 이르기까지의 과정과 각 단계에서 내적 통제가 도덕적 행위를 선별적으로 활성화하거나 철회하는 기제를 제안했다는 점에서 유교의 도덕적 심성모델 구상에 도움을 줄 수 있다.

이상에서 서구심리학에 근거한 도덕 관련 연구들을 살펴보았는데, 이들과 퇴계 성리학 예교육 원리를 비교해 보면 다음과 같은 점에서 차이가 있다. 행동주의적 관점은 인간의 心에 대한 성찰이 결여되어 있기 때문에 인간의 도덕발달에 관련된 내면세계의 구조와 작용체계에 대해서는 어떠한 정보도 주지 못한다. 때문에 퇴계의 심성모델의 관점에서 본다면, 인간의 도덕적 인격형성에 관한 구체적 해명을 하기에 부적절한 이론이다.

인지발달적 관점과 퇴계 성리학 예교육의 공통점은 도덕성이 인간이 환경에 대한 능동적, 역동적 상호과정을 통해 자율적으로 구성함으로써 발달된다고 보는 데 있다. 그러나 도덕성의 핵심을 합리적 추론을 통한 도덕적 사고능력으로 보는 인지발달의 관점은 퇴계의 관점과 커다란 차이가 있다. 퇴계의 예교육은 합리적 추론을 포함해서 性情의 기제 및 心身관계의 力學에 의해서 禮를 체화하는 마음이 형성된다는 관점이기 때문이다.

근래에 한덕웅(1994)은 퇴계의 心學을 심적 자기 조절을 통한 도덕적 사고 및 행동의 변화를 추구하는 이론으로 간주하고, 그것을 서구심리학의 이론들과 비교하였다. 그러나 한덕웅의 연구는 서구심리학의 모델에 맞추어서 퇴계 심학을 설명하려고 하는 태도이고, 퇴계 심학이 지니는 심성론의 독자성에 대한 발견과 해명에는 접근하지 못한 것으로 파악된다. 이에 예교육을 근거로 하여 이루어지는 퇴계의 성리학 심성모델의 특성을 더 구체적으로 설명하기 위하여 본 연구는 인공지능을 중요한 이론적 방법으로 삼았다.

3) 퇴계 성리학 심성모델에서의 인공지능 연구의 역할

인공지능은 사람처럼 지능적인 기계를 만드는 것뿐만 아니라 인간의 지능적인 행위를 구현할 수 있는 대상으로 분석하는 이론적인 컴퓨터 / 정보과학의 한 분야이다. 인공지능은 이러한 연구목표를 가지고 있기 때문에 컴퓨터, 철학, 언어학, 심리학, 생물학, 신경과학, 사회학 등과 같은 여러 학제에 걸친 연구에 깊은 관련을 가지고 있다. 인공지능 개발 초기, 사이먼, 알랜 뉴엘, 맥카시와 같은 인공지능 학자들은 기호주의 또는 표상주의라고 할 만한 방법을 사용하였다. 즉, 사물이나 개념에 대한 표상을 기계가 처리함으로써 지능적인 기계를 만들 수 있을 것으로 생각하였다. 그러나 기호적 인공지능이 큰 성과를 내지 못한 채 맥클러치, 헵, 류멜하트, 세즈노프스키 등과 같은 학자에 의하여 연결주의(신경망)적 접근이 대두되었다. 심리학자들은 이러한 인공지능의 발달에 힘입어 지능적인 인지과정의 모델을 고안하고 이러한 모델을 인공지능의 기술을 이용하여 시뮬레이션함으로써 인지모델의 타당성을 검토하는 연구를 진행시켰다. 이러한 연구는 인지심리학자와 인공지능개발자에게 모두 유용한 연구가 되었다.

최근에는 심리학적인 인지모델에 국한되지 않고 정서적인 심성모델이 개발되고 있다. 이러한 정서적인 심리모델의 연구는 심리학자에게는 자신의 심리모델에 대한 명확하고 분석적인 검토가 가능하게 되고, 인공지능개발자에게는 인간과 컴퓨터의 상호작용에 있어서 인간이 더욱 친근하게 느낄 수 있고, 인간의 감정을 이해할 수 있는 정서적인 기계의 개발 필요성에 맞아떨어지는 것이다. 뿐만 아니라 인공지능의 전제조건으로서 인공생명연구나 진화를 이용한 컴퓨터 프로그램과 같은 연구가 진행되면서, 우리는 지능이 환경에 적응하기 위하여 생존에 관련된 기본적인 동기적, 정서적 욕구를 기반으로 지각과 인식의 통합, 그리고 더욱 생존기회를 높이기 위한 다른 지능과의 상호작용을 위한 의사소통의 개발과 그에 따르는 고차적인 동기적, 정서적 기능강화에 이르는 진화에 의하여 발전된 것으로 볼 수 있게 되었다. 이러한 연장 선상에서 개체의 윤리적인 기능도 고차적인 지적 능력과 더불어 개체의 집단생활을 통하여 출현한 것으로 생각할 수 있다. 때문에 지능에 대한 이해를 통하여 지능적인 기계를 만들고자 하는 인공지능의 실현은 지금은 다소 시들해진 기계와 마음에 관련된 논쟁은 차치하고라도 생명의 동기적, 정서적, 윤리적 모델의 개발과 깊은 관련을 가진다.

현재 인공지능에서는 인간과의 정서적인 상호작용을 위한 컴퓨터 프로그램 개발을 위하여 일부 정서적인 심리모델에 관한 연구가 진행되고 있다. 이러한 연구들은 대개 인간의 심리학적인 연구사실에 기초하기보다는 공학적인 접근에 의하여 이루어지고 있다. 이러한 상황에서 윤리적인 심리모델에 관한 연구는 매우 찾아보기가 어렵다. 윤리적 세계관을 기반으로 이루어진 퇴계 심학은 오랜 전통의 성리학에 따라 정서, 동기, 인지, 윤리행위에 이르는 포괄적인 심리모델을 제시하고 있다. 이 연구에서 퇴계 성리학 심성모델을 인공지능 기술에 의하여 시뮬레이션하게 됨으로써 심성모델이 분석적으로 다루어지고 그 심성모델의 기제가 명확히 분석될 수 있다. 이에 의하여 禮교육으로 표현되는 성리학적 윤리교육의 원리와 효과를 설명할 수 있을 것으로 생각한다. 또한 인공지능은 퇴계 심성모델에 입각한 정서, 동기, 인지와 윤리행위에 이르는 포괄적인 심리모델을 통하여 기계(컴퓨터)가 인간과 또 다른 기계들과 상호 작용하는 환경에 적응하고 주체적으로 행동할 수 있는 모델을 확립할 수 있다.

3. 퇴계 성리학의 심성모델 구성

1) 퇴계 성리학의 심성모델의 원리

　다양한 요소들로 구성되었다고 생각되는 퇴계 성리학의 심의 구조가 도덕적 인격을 형성하는 과정을 추론하기에 앞서서, 그것의 원리를 시사하는 몇 가지 원리를 거론할 필요가 있다. 그 원리는 퇴계에 의하여 다양하게 표명되었고, 또한 그에 관한 현대 학자들의 연구도 많이 축적되었지만, 여기서는 심성모델 시뮬레이션과 가장 직접적 관련이 있다고 판단되는 것을 거론하여 설명하기로 한다.

　퇴계 성리학의 심성모델은 퇴계 자신의 수양과 사색 및 이론적 성찰의 결과로 구성된 것이다. 그의 심성모델의 구체적 형태는 「天命圖」, 「心統性情圖」 등의 圖解로써 표명되었다. 이 도해에서 표상하는 핵심적 내용은 예교육에 의하여 도덕적 정감과 사고 및 행위가 자연스럽게 발출될 수 있도록 하기 위한 수양의 방향이지만, 우리는 그것을 통해서 퇴계가 생각하였던 도덕적 인격을 형성하는 심신의 관계 및 심의 구조와 작용의 체계가 어떠한 것인가를 살필 수 있다.

　급진적 구성주의의 관점에서 볼 때 유교의 수양론은 도덕적 인격의 '자기 형성'(self organizing) 혹은 '자기 생산'(self producing)의 방법이다.(슈미트, 1995 - 2.) 자기 형성 또는 자기 생산체계란 一身을 벗어나지 않으며, 그 일신의 내부에서 이루어지는 일련의 변화과정을 주재하는 것은 바로 心이다. 급진적 구성주의의 관점에서 볼 때 심은 어떠한 고정된 실체가 아니고 다양한 요소들이 하나로 어울려서 형성한 전체의 흐름이거나 체계이다. 즉, 예를 들면 虛, 靈, 知, 覺, 性(本然性, 氣質性), 情(四端, 七情), 念, 慮, 思, 志, 意, 憶, 度 및 形氣 등의 다양하고 이질적인 요소들이 하나로 어울리거나 상호 작용하는 가운데 형성되는 전체가 곧 心이다.

심성모델 시뮬레이션이란 바로 이러한 다양한 내면적 요소들의 상호관계와 그 유용한 결과에 대한 분석을 위한 방법이다. 그에 대해서 퇴계는 많은 시사를 하였다. 이미 『孟子』에서 강조된 存心과 養性, 그리고 퇴계 수양론의 최고 범주인 敬, 심성론의 독자적 명제인 '이가 발하여 기가 그것을 따른다'(理發而氣隨之), '기가 발하여 이가 그것에 올라탄다'(氣發而理乘之), 그리고 수양의 효과를 지칭하는 퇴계의 積德, 積眞 등의 개념들이 가장 시사하는 바가 크다. 이 개념 또는 명제의 원전적 해석은 여기서 생략하고 기존의 연구성과들에 의지하여 심성모델 시뮬레이션과 관련된 의미를 밝히고자 한다. 먼저 이들에 대해서 간단히 정의하면 다음과 같다.

養性이란 다양한 요소들의 상호작용으로써 도덕적으로 純善한 본연성을 소멸시키지 않고 키워가는 것이고, 存心이란 순선한 마음을 잃지 않고 보존하는 방법을 말한다. 성리학의 심성모델에서 보자면 순선한 본연성과 순선한 마음의 관계는 단선적 인과관계는 아니고 보다 복잡한 인과관계의 고리로 맺어지는 듯하다. 왜냐하면 심은 다양한 요소들의 복합적인 상호관계와 순환과정으로 인해서 발생하는 것이라고 할 수 있기 때문이다.

또 敬 역시 매우 복잡한 내용을 포함하는 원리이다. 퇴계는 一心을 주재하는 것이 敬이라고 하였다. 이 주재는 심신을 도덕적 선의 상태에 머물게 하는 심 자체의 자각적 작용이자 상태이다. 그것은 심을 초월하여 이루어지는 것은 아니고 어디까지나 인간의 심에서 발생하는 것이다. 그러므로 그것은 심의 다양한 요소들이 일관된 체계로 상호작용하면서 선에 대한 지향성이 확립되어 있는 상태라고 이해된다. 이것을 얻기 위하여 퇴계는 여러 방법 가운데 외면을 禮로써 제어하는 것이 경의 상태를 얻는 가장 기초적인 방법이라고 제시하였다. 예를 들어 衣冠을 정제하고 몸가짐을 엄숙하게 하면 그것이 바로 경이 된다고 하였다. 이를 확대하여 적용하면 예의 반복적인 실행이 경을 유지하는 관건이 된다는 의미를 발견할 수 있다. 이 의미는 퇴계의 『聖學十圖』 「夙興夜寐箴圖」에서 강조되었다.(유권종, 2001.)

퇴계는 존심, 양성, 경의 상태로 들어가기 위해서 眞知와 實踐, 窮理와 力行 등의 방법을 제시하지만, 그것은 심의 요소들의 순환이 理를 추축으로 이루어지도록 하는 것에 초점을 맞춘 것이다. 그 궁극적인 목표는 일상적 삶에서 심신의 모든 작용이 천리와 일치되고, 그것이 또한 자연스럽게 이루어지도록 하는 데 있다. 퇴계는 그것을 사단과 칠정의 발출체계와 관련하여 '이가 발하여 기가 그것을 따른다', '기가 발하여 이가 그것에 올라탄다'로 표현하였다. 이는 물론 정의 來源에 관한 표현이지만, 심신의 순환적 고리를 고려할 때 이는 그 고리의 질이 理에 기초하여야 한다는 당위적 사항에 관한 언급이라고 할 수 있다.

즉, 수양이란 理發이거나 氣發이거나 理를 바탕으로 순환하는 심적 고리의 형성이 필수적이고, 그 고리로써 순환하는 과정이 반복되면서 인격변화의 효과가 나타나는 것이다. 그 때문에 수양을 통해서 聖人의 인격을 형성할 수 있다고 믿는 퇴계의 사고에는 재귀적 사고(recursive thinking) 또는 자기 지시적(self referential) 사고가 작용하였다고 풀이된다.(유권종, 2001.) 그 변화에 의해 나타나는 효과를 퇴계는 積德 또는 積眞이라고 표현하였다. 덕을 쌓는다는 의미의 積德과 진실을 쌓는다는 의미의 積眞은 일상생활에서의 禮의 작용[日用]이라는 것이 퇴계의 사고이다.(상동)

2) 퇴계 심성모델의 요소와 구성

퇴계 성리학에서 마음을 설명할 때 사용되는 개념, 그리고 그 개념들의 상호관계는 서구심리학의 그것들과는 매우 다르다. 즉, 그의 도덕 지향적 사상체계의 심성론, 예를 들면 禮로써 수양하는 가운데 문제가 되었던 사단과 칠정의 발출에 관한 이론은 독자적인 심성론에 바탕을 두고 있는 것이다. 그러므로 퇴계 성리학의 심성모델을 다듬고자 할 때 먼저 해야 하는 것은 퇴계가 사용하였던 개념들의 의미를 점검하고 그것을 시뮬레이션이 가능한 값을 갖는 내용으로 재정의하는 일이다. 현재 성리학 심성론과 예교육에 관련된 내용에 관한 현대적 재해석이 시도되고 있지만, 여러 개념들 사이의 상세한 인과관계가 설명되고 있는 것은 아니기 때문에 이런 작업이 더욱 필요하다.

퇴계가 거론하였던 개념들, 예를 들면 虛, 靈, 知, 覺, 性(本然性, 氣質性), 情(四端, 七情), 念, 慮, 思, 志, 意, 憶, 度 및 形氣 등은 심의 주요 구성요소들이다. 이 개념들에 대해서 인공지능 시뮬레이션이 가능한 값을 갖도록 하기 위하여 우선 심의 체계 속에서 각각의 기능과 요소들 간의 상호관계를 정의하도록 한다. 이러한 정의는 주로 퇴계의 설명을 기본으로 삼되 부족하다고 생각되는 것은 여타 성리학자들의 학설을 참조로 본 연구진이 다듬은 것도 있다.

퇴계의 심성모델을 설명하기 위하여 고려한 개념 혹은 명제들은 다음과 같다. 전반적으로 퇴계의 심성모델에서 심을 전체로 본다면, 심의 작용은 身과의 역학관계에서 순환하고 재귀하는 구조를 보이는 것이다. 그렇다고 할 때 외부로부터의 자극을 받아들이고, 그 자극에 반응하게 되는 입력과 출력의 과정의 통로는 곧 形氣이다.

환경에 대하여 인간은 환경적 요소를 수용하는 것이 아니라 자신이 환경을 정의하고 거기에 의미와 가치를 부여한다.(슈미트, 1995 - 2.) 그리고 자기 자신에 대해서도 자기 구성작용을 하여 자신의 인격을 형성하는 것이다. 성리학자들의 本然性은 자기 구성의 과정에서 善의 가치를 스스로 정의하고 그 가치를 끊임없이 재생산하는 요소라고 할 수 있다. 반면에 기질성이란 형기의 성질이라고 이해되는데, 이는 개인의 사적인 욕구를 끊임없이 생산하는 것이다. 퇴계는 본연성과 기질성 양자가 각각의 작용의 체계를 일으킨다고 보고, 그것을 理發과 氣發로 표현하였다. 퇴계는 본연성이 발출하여 사단으로 작용하고, 기질성이 발출하여 칠정으로 작용한다고 설명하였다. 퇴계에 의하면 칠정은 인욕과 같은 것이고, 그것은 사람을 악으로 흐르게 하는 좋지 않은 요소인 것이다. 때문에 퇴계는 본연성의 천리는 그대로 발휘되어야 하는 대상으로 삼았지만, 반면에 기질성의 칠정은 통제의 대상으로 삼았다. 그리고 이와 더불어 人心과 道心이 중요한 개념인데, 본 연구에서는 사단으로부터 지속되는 마음이 도심이고, 칠정으로부터 이어지는 심적 작용의 유행을 인심이라고 간주하였다.

퇴계는 성과 정의 관계를 일종의 체용의 관계로 보았다. 외부의 자극이 있을 때 발생하는 심리적 작용의 첫 번째 단계는 정이지만, 곧 뒤이어서 意가 발생하고, 知覺, 念, 慮, 思, 志 憶, 度 등의 작용이 복합적으로 일어나서 외부자극에 반응하는 방식이 결정된다. 퇴계는 이러한 일련의 작용에 앞서서 이들의 기조를 형성하는 것이 정이라고 생각하여 매우 중시했다. 즉, 도덕적 정감의 차원이 사단에 의한 것인가 아닌가 하는 점이 도덕적 선악의 실천의 향방에 매우 중대한 영향을 끼친다는 의미로 해석된다.

정이 도덕적 속성을 지니는 것과는 달리 念, 慮, 思, 志, 意, 憶, 度 및 形氣들은 가치 중성적이라고 생각된다. 물론 예를 들면, 퇴계는 念과 慮를 긍정적인 관점에서 보지 않는 태도도 보인다. 그 이유는 念과 慮는 과거의 상태에 대한 집착과도 같은 것이므로 그것을 부정적으로 평가하는 입장이 퇴계에게 있지만, 시뮬레이션 프로그램 구성을 염두에 두고 보면 그것은 어디까지나 가치 중성적 심리작용 혹은 심의 구성요소인 것이다. 또한 志도 성인을 목표로 하는 立志와 같이 긍정적 의미로 강조되지만, 그것은 활용하기에 따라서 선도 될 수 있고 악도 될 수 있는 심의 작용이라고 보인다.

그렇다고 할 때 각각의 구성요소들은 다음과 같이 풀이된다. 知覺

이란 내면세계에서 발생하는 상황의 변화를 알고 깨닫는 작용이자, 하나의 요소가 작용하면서 다른 요소의 작용을 불러일으킬 때 그 메시지를 전달하는 작용을 하는 것으로 파악된다. 예를 들면, 情에는 향하는 바가 있는데, 그것이 통하지 못하는 바가 있으면 스스로 그 知覺을 움직여서 통하기를 구한다. 그 작용을 思라고 한다. 그러면 思와 知覺은 유사하거나 같은 작용을 하는 심적 요소라고 할 수 있을 것이다. 그리고 情에 留着하는 바가 있어서 항상 스스로 잊지 않는 것을 憶이라 하고, 憶이 心頭에 있는 것을 念이라고 한다. 그것을 念하면서 思를 다하는 것을 慮라고 한다. 思를 다한다는 것은 窮理, 또는 모색과 같은 의미로 이해된다. 慮의 작용과정에서 계산하고 측정하는 작용[計度]을 하는 것을 意라고 한다. 志는 '心이 가는 곳'(心之所之)이라고 풀이된다.

그런데 이 외에도 성리학에서는 意를 心이 발하여 되는 것이라고 풀이하기도 한다. 그러므로 意는 情에 따라서 일어나는 念, 慮, 思, 志 憶, 度 등의 복합적인 일련의 작용을 종합하여 지칭하는 것으로 생각된다. 특히 퇴계의 「천명신도」에서는 정의 발출 다음에 뒤따라서 함께 작용하는 것으로 意만을 표기하였고, 念, 慮, 思, 志 憶, 度에 대해서는 표기하지 않았다. 따라서 심성모델에서 意가 念, 慮, 思, 志 憶, 度을 포괄하여 대표성을 지니는 하나의 작용집단으로 보는 것이 가능하다고 할 수 있다. 이들의 더 상세한 관계와 작용 및 동작체계는 뒤의 시뮬레이션에서 부여하게 된다.

심성모델에서 가장 중요한 것은 심을 주재하는 방법과 그 상태를 어떻게 표현하는가 하는 문제이다. 퇴계는 그것을 敬이라고 표현하였다. 그리고 「천명신도」에서는 그것을 표기하였지만, 그것은 각각이 요소들이 본연성 – 사단의 기조 위에 응집된 심의 상태를 의미하는 것으로 파악된다. 따라서 그것을 별도의 한 영역으로 구별할 필요는 없고, 시뮬레이션을 구현할 때 하나의 이상적 상태에 도달한 수치로 표현할

수 있을 것이다. 이상의 내용에 입각하여 작성한 심성모델의 모형도[1]
는 다음과 같다.

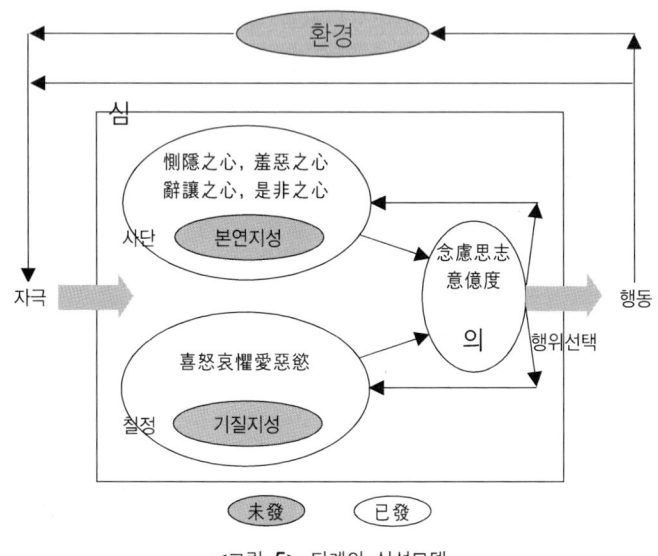

<그림 5> 퇴계의 심성모델

4. 유교 예교육 효과의 시뮬레이션

1) 심성모델의 시뮬레이션

　성리학 심성이론에 의하여 도덕적 행위현상을 시뮬레이션하기 위해
서는 그 현상을 설명할 수 있다고 생각하는 개념들의 인과관계를 구
성하는 것이 핵심작업이다. 퇴계 성학에 있어서 마음으로부터 일어나

---

1) 이 그림은 유권종·박충식, 「도덕심성모델의 새로운 시도 : 퇴계학, 구성주의, 인공지능」
Journal of the Central Asian Association for Korean Studies Vol.2 No.1, Central Asian
Association for Korean Studies, 2002. 4 에 발표한 것을 인용한 것임

는 도덕적 행위현상을 설명하는 중요한 개념은 心, 性, 情, 道心, 人心, 四端(惻隱之心, 羞惡之心, 辭讓之心, 是非之心), 七情(喜, 怒, 哀, 懼, 愛, 惡, 欲), 志, 覺, 念, 慮, 思, 志, 意, 憶, 度 등이 될 것이다. 이러한 퇴계 성학의 개념들로 컴퓨터 시뮬레이션 모델을 구성하여 심성모델이 도덕적/비도덕적 행위를 하게 되는 이유와 도덕교육의 효과를 설명할 수 있는 설명체계가 되도록 해야 한다. 이를 위해서 이와 유사한 마음과 행동에 관한 기존의 시뮬레이션 사례를 살펴보고 심리적인 요소들이 구성되는 방식을 참고로 할 수 있을 것이다.

인간의 마음과 행위에 대한 시뮬레이션 모델을 주로 연구해 온 분야는 인공지능 분야라고 할 수 있다. 그러나 인공지능의 주된 관심사는 인간의 지능적 능력에 관련된 연구였다. 때문에 인간의 정서적 마음과 행위에 대한 연구는 미비한 편이다. 이러한 사정에서도 퇴계 성학에 기반을 둔 심성모델 시뮬레이션을 위하여 인간의 마음과 행위에 관련된 몇 가지 연구를 살펴보면 경제학/경영학 분야에서 시스템 다이내믹스(system dynamics)이론을 이용하여 간단하게나마 숙부 살해 행위에 이르게 되는 햄릿의 마음을 시뮬레이션한 경우(Hopkins 1995), 심스(Sims 2000)나 공주 만들기와 같이 인간의 일상활동을 시뮬레이션 게임으로 만든 경우가 있으며, 최근 컴퓨터 속의 가상인물(프로그램)이 효과적으로 인간과 상호작용하기 위하여 정서적 능력을 부여하려는 연구(Reilly 1996) 등을 들 수 있다.

퇴계 성리학에 따른 심성모델을 컴퓨터 시뮬레이션 프로그램으로 작성하기 위해서는 퇴계 심성모델에서 사용되는 중요한 개념들의 상관관계를 파악할 필요가 있다. 서구심리학에서는 여러 연구자에 따라 다소 다르게 정의되는 개념들이지만 감각, 지각, 인지, 추론, 정서, 동기, 행위 등으로써 마음의 작용을 설명한다. 실제로 작성된 시뮬레이션 프로그램은 아니지만 서구심리학적 전통에 기반을 두고 마음과 행동에 관련된 포괄적 모델을 제시하고 있는 Moren의 모델(<그림 6>)

연구는 퇴계 심성이론의 개념들을 관련시키는 틀로서 유용한 참조가
될 수 있다.(Moren 2000.) 본 연구에서는 Moren의 모델이 기억이나 추
론작용에 대한 상호작용은 설명하고 있지 않기 때문에 인공지능의 전
통적인 인지 / 추론모델(Anderson 1973)을 같이 참조하여 시뮬레이션을
위한 퇴계 심성이론의 주요 개념들의 관계를 설정하려 한다.

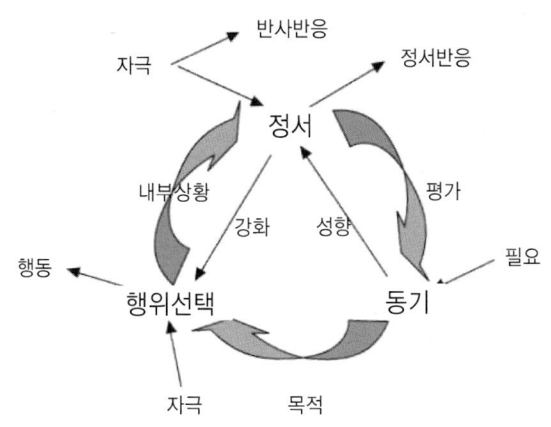

<그림 6> 내부요구와 자극의 정서 평가를 바탕으로 한 행위모델(Moren, 2000)

먼저 四端(惻隱之心, 羞惡之心, 辭讓之心, 是非之心)과 七情(喜, 怒,
哀, 懼, 愛, 惡, 欲)은 性이 발하여 나타난 情의 작용이며, 그것들이 지
속되면 道心과 人心의 작용이 되는 것이다. 사단과 칠정은 정서 / 동기
작용으로 간주될 수 있다. 서구심리학의 입장과 달리 사단과 칠정으로
나뉘어 정서 / 동기가 발현되는 것은 퇴계 성리학이 도덕 지향적 심성이
론이기 때문에 선함으로 대변되는 사단과 선악이 정해지지 않은 칠정으
로 나누어져 있는 것으로 본다. 그러므로 사단은 성리학의 핵심적인 도
덕적 이상을 표현하는 개념인 것이다. 결과적으로 유교 예교육은 사단
이 잘 발현되고 칠정이 능히 통제되도록 하는 것이며, 유교 심성이론은
이러한 유교 예교육의 이론적 근거가 되는 것이다. 사람은 외부의 자극

과 내부상태에 의하여 사단과 칠정이 발현되는데 凡人은 칠정이 사단보다 강성하여 행동이 법도에 부합되지 못하게 되는 것이다.

念, 慮, 思, 志, 意, 憶, 度 등의 개념은 주로 추론 / 기억작용으로 간주될 수 있다. 억은 정서 / 동기 / 상황 등의 기억을 유지하는 역할을 하며 외부자극이나 내부상황 등의 실마리가 주어졌을 때 사단 / 칠정과 思에 관련 정보를 넘겨준다. 念이나 慮는 기억작용으로 간주되지만 憶과는 달리 자극에 즉각적인 반응이 가능한 감시 기능이 강조된다. 思는 사단칠정의 정서 / 동기에 의한 목적을 이루기 위한 문제분석 역할을 하며, 度은 思의 분석에 대한 비교평가를 意에 제공한다. 意는 여러 가능한 행위 중에 하나를 선택하게 하지만 행동이 선택되더라도 형기가 따라 주어야 실행에 옮겨질 수 있다. 志는 전체의 장단기 목표에 따라 意가 수행하는 행위선택에 영향을 미친다. 이러한 念, 慮, 思, 志, 意, 憶, 度의 작용을 사단칠정과 관련지어 생각하면 그 작용의 결과가 사단과 칠정의 발현에 영향을 미치게 되는 순환적 구조이기 때문에 예교육에서는 사단이 志의 주도적인 내용이 되고, 이에 의하여 다시 사단이 원활히 발현되도록 하는 것이 중요하다.

퇴계 심성모델의 중요한 특징 중에 하나는 서양 윤리학과는 달리 심의 개념이 身과 분리된 추상적인 것이 아니라 복합적인 것으로 간주된다는 것이다. 때문에 사단, 칠정, 念, 慮, 思, 志, 意, 憶, 度도 복합적인 개념일 뿐만 아니라, 더불어 형기도 필요에 따라 심성모델의 시뮬레이션에 고려되어야 한다. 형기는 몸의 감각기관, 몸의 움직임, 생리적 욕구 등에 대한 기능을 설명하게 된다.

본 연구에서는 퇴계 심성이론의 주요 개념들의 역할과 관계를 기본적으로 전술한 바와 같이 파악하였다. 이러한 설정은 컴퓨터 시뮬레이션을 위하여 다소 간략화된 것이지만 도덕적 행동을 설명하는 포괄적인 심성모델의 좋은 사례가 될 뿐 아니라 유교 예교육의 과정을 설명할 수 있는 유용한 모델이 될 수 있을 것으로 생각된다.

2) 심성모델 시뮬레이션 프로그램의 구성

본 연구에서는 전술한 심성모델의 시뮬레이션 프로그램을 구성하기 위하여 규칙기반(rule - based) 인공지능 프로그램 개발도구인 JESS(Java Expert System Shell)을 사용하였다.(Friedman - Hill, 1998.) 규칙기반 인공지능 프로그램은 사실들(facts)과 규칙들(rules)에 의하여 이루어지고, 사실들에 규칙들이 적용되면서 새로운 사실들이 생기고 이에 다시 규칙들이 적용되는 방식으로 수행된다. 모든 프로그램(시스템)은 입력과 출력을 가지게 되는데 입력은 사용자에 의한 새로운 사실의 추가로, 출력은 프로그램이 사용자에게 보여주는 사실들로 처리되며, 처리과정은 어떤 사실들에 어떤 규칙들이 적용되는지를 살펴봄으로 알 수 있다. 심성모델 시뮬레이션 프로그램을 수행할 때 사용자는 상황과 내부상태에 해당되는 사실들을 입력하고 한 단계씩 규칙들의 적용을 지정할 수 있다.

퇴계 심성모델의 주요 개념들의 기능은 각각의 기능에 해당되는 규칙들로 이루어지며, 주요 개념들의 상호작용은 어떤 개념의 규칙들이 적용되어 생성된 사실들에 또 다른 개념들의 규칙들이 적용됨으로써 이루어진다. 심성모델 시뮬레이션 프로그램은 사단, 칠정, 念, 慮, 思, 志, 意, 憶, 度, 형기에 해당되는 각각의 개념 규칙 모듈들로 이루어진다. 본 연구에서는 인지 / 추론과정은 주안점이 아니므로 이에 해당되는 기능은 간략히 구현되었다.

대체적인 시뮬레이션 과정을 살펴보면 형기에 의한 내부상태나 외부의 자극에 의하여 사단과 칠정은 자발적으로 또는 憶의 기능으로 정서와 동기가 생성되면, 그에 따른 목표가 사에 설정된다. 思는 목표와 관련된 정보를 억에서 호출하고 이를 이룰 수 있는 방법들을 모색한다. 방법들에 대한 비교 / 검토는 度에 의하여 이루어지고 이러한 비교 / 검토결과는 意에 보내지고 意는 志의 장단기 목표하에서 행위를 선택한다(<그림 7>).

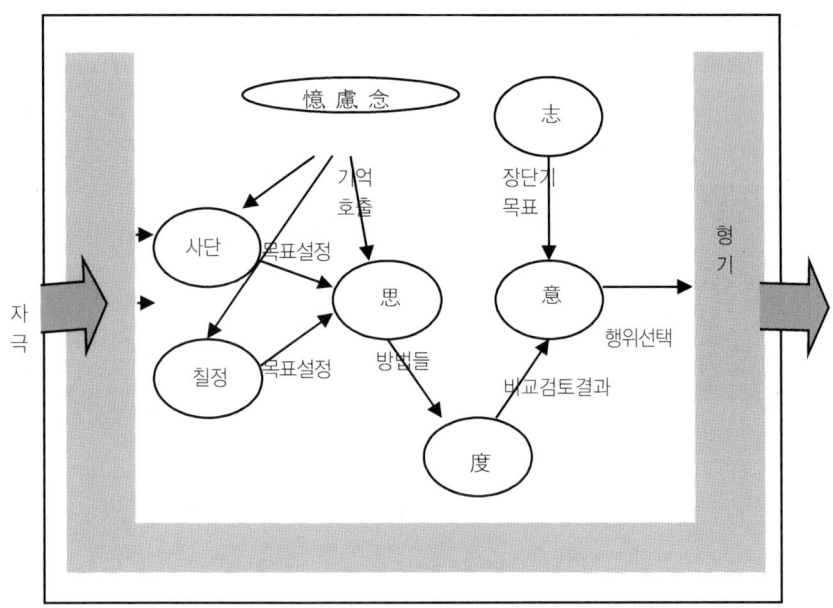

심

憶 慮 念

志

기억
호출

장단기
목표

사단

목표설정

思

意

자
극

행위선택

형
기

칠정

목표설정

방법들

비교검토결과

度

<그림 7> 심성모델 시뮬레이션 과정 모형도

　심성모델 시뮬레이션 프로그램에서 사용되는 사실과 규칙을 살펴보면 "emotion1은 정서의 종류가 惡이며, 정서의 대상은 '형기1'이며, 정서의 강도는 150인 emotion이다."라는 사실은 이 프로그램에서 다음과 같이 표현된다.

(emotion (name 'emotion1') (kind 惡) (object '형기1') (intensity 150))

　또한 정서생성규칙의 하나로서 "형기 중에서 불편한 형기가 있다면 새로운 이름의 정서(emotion)를 생성하고 그 정서의 종류는 惡으로 하며, 그 정서의 대상은 불편한 형기로 지정하고, 그 정서의 강도는 칠정의 생성 기본 값에 10을 곱한 값으로 하라."와 같은 것은 다음과 같이 표현된다.

```
(defrule emotion - generating - rule - 1
    (형기 (name ?name) (type uncomfortable))
    (칠정 (base - value ?base - value))
= >
(bind ?emotion - name (gensym*))
    (assert (emotion (name ?name) (kind 오)
(object ?name) (intensity (* ?base - value 10))))
```

    본 연구의 심성모델 시뮬레이션 프로그램은 위에서 살펴본 바와 같은 사실들과 규칙들에 구성된다.

3) 심성모델 시뮬레이션 프로그램에 의한 예교육 분석

    아침마다 부모님께 큰절로 문안을 드리는 경우를 시뮬레이션 프로그램을 통하여 분석해 보면 먼저 입력으로써 '부모님이 앞에 계심'을 입력하고 프로그램을 수행하면 이 상황(아침에 큰절로 문안드리기)에 대한 유치원에서의 교육내용이 憶의 규칙들에 의하여 인출되어 절을 해야 한다는 목표가 思에 설정된다. 이 목표는 度을 거쳐 意에서 행동으로 선택되지만 절은 익숙지 않은 행동임으로 형기에 의한 호응 정도가 매우 낮아 실행하기가 어렵다(첫 번째 순환). 여기서 하나의 순환(cycle)은 <그림 7>에서 외부자극이나 내부상태에 따라 사단/칠정 모듈에서 생겨난 정서/동기가 思, 度, 意 모듈을 거쳐 내부상태의 변화가 발생하여 새로운 정서/동기가 나타나기까지를 의미한다.
    형기가 따라 주지 않기 때문에 칠정의 惡가 강하게 생긴다. 더불어 유치원의 교육내용이 옳은 것이기에 이를 관철하려는 四端의 是非之心도 매우 약하게 생긴다. 이러한 상반된 2가지 정서에 대한 각각의 동기는 思에 상반된 목표로 설정한다. 憶에 유치원에서의 교육에 따르지 않았을 때의 강한 문책이나 교육에 따랐을 때의 강한 동기 부여에 대한 기억이 입력으로 설정된다면 度이 이를 이용하여 상벌에 대한 평가를 붙여 意에 보내고, 意가 절을 하는 행동을 선택하게 되는 과정을 볼 수 있다. 절을 하는 행동을 선택한 후에도 프로그램은 이 행동선택에 대한 후속조치로 이 행동에 대한 형기의 원활함의 정도와 사단의 발현 정도를 다소 상승시키게 된다(두 번째 순환).

이 단계에서 부모님의 큰 칭찬을 입력으로 계속 프로그램을 수행한다면 좋은 행동을 위한 기억이 억에 생겨서 다음 프로그램 수행에서는 좀더 사단의 발현이 용이할 것이다(세 번째 순환). 이러한 과정이 반복된다면 좋은 행동이 어려움 없이 이루어질 것이다. 물론 憶에 절을 하게 할 만한 강한 기억이 없다거나, 칠정의 아주 강한 다른 욕구가 있다면 결과는 그 반대가 될 것이다.

하나의 상황하에서도 현재의 욕구, 기억, 장단기 목표를 다르게 설정함으로써 다양한 형태의 결과를 볼 수 있다. 또한 이어지는 다음 상황을 입력하고 연속적으로 수행하게 된다면 다양한 분석이 가능하다. 본 연구의 심성모델 시뮬레이션 프로그램을 통해서 퇴계 심성론을 이루는 주요 개념들의 인과적 상관관계를 분석함으로써 유교 예교육 과정을 설명할 수 있게 되는 것이다.

5. 유교 예교육 효과의 경험적 증거

1) 경험적 자료의 분석방법과 원리

위에서 성리학 심성모델 시뮬레이션 프로그램을 구성하여 예교육을 분석함으로써 유교 예교육의 과정을 설명하고 예교육의 효과를 가상적으로 확인하였는데, 여기서는 이러한 효과를 경험적으로 입증하고자 유치원 교육현장에서의 현장실험을 실시하였다.

현장실험을 통해 검증하고자 하는 성리학 심성모델의 핵심사항은 도덕(禮)으로 체화된 마음(embodied mind with morality)이다. 예가 체화된 마음은 예절 항목들에 대한 생각과 실천을 병행하도록 구성된 예교육프로그램을 통해 얻어질 수 있다. 이를 위해 예 항목에 대한 이해 및 동기유발, 예 항목에 대한 생각과 실천을 병행하는 것의 중요성 인식, 지속적인 반복실천 등으로 구성된 6주간의 예교육프로그램을 구상하였다. 그리고 이 체화방법과 기존의 관례적인 수업방법 및 토의방법을 비교함으로써 성리학적 심성모델에 근거한 유교 예교육방법의 효과를 입증하였다. 여기서 특히 토의방법과 체화방법 간의 비교를 시도한 이유는 다음과 같다. 즉, 지금까지 행해진 도덕교육 관련 경험적 연구들은 주로 인지발달이론의 입장에서 토의 교수전략을 사용한 연구들이었고, 토의 교수전략이 예절교육에 도움이 된다는 결과들을 일관되게 보고하고 있다.(교육부, 1996, 김정준, 1993, 류칠선, 1993, 안영진, 1998, 정재순, 1997.) 반면 본 실험에서 구상한 체화방법은 아직까지 연구된 바 없는 방법이다. 따라서 지금까지 상당 부분 효과가 입증된 토의방법과 체화방법을 비교하는 실험을 할 경우, 성리학 심성모델에 근거한 유교 예교육방법의 효과를 확실하게 입증할 수 있기 때문이다.

구체적인 연구방법은 다음과 같다.

① 연구대상은 만 4세와 만 5세(취학직전연령) 유아로 선정하였다.

② 교육기간은 6주였다.

③ 교육프로그램은 퇴계학파의 예학자인 愚伏(鄭經世)의 『養正篇』, 현행 유치원 교육과정과 초등학교 1, 2학년의 바른생활 교육과정을 비교하여, 공통적인 내용을 추출, 선정하였다. 하위내용은 바른 자세, 공손한 인사, 문안인사, 바른 말, 바른 식사, 바른 대화의 6가지였고, 이 내용들은 6주의 실험 기간 동안 교육되었다 (<표 2> 참조).

④ 교육프로그램은 체화집단, 토의집단, 통제집단에 따라 별도로 구성되었다.

첫째, 체화집단은 해당 예절항목에 대한 생각과 실천을 병행함으로써 체화된 마음을 형성하는 방법을 사용하여 예교육을 하는 집단이다. 이 집단에서는 매주 예절 항목에 대한 수업을 하고, 이후의 기간 동안 생각과 실천을 누적적으로 반복하였다.

둘째, 토의집단은 매주 수업에서 제공되는 예절항목 각각에 대해 2회에 걸쳐 인지적 토의를 하는 집단이다.

셋째, 통제집단은 해당 예절항목 각각에 대해 기존의 관례적인 수업활동을 하는 집단이다.

⑤ 예교육의 효과는 기본생활습관의 향상 정도, 자율성의 향상 정도, 프로그램 내용의 회상빈도로써 확인하였다.

2) 유교 예교육의 효과 분석

유치원 현장실험의 결과는 다음과 같다.

예절교육프로그램 실시결과 만 5세의 경우 생각과 실천이 병행된 체화방법은 예절에 관한 관례적인 수업방법에 비해 기본생활습관과 자율성 증진에 효과적이었으며, 효과의 정도는 토의방법의 효과와 유사했다. 만 4세의 경우는 체화방법이 토의방법이나 관례적인 수업방법보다 기본생활습관과 자율성 증진에 대체로 효과적이었는데, 특히 토의방법보다도 유의한 수준에서 효과가 있었다. 이 점은 추수분석 시 프로그램 하위내용의 회상빈도에서도 확인되었다.

<표 2> 『養正篇』과 유치원 교육과정,
초등학교 1, 2학년 바른생활 교육과정의 비교 분석

내용	양정편	유아교육	초등학교1	초등학교2
바른 자세	3)叉手(두 손 마주잡기) 6)跪(무릎 꿇기) 7)立(서기) 8)座(앉기) 9)步趨(천천히 걷기와 빨리 걷기		(내일 스스로 하기) 자세 바르게 하기 : 바르게 앉기 : 바르게 서기 : 바르게 걷기	
공손 한 인사	4)揖(공경하는 자세) 25)會揖(모여서 인사하기) 5)拜(절)	(사회생활) − 기본생활습관 예절 바르게 생활하기 : 친구와 어른께 인사한다 / 대상과 상황에 따라 적절 하게 인사한다	(예절 지키기) 바르게 인사하기 : 상대에 알맞은 인사하기 : 때와 장소에 알맞은 인사하기 : 바른 자세로 인사하기 : 바른 자세로 먹기	
문안 인사	17)定省(아침, 저녁 문안) 18)出入(출입하는 예)	(사회생활) − 가정생활 가족과 화목하게 지내기 : 가족의 소중함을 알고 화 목하게 지낸다. : 형제와 사이좋게 지낸다.		(예절 지키기) 가족과 화목하게 지내기 : 부모님께 감사하는 마음 가지고 효도 하기 : 형제간에 사이좋게 지내기
바른 말	10)(말하기)	(사회생활) − 기본생활습관 예절바르게 생활하기 : 어른께 존댓말을 사용한다 / 대상에 따라 예절 바른 언어를 사용한다.		(예절 지키기) 바르고 고운 말 쓰기 : 바른 말 쓰기 : 고운 말 쓰기 : 바른 자세로 말하기
바른 식사	12)飮食(먹고 마시기)	(건강생활) − 건강 바른 식생활 하기 : 음식물의 필요성을 안다 / 몸에 필요한 음식과 영양 분의 관계를 안다. : 음식을 골고루 먹는다 / 적당한 양의 음식을 골고 루 먹는다. : 음식을 소중히 여긴다. (사회생활) − 기본생활습관 예절 바르게 생활하기 : 바른 자세와 태도로 식사 한다.	(예절 지키기) 바르게 식사하기 : 음식 골고루 먹기 : 음식 남기지 않기 : 수저 바르게 다루기 : 바른 자세로 먹기	
바른 대화	(24)受業(학업을 받기)			(내일 스스로 하기) 스스로 공부하기 : 학교 수업시간에 열 심히 듣고 바르게 발 표하기

내용	양정편	유아교육	초등학교1	초등학교2
바른 말	10)(말하기)	(사회생활) - 기본생활습관 예절바르게 생활하기 : 어른께 존댓말을 사용한다 / 대상에 따라 예절 바른 언어를 사용한다.		(예절 지키기) 바르고 고운 말 쓰기 : 바른 말 쓰기 : 고운 말 쓰기 : 바른 자세로 말하기
바른 식사	12)飮食(먹고 마시기)	(건강생활) - 건강 바른 식생활 하기 : 음식물의 필요성을 안다 / 몸에 필요한 음식과 영양 분의 관계를 안다. : 음식을 골고루 먹는다 / 적당한 양의 음식을 골고 루 먹는다. : 음식을 소중히 여긴다. (사회생활) - 기본생활습관 예절 바르게 생활하기 : 바른 자세와 태도로 식사 한다.	(예절 지키기) 바르게 식사하기 : 음식 골고루 먹기 : 음식 남기지 않기 : 수저 바르게 다루기 : 바른 자세로 먹기	
바른 대화	(24)受業(학업을 받기)			(내일 스스로 하기) 스스로 공부하기 : 학교 수업시간에 열 심히 듣고 바르게 발 표하기

이 결과에 대해 논의하면 다음과 같다.

첫째, 이 결과는 성리학 심성모델에 근거한 유교 예교육방법인 체화방법, 즉 생각과 실천을 병행하는 방법이 유아의 기본생활습관 및 자율성 증진에 효과적임을 의미하며, 따라서 유교 예교육방법의 효과를 경험적으로 입증했다는 점에서 가장 큰 의의를 갖는다. 지금까지 유교 예교육을 다룬 연구들은 대부분 기존의 문헌들을 토대로 당위적으로 긍정적인 담론을 제시한 것들이다.(이건인·송순, 1994, 장성모 외, 1998, 최경순, 1997.) 물론 오랜 시간에 걸쳐 비형식적인 교육으로 실행되어 오면서 유교교육방법의 가치와 효과가 예측될 수 있겠지만, 우리나라에서 이런 유교 예교육방법의 효과를 실증적으로 입증한 연구는 거의 없었다는 점에서 본 실험결과는 의미가 있으며, 앞으로 새로운 연구의 방향을 제시해 줄 수 있다고 본다.

둘째, 체화방법은 연령에 관계없이 효과가 있었던 반면, 토의방법은 만 4세의 경우 효과가 거의 없는 것으로 나타났다. 이것은 토의방법이 연령으로 인한 인지적 발달수준에 영향을 받는 데 비해 유교 예교육 방법은 더 어린 연령의 유아들에게도 유사한 효과를 갖는다는 것을 의미하며, 따라서 토의방법보다 유용성이 높음을 알 수 있다.

셋째, 본 실험에서 나타난 체화방법의 긍정적 효과가 행동주의에서 강조하는 반복학습의 효과라는 가능성이 주장될 수도 있다. 그러나 본 실험의 종속변인인 기본생활습관 검사와 자율성 검사는 단순한 행동 빈도의 측정이 아니라 그러한 행동을 얼마나 자율적으로 하는가에 초점을 둔 측정치이다.(국립교육평가원, 1996.) 따라서 체화방법의 효과는 반복학습결과 예 관련 행동이 증가된 것이기보다는, 사고가 동반된 예 행동의 자율적 실천이 증가했기 때문이라고 해석할 수 있다.

넷째, 본 실험에서 양정편의 내용과 유치원, 초등학교 교육과정을 비교 분석하는 과정을 통해 유교의 예교육프로그램 내용을 개발한 점을 의의로 들 수 있다. 지금까지 우리의 제도교육은 유교적 전통과의 관련성을 고려 하지 않은 채 진행되어 왔다고 볼 수 있다. 그런데 본 실험에서 유교의 예교육 내용이 현 제도교육의 교육과정 내용과 기본적으로 같은 맥락에 있음을 밝혔고, 특히 아동교육에서 예절이나 기본생활습관 교육내용으로 적절히 사용될 수 있다는 가능성을 찾았다는 점에서 가치 있다고 본다.

이상에서 유치원에서의 현장실험을 통해 성리학 심성모델에 근거한 유교 예교육방법의 효과를 경험적으로 분석하였다. 그러나 본 현장실 험에서 확인한 것은 심성모델 내부의 각 요소 및 과정에 대한 분석이 아니라, 심성모델의 핵심사항인 도덕적 마음의 체화가 도덕성 증진에 실제로 도움이 되는가를 분석함으로써, 유교 예교육의 효과를 확인한 것이다. 앞으로 심성모델에 포함된 요소들 각각의 관계를 규명함으로 써, 심성모델 시뮬레이션에서 구현되었던 과정에 대한 경험적 검증을 시도하는 추후연구가 필요하다고 본다.

6. 결론: 종합 및 논의

본 연구는 세 분야의 학제 간 연구인 만큼 연구의 관심사도 복합적이고, 연구의 의의도 단순하지는 않다. 그러나 기본적인 문제제기는 다음과 같다. 성리학자들이 성인의 인격을 얻는 방법으로 강조한 예교육이 과연 효과가 있는 것일까, 그 효과가 있다면 그 내용은 무엇일까, 그리고 그 효과가 나타나는 이유와 과정은 어떻게 설명할 수 있을까 하는 점이었다. 그런 의문에 입각하여 진행한 본 연구의 결과와 의의를 다음과 같이 정리할 수 있다.

첫째, 유치원 예교육의 시행결과에 관한 분석에 의하면, 예교육의 효용은 전술한 바와 같이 인지적 능력이 제한적인 어린 연령의 유아들에게도 충분히 나타나고 있다. 따라서 인지발달을 중점적으로 추구하는 도덕교육에 비해서 유용성이 높다는 점이 입증된 점, 그리고 유교의 예교육 내용이 현행 도덕교육과정 안에 상당 부분 반영되고 있음을 확인한 점은 본 연구의 중요한 성과라고 할 수 있다.

둘째, 그러한 자료가 예교육에 의한 성인의 인격성취가 가능하다는 것을 곧바로 입증하는 것은 아니다. 그러나 그것이 매우 오랜 기간 동안 지속될 경우, 즉 일생을 禮에 부합하는 심정과 사고 및 행위로 일관하여 살아가게 된다면 그 효과는 어느 정도일까 하는 점은 시뮬레이션의 조건을 보다 복잡하게 부여할 경우 예측이 가능할 것이다. 일년의 단기간 연구로는 그 시뮬레이션이 가능한 조건의 확보가 불가능하기 때문에 그 예측을 장기 과제로 미루었지만, 연구의 조건이 지금보다 확충된다면 그 예측이 어렵지 않을 것으로 생각된다.

셋째, 본 연구로써 분명히 말할 수 있게 된 것은 퇴계 성리학의 심성모델은 오늘날의 도덕적 인격교육에도 유용한 심성모델이라는 점이다. 도덕적 인격의 형성과 관련하여 아직 본격적 논의가 이루어지지 않은 인지과학, 인공지능은 물론이고, 도덕적 인격형성에 관한 심리모델을 다루는 현대심리학에서도 아직 확보하지 못한 도덕적 심성모델이 우리의 전통적 성리학 심성모델로써 가능하다는 점이 확인되기 때문이다.

넷째, 따라서 성리학 심성모델로써 도덕적 인격의 자기 생산의 원리로서 예교육의 가능성이 실증적인 면뿐 아니라 이론적인 면에서도 설명이 가능하다. 앞으로 더 세밀하게 다듬어야 할 내용이 있지만, 理發의 체계를 바탕으로 積德의 기제를 강조하는 퇴계 성리학의 심성모델은 현대의 도덕교육에도 그 의의가 결코 작다고 할 수 없다.

다섯째, 이러한 연구의 결과로 볼 때 예교육의 본격적인 실행을 주장하기 위해서는 예교육의 실효에 대한 경험적 자료를 보다 풍부하게 확보해야 하고, 장기간에 걸쳐 이루어지는 예교육 효용의 예측을 위한 보다 종합적이고 정교한 시뮬레이션 프로그램의 제작이 필요하다는 점이 확인된다. 그것이 가능해야 보다 더 일반적인 예교육의 가능성에 대한 인식이 정착될 것이기 때문이다.

여섯째, 본 연구는 학제 간 연구로서 각 분야마다 중요한 성과를 얻었다. 한국철학 분야에서는 전통적 학문인 성리학 심성모델의 현대적 의의를 인정받을 수 있는 가능성과 그 응용 가능성을 열었다는 점, 교육학 분야에서는 전통적 예교육의 프로그램을 서구의 도덕교육프로그램보다 우월한 것으로 인정하는 한편 그 실행방법을 모색하는 계기가 되었다는 점, 인공지능 분야에서는 현재 서구에서도 시도되지 않은 도덕 심성모델을 바탕으로 인공지능 시뮬레이션이 가능하게 되었다는 점이라고 요약할 수 있다.

본 연구는 하나의 시도이지 완성은 아니다. 이것을 계기로 더 면밀하고 장기적인 연구가 필요하게 되었다. 하지만 분과 학문으로는 행하기 어려운 연구 분야를 학제 간 연구로써 개척하게 된 점은 그 자체가 하나의 커다란 소득이다.

참고문헌

『增補退溪全書』, 성균관대학교 대동문화연구원.

『韓國文集叢刊』 제29, 30, 31책.

『愚伏集』

『旅軒全書』

『秋巒實紀』

[유권종 · 박충식 2000] 유권종 · 박충식, 「퇴계학, 구성주의, 인공지능: 도덕 심성모델의 새로운 시도」, 제13회 전국철학자 연합대회보 3, 2000. 11.

[유권종 2001] 유권종, 「退溪 禮學 研究의 과제와 전망」, 退溪學報 제108집, 2001. 5.

[유권종 1999] 유권종, 「朝鮮時代 退溪學派의 禮學思想에 관한 哲學的 考察」, 退溪學報 제102집, 1999. 3.

[유권종 1996] 유권종, 「愚伏의 禮學思想」, 『愚伏鄭經世先生研究』, 愚伏先生紀念事業會, 1996.

[유권종 1993] 유권종, 「禮意識의 現代化」, 『新實學의 探究』, 열린책들, 1993.

[골드먼 1998] 골드먼(저), 석봉래(역), 『철학과 인지과학』, 서광사, 1998.

[그라저스펠트 1999] 그라저스펠트(저), 김판수 외 6명(역), 『급진적 구성주의』, 원미사, 1999.

[바레라 1997] 바레라, 톰슨, 로쉬(저), 석봉래(역), 『인지과학의 철학적 이해』, 옥토, 1997.

[슈미트 1995 - 1] 슈미트, 하우프트마이어(저), 차봉희(역), 『구성주의 문예학』, 민음사, 1995.

[슈미트 1995 - 2] 슈미트(저), 박여성(역), 『구성주의』, 까치, 1995.

[윤사순 1997] 윤사순, 『한국유학사상론』, 예문서원, 1997.

[이상은 1988] 이상은, 『이상은선생전집 2』, 예문서원, 1988.

[최상진 1999] 최상진 외, 『동양심리학』, 지식산업사, 1999.

[핑가레트 1993] 핑가레트, 허버트, 『공자의 철학』, 서광사, 1993.

[한덕웅 1994] 한덕웅, 『퇴계심리학』, 성균관대 출판부, 1994.

[교육부 1998] 교육부, 『유치원 교육과정 해설』, 1998.

[교육부 1998] 교육부, 『초등학교 교육 과정 해설(Ⅱ) - 우리들은 1학년, 바른 생활, 슬기로운 생활, 즐거운 생활, 특별 활동 - 』, 1998.

[교육부 1996] 교육부, 『유아 도덕성 함양을 위한 토의자료』, 1996.

[구현서 1998] 구현서, 「Kohlberg이론에 기초한 도덕과 토의 수업의 모형 개발과 그 적용에 관한 연구 - 중2학년 도덕과를 중심으로 - 」, 한국교원대학교대학원 석사학위논문, 1998.

[국립교육평가원 1996] 국립교육평가원, 『유치원 교육평가 - 기본생활습관 평가연구 / 세계의 유아교육 비교연구 - 』, 1996.

[김정준 1993] 김정준, 「가설적 갈등상황의 토의가 유아의 도덕적 추론에 미치는 영향」, 이화여자대학교대학원 박사학위논문, 1993.

[류칠선 1993] 류칠선, 「유아의 친사회성 증진을 위한 토론수업 프로그램의 효과검증 연구」, 서울여자대학교대학원 박사학위논문, 1993.

[문미옥 1988] 문미옥, 「구성주의 유아교육과정의 효과에 관한 연구」, 이화여자대학교대학원 박사학위논문, 1988.

[안영진 1998] 안영진, 「갈등상황 토론학습이 아동의 도덕적 추론능력과 조망수용능력에 미치는 효과」, 건국대학교대학원 박사학위논문, 1998.

[이건인·송순 1994] 「유교 아동교육의 현대적 조명」, 원광대학교 논문집 제28집, 293 - 317, 1994.

[장성모 외 1998] 장성모 외, 「인성교육의 동양적 전통과 초등 도덕교육」, 한국교원대학교 부설 교과교육공동연구소 연구보고 RR 96 - I - 1, 1 - 36, 1998.

[정재순 1997] 정재순, 「기본생활습관 교육을 위한 토의 교수전략이 유아의 기본생활습관 형성에 미치는 효과」, 한국교원대학교대학원 석사학위논문, 1997.

[최경순 1997] 최경순, 「아동발달에 따른 전통'효'가치관 및 양육실제」, 부산여자대학교 자연과학연구소 논문집 제3집, 139 - 163, 1997.

[한강희 1999] 한강희, 「가치딜레마를 활용한 토의식 수업과 역할놀이 수업이 도덕 판단력에 미치는 영향」, 한국교원대학교대학원 석사학위논문, 1999.

[한덕웅 1994] 한덕웅, 『퇴계심리학 – 성격 및 사회 심리학적 접근』, 성균관대학교 출판부, 1994.

[Bandura 1991a] Bandura, A. *Social cognitive theory of self – regulation.* Organizational Behavior and Human Decision Processes, 50, 248 – 287, 1991a.

[Bandura 1991b] Bandura, A. *Social cognitive theory of moral thought and action.* In W. M. Kurtines, & J. L. Gewirtz(Eds), Handbook of Moral Behavior and Development, Vol.1: Theory, 45 – 103, 1991b.

[Anderson 1973] Anderson and Bower, *Human associative memory*, 1973.

[Brooks 1991] Brooks, Rodney, "Intelligence without Representation", Artificial Intelligence, 47(1 / 3): 139 – 159,January 1991.

[Faigenbaum 1963] Faigenbaum, "The simulation of verbal learning behavior", Computer and Thought, pp.297 – 309, 1963.

[Lakoff, 1980] Lakoff, Goerge and Johnson, Mark, *Metaphors We Live By*, 1980.

[Lakoff 1999] Lakoff, George and Johnson, Mark, *Philosophy in the Flesh*: *The Embodied Mind and Its Challenge to Western Thought*, Basic Books, 1999.

[Hopkins 1995] Hopkins, Pamela Lee, "Simulating Hamlet in the classroom", (D – 4540 – 1), System Dynamics in Education in MIT, http://sysdyn.mit.edu/

[Mingers 1995] Mingers, John, *Self – Producing Systems*: *Implication and Application of Autopoiesis*, Plenum Press, 1995.

[Moren 2000] Moren, Jan and Balkenius, Christian, "Reflections on Emotion", Lund University Cognitive Science, Sweden, http://www.lucs.lu.se/People/Christian.Balkenius/, 2000.

[Reilly 1996] Reilly, W. S., "Believable Social and Emotional Agents", Technical Report CMS – 96 – 138, School of Computer Science, Carnegie Mellon University, Pittsburg, PA, May 1996.

[Sims 2000] The Sims, http://www.sims.com

[Friedman – Hill 1998] Ernest J. Friedman – Hill,
    http://herzberg.ca.sandia.gov/jess/
[Varela 1999] Francisco Varela, *Ethical Know – how*, Stanford Univ. Press, 1999.
[Rappaport 1999] Roy Rappaport, *RITUAL AND RELIGION IN THE MAKING OF HUMANITY*, Cambridge University Press, 1999.

유교 심성론에 근거한 체화방법이
유아의 기본생활습관 및 자율성에 미치는 효과*

강혜원, 유권종, 박충식

1. 문제의 제기

현대사회는 고도의 산업화와 정보화를 추구하며, 급격한 물질적, 외형적 발전을 이루고 있지만, 그 반작용으로 가치관의 혼란, 탈도덕적 병리현상 등 여러 사회문제가 야기되고 있다. 우리나라의 경우 특히 핵가족화, 취업모 증가, 결손가정 확대 등 가족구조의 변화와 입시경쟁으로 인한 지식중심의 학교교육으로 인해 전통적인 가치관과 규범이 혼란스럽게 되어 이를 극복하기 위한 새로운 윤리의식이 요청되고 있다. 즉, 가정과 학교에서 아동에 대한 체계적인 도덕교육을 통해 올바른 인성을 길러야 한다는 필요성이 자주 제기되고 있으며 각급 학교에서도 도덕교육을 위한 방안 마련에 부심하고 있다.

* 『아동학회지』 22집 4호, 한국아동학회, 2001.12

유아교육의 경우 1969년 제1차 유치원교육과정에서부터 2000년 3월부터 시행 중인 제6차 유치원교육과정에 이르기까지 각 교육과정마다 표현의 차이는 있으나 도덕성의 함양 또는 도덕교육의 강화가 일관되게 강조되어 왔다. 특히 제5차 교육과정부터는 특정 영역만이 아니라 전 생활 영역에서 유아의 기본습관과 태도를 형성시킬 수 있는 내용을 강조하였고, 제6차 교육과정에서는 기본생활습관 및 협동적인 생활태도의 함양을 개정 중점방향의 하나로 강조하였다. 즉, 21세기의 세계화·정보화 시대를 주도할 건전한 인성과 창의성을 계발하려면 무엇보다 기본적이고 기초적인 교육을 충실히 해야 하며, 더불어 살아가는 태도 및 인간 존중의 가치관교육이 더욱 강화되어야 한다는 것이다.(교육부, 1998: 29.)

본 연구는 이러한 중요성을 갖는 유아의 도덕성을 함양시킬 수 있는 교육방법을 모색하는 데 기본목적이 있으며, 이를 위해 전통적인 유교 예교육에서 중시되어온 교육방법이 관심을 두었다. 유교의 禮에 바탕을 둔 修身교육은 心身 양면에 중요한 변화를 가져오는 전통적인 인격형성방법으로 인정되어 왔기 때문에 도덕교육에 관해 축적된 우수한 노하우로써 현대인의 도덕교육에 시사하는 바가 클 것이다. 물론 현대의 학교교육에서 기본적인 예절교육이나 도덕교육이 관례적으로 실시되어 오고 있지만, 그 방법의 효용이나 우수성을 구체적으로 입증하는 연구들은 많지 않다. 또한 최근 아동의 인지발달, 도덕적 추론능력의 배양에 목표를 두고 있는 교육방법들이 실시되고 있고, 도덕적 추론능력의 배양이 도덕적 행동으로 연결된다고 전제하지만(정재순, 1997) 이를 구체적으로 검증하는 경우는 거의 없다. 이에 본 연구에서는 유교적 심성론에 근거한 전통적인 예교육방법을 현대의 교육현장에 응용함으로써 도덕적 사고와 행동을 함께 증진시킬 수 있는 방안을 모색하고자 한다.

본 연구에서는 유교 禮에 바탕을 둔 修身교육에서의 교육방법을 체화방법(embodiment method)이라고 정의하였다. 체화방법은 '예 덕목들에 대한 생각과 실천을 병행하여 예가 체화된 마음을 형성하는 방법'을 의미한다.

　예교육이란 예절을 익혀서 규범에 순응하고 질서를 자율적으로 지키는 인간으로 육성한다는 기본취지를 지니고 있지만 그 의의와 가치는 여기에 한정되지 않는다. 유교 예교육의 궁극적 목적은 공자와 같은 성인, 군자의 인격체를 지향하는 것이다. 성인이란 仁의 德을 體得하여서 어느 상황에서나 그 仁이 즉각적 · 자발적으로 발휘되도록 하고, 그것으로써 생을 일관하는 사람을 말한다.(유권종 · 박충식, 2000.) 이러한 예교육의 목적의식을 핑가레트는 다음과 같이 표현하였다. 예는 인간적 충동의 완성, 즉 충동의 문명적 표현이지, 결코 형식주의적인 비인간화가 아니다. 예를 학습하게 되면 제례와 같은 신성한 의식의 현장에서나 혹은 일상생활의 현장에서나 그 상황에 맞는 행위가 억지 없이 자연스럽게 발출되는 것이다. 여기서 억지 없이 자연스럽다는 말을 '기계적' 또는 '자동적'이라고 생각하지 않는 것이 중요하다. 오히려 '자연스러운 자발성'이 발휘됨으로써 예식에 참여하는 개개인들이 진지하고 성실하게 몸과 마음을 움직이기 때문에 예식에는 생명력이 있으며, 그러한 생명력으로 인해서 외부적 · 타율적 강제력 없이도 예식에 참여하는 개개인들이 서로 서로 한마음이 되어 협조하는 미묘함과 놀라운 복잡성이 존재하는 것이다.(허버트 핑가레트, 1993: 29～32.) 또한 바레라는 유교의 예교육에 대해 다음과 같이 언급하였다. 오늘날 서구인들은 그들의 도덕교육에 있어서 양성해야 하는 도덕적 능력을 이성, 즉 사고의 힘에 두고 있는 경우가 대부분이다. 그러나 현대의 인지과학은 인간의 도덕실천능력의 중요한 기반을 이성적 추론능력에서 찾지 않고 이성적 추론능력보다 더 근원적인 것으로 '수시로 변화하면서 닥쳐오는 상황에 즉각적으로 대처하는 숙련된 대응방식(immediate coping)을 얼마나 가지고' 있는가 하는 점에서 구한다. 인지과학의 관점에서 볼 때 사람의 도덕적 행위에서 이성적 추리란 항상 자동적으로 작동하는 것이 아니고, 우리의 익숙한 관습이 통용되지 않을 때 혹은 특정상황의 전개로 갈등상황에 처할 때야 비로소 작동하는 것이기 때문이다. 따라서 일상의 경우 이성적 추리보다는 경험에 의해 익혀진 즉각적인 대응방식들의 비중이 훨씬 높다고 볼 수 있다. 이러한 즉각적 대처능력은 하루아침에 이루어지는 것이 아니고, 사고하는 방법만 알아서 되는 것도 아니다. 무엇보다도 장기간에 걸친 반복학습에 의한 습관화를 통해 사고와 행위가 함께 긴밀한 상호관계를 유지하는 가운데 발휘되는 윤리의 노하우(ethical know-how)로써 즉각적인 대처능력을 양성하는 것이 중요하다.(Varela, 1999: 23~25.)

이런 면에서 우리가 흔히 유교의 예교육에 대해 가지는 고정관념, 즉 예절을 행동적 습관(형식)으로만 간주하고, 이러한 외현적 행동이 나타나기까지 작용한 내재적 측면(의식)을 간과하는 관점은 재고될 필요가 있다. 즉, 예는 형식과 의식의 조화인 것이다. 예는 형식만능 또는 무형식을 용인하지 않는 동시에, 선한 마음을 적절한 형식으로 세련되게 나타내는 것 모두를 포함한다.

이러한 입장은 『예기(禮記)』 옥조편(玉藻篇)에 나오는 군자다운 아홉 가지 용모(九容)와 『논어(論語)』 계씨편(季氏篇)에 나오는 아홉 가지 생각하는 태도(九思)에서도 살펴볼 수 있는데, 특히 아홉 가지 생각하는 태도[1]는 예절이 단순히 행동이 아니라 상황에 맞게 무엇을 하여야 하는 가를 스스로 터득하도록 도와주는 일종의 '마음의 형성과 관련된 심신단련 학습과정·방법'임을 말해준다. 즉, 단순히 특정행동을 주입하는 것이 아니고 그것을 몸에 익혀서 그 방법으로 어떠한 상

---

1) 視思明(무엇인가 대상을 바라볼 때는 명확하게 보기를 생각한다), 聽思聰(무엇인가 들을 때는 그것이 무슨 의미인지 분명하게 알아듣기를 생각한다), 色思溫(자신의 얼굴색을 나타내는 데 있어서는 항상 온화하게 하여서 화나고 매섭게 하는 기색이 없도록 하기를 생각한다), 貌思恭(몸가짐은 공손하고 단정하게 하기를 생각한다), 言思忠(말을 할 때는 거짓이나 속임이 없는 충실하고 믿음직한 말을 하기를 생각한다), 事思敬(일을 할 때는 그 일에 마음을 다 쏟고 신중히 행하기를 생각한다), 疑思問(의문이 날 때는 질문할 것을 생각한다), 忿思難(성이 날 때는 그 마음을 스스로 누를 것을 생각한다), 見得思義(이득이 되는 것을 보면 사람 간에 옳은 처신이 무엇인가를 먼저 생각한다).

황이든지 응대할 수 있도록 체득하는 것을 의미하는 것이다.

그러나 이러한 유교적인 교육방법은 고전 속에서 언급되어 왔을 뿐 경험적으로 연구된 경우가 없다. 즉, 지금까지의 유교 예교육방법에 관한 연구들은 대부분 기존의 문헌들을 토대로 전통적 유교교육이 현대의 교육에 주는 의의를 논하거나(이건인·송순, 1994, 최경순, 1997), 현 교육과정에 나타난 전통적인 교육내용을 분류, 분석하는 연구들(문미옥·류칠선, 2000, 이경무, 1999)이었다. 문미옥과 류칠선(2000)은 소학에 나타난 아동교육론을 분석한 논문에서 아동교육방법을 지행합일·자기 조절교육·탐구학습·단계적 학습·구성주의적 모방학습·경전 들려주기로 구분하였다. 이 중 지행합일이란 아동을 교육하는 데 일상생활의 작고 가까운 것을 실천하는 행동을 먼저 가르치고 자라감에 따라 그 행동의 의미를 깨닫도록 하는 것인데, 이러한 방법은 사고를 강조하는 인지발달이론과 외적 행동을 강조하는 행동주의 이론의 한계를 극복한, 행동의 습관화(실천)와 그에 따른 지혜(사고)의 동시적 성장을 강조하는 관점이라고 해석하였다. 또한 유권종 등(간행 중)은 이러한 유교교육의 방법을 경험적으로 입증하려는 시도로서 성리학 심성론에 근거한 심성모델을 개발하고, 공학적 시뮬레이션을 이용하여 유교 예교육의 효용성을 분석하였다.

반면 지금까지 유아 예절교육의 효과나 기본생활습관의 증진과 관련된 논문들에서 많이 활용되어 온 방법은 토의방법이다. 이와 관련된 연구들은 가치의 인식과 내면화를 통한 행동화를 강조하였고, 도덕적 갈등상황에 대한 토의를 주요 교육방법으로 활용하였는데, 대부분 토의방법이 관례적인 교육방법보다 유아 및 아동의 도덕적 사고 증진에 효과적이라는 결과를 보고하고 있다.(김정준, 1993, 안영진, 1998, 정재순, 1997.) 또한 교육부(1996)는 유아의 도덕성 함양을 위해 집단토의를 활용하는 교사용 지침서를 개발하였다.

이런 점을 감안하여 본 연구에서는 유교 예교육방법인 체화방법과 지금까지 효과가 자주 입증되어 온 토의방법을 함께 비교함으로써 체화방법의 효용성을 확인하고자 한다.

한편 유교적 심성론에 근거한 체화방법은 위에 언급되었듯이 사고와 행동을 병행하는 방법이기 때문에, 단순히 반복학습에 의한 행동 자체의 변화만을 목적으로 하지 않는다. 즉, 체화방법은 행동빈도의 증가만이 아니라 행동의 자율적 실천에 도움을 줄 것이라고 가정하였다. 이에 따라 본 연구에서는 예교육의 효과를 검증함에 있어 해당 예절교육내용의 행동화 정도 대신, 전반적인 기본생활습관 정도와 일반적 자율성에 있어서의 변화를 종속변인으로 선정하였다. 이러한 시도는 체화방법의 효과와 행동주의적인 반복훈련의 효과를 구분할 수 있는 근거가 될 수 있다고 본다.

또한 본 연구에서는 체화방법의 효과가 연령에 따라 차이가 있는가를 검증하고자 한다. 이는 유아들의 경우 연령에 따른 발달상의 차이가 크기 때문인데, 첫째, 연령별로 기본생활습관 및 자율성 정도의 변화가 다를 수 있고, 둘째, 체화방법은 생각과 실천을 병행하는 방법이기 때문에 유아의 인지적 성숙 정도에 따라 그 효과가 달라질 가능성이 있기 때문이다.

종합하면 본 연구의 목적은 유교 예교육방법인 체화방법과, 비교적 효과가 입증된 토의방법 및 기존의 관례적인 수업방법을 비교하고, 이의 연령에 따른 차이를 살펴봄으로써 유교 심성론에 근거한 체화방법, 즉 '예 덕목들에 대한 생각과 실천을 병행하여 예가 체화된 마음을 형성하는 방법'이 유아의 기본생활습관 및 자율성에 미치는 효과를 확인하는 것이다.

본 연구에서 설정한 구체적인 연구문제는 다음과 같다.

1. 체화방법은 토의방법 및 관례적인 예교육방법에 비해 효과적인가?
    1-1) 체화방법으로 예교육수업을 받은 유아와 토의방법 및 관

례적인 예교육방법으로 수업을 받은 유아의 기본생활습
관 정도에 차이가 있는가?

　1 – 2) 체화방법으로 예교육수업을 받은 유아와 토의방법 및 관
례적인 예교육방법으로 수업을 받은 유아의 자율성 정도
에 차이가 있는가?

　2. 체화방법의 효과는 연령에 따라 차이가 있는가?

2. 연구방법

1) 연구설계

본 연구의 설계는 3(수업방법: 체화, 토의, 관례)×2(연령: 만 4세, 만
5세)의 요인방안 설계이다.

2) 연구대상

본 연구의 대상은 경북 경주시 소재 L유치원 유아 161명이었다. 이
를 집단별로 살펴보면 체화집단이 54명(4세 29명, 5세 25명), 토의집
단이 53명(4세 30명, 5세 23명), 관례집단이 54명(4세 29명, 5세 25명)
이었다. 각 집단은 반별로 배치되었다. 이는 본 연구에서의 프로그램
내용이 현장성이 높아 무선 배치보다는 반별 배치가 더 효과적이라고
판단되었기 때문이다. 이로 인해 발생할 오차의 문제는 종속변인 측정
시 3회의 교사 사전교육 및 공변량분석을 통해 처리하였으나, 결과에
미칠 수 있는 영향이 있음을 배제하기 어렵다.

3) 연구도구 및 절차

가. 예교육프로그램의 구성

　예교육프로그램 내용은 『養正篇』과 유치원 교육과정, 초등학교 1, 2학년의 교육과정을 비교 분석하여 선정하였다. 유교에서 아동교육의 주요 지침으로 삼는 예절교육서로 『小學』을 들 수 있는데, 愚伏(鄭經世)은 『小學』보다 더 쉽게 이해하고 몸에 익히기 좋은 아동의 예절교육 지침서로 『養正篇』을 편찬하였다. 『養正篇』은 크게 '몸과 마음을 檢束하는 예', '집안에서 부모께 효도하고 나아가 스승과 어른을 섬기고 길을 오고 갈 때의 예', '서당에서 학업을 익힐 때의 예'로 구성되어 있고 모두 28조목의 예절을 담고 있다.(유권종, 1996.) 본 연구에서는 양정편의 28조목과 유치원 교육과정 및 초등학교 1, 2학년 교육과정을 비교·분석하여 공통적인 내용을 추출한 후, 유아교육현장에서 실시할 수 있는 6주간의 예교육프로그램으로 구성하였다. 프로그램의 핵심내용은 바른 자세, 공손한 인사, 문안인사, 바른 말, 바른 식사 및 바른 대화이다.(보다 자세한 내용은 유권종 등, 간행 중 참조.)

나. 예교육프로그램 실시 절차

(1) 사전검사

　사전검사는 2000년 10월 16일에서 10월 28일에 걸쳐 실시되었는데, 기본생활습관 검사와 자율성 검사의 2가지로 구성되었다.

　두 검사는 모두 교사관찰로 측정되었는데, 기본생활습관 검사를 먼저 실시하고, 이의 수거가 끝난 후 자율성 검사를 실시하였다. 이때 교사관찰의 객관성을 보장하기 위해 3회의 교사 사전교육을 시행하였는데, 사전교육은 검사문항 내용의 현장 타당성 검토, 검사실시방법에 대한 이해 및 합의과정으로 구성되었다.

(2) 예교육프로그램의 실시

예교육프로그램은 2000년 10월 30일(월)에서 12월 9일(토)까지 총 6주간 실시되었다. 체화집단은 매주 월요일 새로운 내용으로 수업활동을 하고, 이 후의 기간 동안 계속 생각과 실천을 병행하도록 하였으며, 스티커를 통해 실천 여부를 확인하였다. 이때 스티커 사용은 실천을 위한 방안이지 강화물이 아니란 점에 유의하여, '스티커를 받기 위해 실천을 하는' 강화물로 사용되지 않도록 조처하였다. 토의집단은 매주 월요일 새로운 내용으로 토의수업활동을 하고 해당 주 목요일 2차 토의를 하였다. 토의집단은 토의를 통한 가치의 인식과 내면화를 강조하는 집단이기 때문에, 모든 집단에 공통되는 교구 이외에 별도의 교구도 함께 사용되었다. 관례집단은 매주 월요일 새로운 내용으로 관례적인 수업활동만을 하였다.

구체적인 프로그램 진행방식 및 사용교구는 <표 3>, <표 4>와 같다.

<표 3> 예교육프로그램 진행방법

집 단	단 계	수업내용
체 화	도 입	-목표 제시 및 동기유발: 도덕적 문제사태 제시 및 파악
	전 개	-자료 제시 -체화과정 제시 -시범 및 실습
	정 리	-도덕적 실천동기 부여 및 체화과정 실행 약속
	체 화	-생각과 실천의 누적적 반복 (이전의 모든 내용 실천-매일 스티커 점검)
토 의	도 입	-목표 제시 및 동기유발: 도덕적 문제사태 제시 및 파악 : 도덕적 문제의식 갖기
	전 개	-자료 제시 -**토의(1)**: 문제사태와 관련된 규범 찾기 및 의미 알기 관련 규범의 필요성과 타당성 찾기 도덕적 판단의 연습 -**토의(2)**: 실천 후의 감정, 주위 사람의 반응 등에 대한 토의
	정 리	-도덕적 실천동기 부여
관 례	도 입	-목표 제시 및 동기유발: 도덕적 문제사태 제시 및 파악
	전 개	-자료 제시 -시범 및 실습
	정 리	-도덕적 실천동기 부여

<표 4> 예교육프로그램 활용 교구

주	내 용	기본교구(모든 집단 공통)	토의반 별도 교구
제1주	바른 자세	▶ 바른 자세 관련 사진(5장)	▶ 바르지 못한 자세 그림카드(6종)
제2주	공손한 인사	▶ 공손한 인사법 관련 사진(4장)	▶ 인사 관련 그림카드(10종) 및 배경판(1종)
제3주	문안인사	▶ 문안인사 관련 사진(10장)	▶ 집에서 가져온 가족사진 및 종이
제4주	바른 말	▶ 어머니, 아버지 그림카드 ▶ 상황단어카드 (인사, 전화, 식사, 대화) ☞토의반 제외	▶ 테이프동화(반말쟁이 정희) 및 막대인형(5종)
제5주	바른 식사	▶ 가족이 식사하는 사진(2장)	▶ 바르지 못한 식사 그림카드(6종)
제6주	바른 대화	▶ 비디오(유아 언어발표) ☞토의반 제외	▶ 비디오(유아 언어발표-바른 / 바르지 못한 발표 포함)

(3) 사후검사

사후검사는 12월 11일(월)부터 12월 20일(수)까지 실시되었다. 사후 검사는 사전검사와 동일한 기본생활습관 검사와 자율성 검사의 2가지로 구성되었다.

(4) 추수검사

추수검사는 2001년 1월 15일(월)부터 1월31일(수)에 걸쳐 실시되었다. 이 기간은 실험이 끝난 후 6주째이며 이 중 약 3주간의 방학 기간이 포함되어 있다. 추수검사 질문지는 연구자가 제작하였고, 담임교사에 의한 개별면담으로 실시되었다.

4) 종속변인 및 자료분석

본 연구에서 사용된 종속변인 측정도구는 유아 기본생활습관 평가도구와 자율성평정척도 및 추수검사 질문지였다.

가. 유아 기본생활습관 평가도구

사전검사와 사후검사도구는 국립교육평가원(1996)에서 개발한 유아 기본생활습관 평가도구(교사용)였다. 이 검사는 모두 56문항(청결 13, 질서 12, 예절 14, 절제 17)이었는데, 현장 교사들의 검토를 거쳐 현재 유치원에서 측정이 가능하지 않은 4개 문항을 제외하여 총 53문항으로 구성하였다. 본 검사에서 사용된 검사의 하위문항은 청결 12문항, 질서 11문항, 예절 14문항, 절제 16문항 총 53문항이었고, 사전검사 점수를 사용하여 산출한 하위 영역 및 전체 신뢰도(Cronbach α) 계수는 .75 ~ .94였다.

이 검사는 모두 관찰법으로 시행되며, 5단계 Likert식 평정척도 형식으로 구성되었다. 그리고 평정은 행동을 자율적 / 타율적으로 시행하는 정도에 기초를 두고 있다. 즉, 1점에 가까울수록 타율적인 행동, 5점에 가까울수록 자율적인 행동임을 나타낸다.

나. 일반적 자율성 검사도구

자율성 검사는 DeVries(1986)가 유아의 일반적 자율성, 사회도덕성 인지, 신체발달을 평가하기 위해 개발한 평정척도를 문미옥(1988)이 번안한 것 중 일반적 자율성 문항들을 사용하였다. 일반적 자율성 척도는 솔선성(2문항), 자신감(4문항), 독립심(5문항), 책임감(3문항), 선택 놀이에의 참여도(2문항)의 5개 하위요인(총 16문항)으로 이루어져 있는데, 모두 4단계 Likert식 평정척도 형식으로 구성되었다. 평정은 점수가 높을수록 자율성이 높음을 의미한다. 본 검사대상의 사전검사 점수를 사용하여 산출한 Cronbach α계수는 .89였다.

다. 추수검사 질문지

추수검사 질문지는 예절 지키기 내용 중 기억나는 것을 모두 이야기하기(자유반응)와 행동 후 부모님 / 선생님을 공경하는 마음의 정도(더 적어짐, 거의 같음, 더 많아짐, 잘 모르겠음)를 묻는 2문항으로 구성되었다. 이 질문지는 담임교사가 유아들을 개별적으로 면담하여 측정하였다.

이상에서 수집된 자료들은 SPSS PC^{+} 통계프로그램을 사용하여 처리되었는데, 통계분석으로는 신뢰도(Cronbachα), 공변량분석(ANCOVA)과 변량분석(ANOVA) 및 사후검증(Scheffé), 교차분석(Crosstabs)이 사용되었다.

3. 결과 및 해석

본 연구는 실험처치가 만 4세와 만 5세 각 반별로 실시된 관계로, 4세와 5세 간에 또 반별로 사전점수에 차이가 나타났다. 이에 결과 분석은 사전검사 점수를 공변인으로 하여 사후검사 – 사전검사 점수 간의 차이점수에 대한 공변량분석을 하였다.

1) 체화방법의 효과에 관한 분석

가. 기본생활습관 평가점수의 분석

예교육프로그램 실시 후 교사가 평정한 기본생활습관 정도의 변화를 확인한 공변량분석 결과는 <표 5>, <표 6>과 같다. 우선 <표 6>에서 보면 집단과 연령의 주 효과 및 집단*연령의 상호작용 효과가 모두 나타났다($p < .001$).

여기서 집단의 주 효과 내용을 <표 5>에서 살펴보면 체화집단(M = 31.81, SD = 13.95), 토의집단(M = 17.62, SD = 22.30), 관례집단(M = – 3.65, SD = 18.56)의 순서로 점수가 높았는데, 사후검증 결과 세 집단의 점수 간에 유의한 차이가 있음이 밝혀졌다(Scheffé 검증 $p < .05$).

<표 5> 집단 및 연령별 유아 기본생활습관 평가점수의 평균과 표준편차

연령	체화집단	토의집단	관례집단
	M (SD)	M (SD)	M (SD)
만 4세	26.41 (14.36)	1.80 (9.63)	– 3.76 (21.99)
만 5세	38.08 (10.63)	38.26 (16.31)	– 3.52 (14.01)
전 체	31.81 (13.95)	17.62 (22.30)	– 3.65 (18.56)

<표 6> 집단 및 연령 간 유아 기본생활습관 평가점수의 공변량분석 결과

변량원	자유도	자승화(TypeⅢ)	평균자승화	F
공변인(사전점수)	1	4357.97	4357.97	21.71***
집 단	2	36685.19	18342.59	91.38***
연 령	1	13319.34	13319.34	66.35***
집단*연령	2	8552.80	4276.40	21.30***
오 차	154	30913.69	200.74	
전 체	161	126243.00		

***p < .001

즉, 예 항목에 관한 생각과 실천을 병행한 집단은 예 항목에 관한 토의를
한 집단 및 관례집단보다 기본생활습관 점수가 유의하게 향상되었다. 또한
토의집단은 관례집단보다 기본생활습관 점수가 유의하게 향상되었다. 따라서
예 항목에 관한 생각과 실천을 병행하는 체화방법은 토의방법 및 관례적인
방법에 비해 기본생활습관의 향상에 더 효과적이라고 할 수 있다.

그리고 이러한 경향성은 기본생활습관 평가검사의 청결, 질서, 예절,
절제의 4개 하위 영역 모두에서 거의 유사한 것으로 나타났다.

나. 일반적 자율성 점수의 분석

예교육프로그램 실시 후 변화된 일반적 자율성 정도의 공변량분석 결과
는 <표 7>, <표 8>과 같다. 우선 <표 8>에서 보면 집단과 연령의 주
효과 및 집단*연령의 상호작용 효과가 모두 나타났다(p < .001).

<표 7> 집단 및 연령별 일반적 자율성 점수의 평균과 표준편차

	체화집단	토의집단	관례집단
	M (SD)	M (SD)	M (SD)
만 4세	3.79 (6.67)	-0.23 (4.41)	3.03 (3.29)
만 5세	7.24 (3.62)	8.74 (3.92)	1.04 (3.66)
전 체	5.39 (5.69)	3.66 (6.12)	2.11 (3.57)

<표 8> 집단 및 연령 간 일반적 자율성 점수의 공변량분석 결과

변량원	자유도	자승화(TypeⅢ)	평균자승화	F
공변인(사전점수)	1	546.49	546.49	33.15***
집 단	2	343.96	171.98	10.43***
연 령	1	825.22	825.22	50.06***
집단*연령	2	598.98	299.49	18.17***
오 차	154	2538.56	16.48	
전 체	161	6865.00		

***p〈.001

여기서 집단의 주 효과 내용을 <표 7>에서 살펴보면 체화집단(M=5.39, SD=5.69), 토의집단(M=3.66, SD=6.12), 관례집단(M=2.11, SD=3.57)의 순서로 점수가 높았는데, 사후검증 결과 세 집단의 점수 간에는 서로 부분적인 관계가 있음이 밝혀졌다(Scheffé 검증 p〈.05). 즉, 체화집단과 토의집단 간에는 유의한 차이가 없고, 토의집단과 관례집단 역시 유의한 차이가 없었다. 그러나 체화집단과 관례집단 간에는 유의한 차이가 나타났다. 즉, 예 항목에 관한 생각과 실천을 병행한 집단은 관례적인 수업활동만 한 집단보다 자율성 점수가 유의하게 향상되었다고 말할 수 있다.

따라서 예 항목에 관한 생각과 실천을 병행하는 체화방법은 관례적인 방법에 비해 자율성의 증진에 더 효과적이라고 할 수 있다.

2) 체화방법 효과의 연령별 차이에 관한 분석

가. 기본생활습관 평가점수의 분석

예교육프로그램 실시 후 교사가 평정한 기본생활습관 정도의 변화를 확인한 공변량분석 결과(<표 5>, <표 6> 참조)에서는 집단*연령의 상호작용 효과가 나타났다(p〈.001). 여기서 집단*연령의 상호작용효과를 <표 5> 및 <그림 8>을 통해 분석해 보면 다음과 같다.

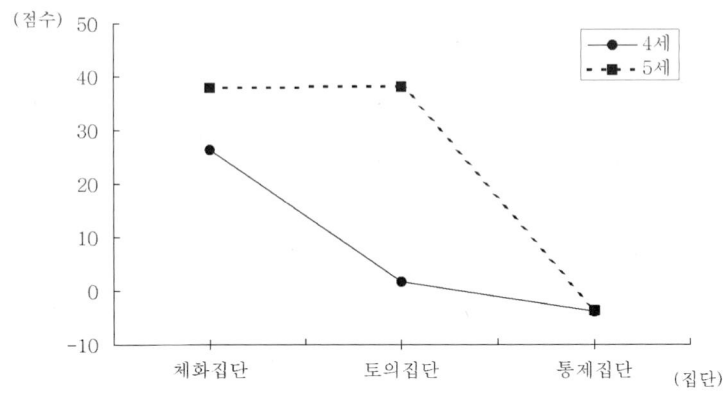

<그림 8> 집단 및 연령별 유아 기본생활습관 평가점수의 평균비교

우선 4세의 경우 체화집단(M = 26.41, SD = 14.36)의 점수만이 토의
집단(M = 1.80, SD = 9.63) 및 관례집단(M = - 3.76, SD = 21.99)에 비해
유의한 수준에서 높았다(Scheffé 검증 p〈.05). 그러나 5세의 경우는
체화집단(M = 38.08, SD = 10.63)과 토의집단(M = 38.26, SD = 16.31)이
관례집단(M = - 3.52, SD = 14.01)에 비해 평균점수가 유의하게 높았다
(Scheffé 검증 p〈.05).

즉, 예 항목에 관한 생각과 실천을 병행한 집단은 예 항목에 관
련된 기존의 수업활동만 한 관례집단에 비해 4세와 5세 모두 기본
생활습관 점수가 유의하게 향상되었으나, 예 항목에 관한 토의를 한
집단은 5세의 경우에만 관례집단보다 유의하게 높은 향상을 보였다.
반면 예 항목에 관한 관례적인 수업활동만 하는 것은 모든 연령에
서 기본생활습관의 향상에 기여하지 못했음을 알 수 있다. 따라서 3
가지 수업방법 중 체화집단과 토의집단의 효과는 연령에 따라 차이
가 있다고 볼 수 있다.

또한 이러한 경향성은 기본생활습관 평가검사의 청결, 질서, 예절,
절제의 4개 하위 영역 모두에서 거의 유사한 것으로 나타났다.

나. 일반적 자율성 점수의 분석

예교육프로그램 실시 후 교사가 평정한 유아의 일반적 자율성 정도 에서의 변화를 확인한 공변량분석 결과에서(<표 7>, <표 8> 참조) 집단*연령의 상호작용 효과가 나타났는데(p < .001), 이 상호작용 효과 를 <표 7> 및 <그림 9>를 통해 분석해 보면 다음과 같다.

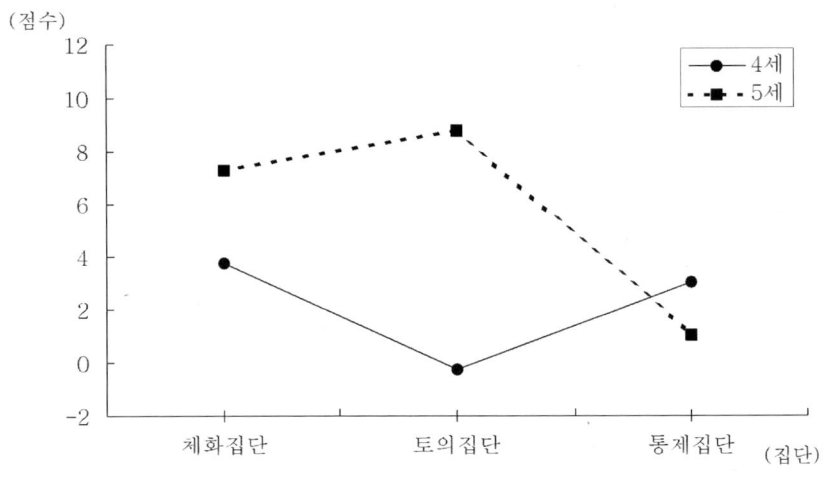

<그림 9> 집단 및 연령별 일반적 자율성 점수의 평균비교

우선 4세의 경우 체화집단(M = 3.79, SD = 6.67)과 관례집단(M = 3.03, SD = 3.29)의 점수가 유사했고 토의집단(M = - 0.23, SD = 4.41)의 점수 가 이보다 낮게 나타났는데, 사후검증 결과 체화집단과 통제집단의 점 수가 토의집단보다 유의한 수준에서 높았다(Scheffé 검증 p < .05). 즉, 토의집단의 자율성 정도가 관례집단보다도 낮았다. 반면 5세의 경우는 토의집단(M = 8.74, SD = 3.92), 체화집단(M = 7.24, SD = 3.62), 관례집단 (M = 1.04, SD = 3.66)의 순서로 평균점수가 높게 나타났는데, 사후검증 결과 체화집단과 토의집단의 점수는 유사했고, 이 두 집단의 점수가 관례집단보다 유의하게 높은 것으로 나타났다(Scheffé 검증 p < .05).

따라서 5세의 경우는 예 항목에 관한 생각과 실천을 병행하거나 예 항목에 관한 토의를 하는 것이, 관례적인 수업만 하는 것보다 일반적 자율성을 증진시키는 데 효과적이라 할 수 있다. 그러나 4세의 경우는 예 항목에 관한 생각과 실천의 병행이나 예 항목에 관한 토의가 관례적인 수업활동에 비해 유의하게 효과적이라고 볼 수는 없다. 따라서 3가지 수업방법의 효과는 연령에 따라 차이가 있다고 볼 수 있다.

3) 추수검사 분석

가. 예교육프로그램 하위내용 회상 정도

예교육프로그램이 종결된 후 6주째(3주의 방학 기간 포함), 유아들이 프로그램 내용을 얼마나 기억하고 있는가를 확인하기 위해 프로그램 내용의 회상 개수에 대한 이원변량분석을 실시하였는데(<표 9>, <표 10> 참조), 집단 간(p < .001), 연령 간(p < .01) 주 효과와 집단*연령의 상호작용 효과(p < .01)가 모두 나타났다.

<표 9>에서 우선 집단 간 주 효과를 살펴보면, 체화집단(M = 3.89, SD = 1.08), 토의집단(M = 3.21, SD = 1.08), 관례집단(M = 2.02, SD = 1.25)의 순서로 점수가 높았는데, 사후검증 결과 세 집단이 유의한 수준에서 서로 차이가 있음이 밝혀졌다(Scheffé 검증 p < .05).

즉, 예 항목에 관한 생각과 실천을 병행한 집단은 토의집단 및 관례집단보다 6주 후 프로그램 내용을 회상하는 정도가 더 높았다. 또 토의집단은 관례집단보다 프로그램 내용의 회상빈도가 더 높았다. 따라서 예 항목에 관한 생각과 실천을 병행하는 체화방법은 토의방법 및 관례적인 방법에 비해 6주 후 프로그램의 내용을 더 잘 기억하고 있다고 볼 수 있다.

다음으로 집단*연령의 상호작용 효과를 <표 9> 및 <그림 10>을 통해 분석해 보면 다음과 같다. 우선 4세의 경우는 체화집단(M = 4.03, SD = 1.05), 토의집단(M = 2.83, SD = 0.95), 관례집단(M = 1.55, SD = 1.27)의 순서로 회상빈도가 높게 나타났다(Scheffé 검증 p 〈 .05). 그러나 5세의 경우는 체화집단(M = 3.72, SD = 1.10)과 토의집단(M = 3.70, SD = 1.06)이 관례집단(M = 2.56, SD = 1.00)에 비해 회상빈도가 유의하게 높았다(Scheffé 검증 p 〈 .05).

즉, 예절에 관한 생각과 행동을 병행한 체화집단 및 예절에 관해 토의를 한 토의집단은 관례적인 수업을 받은 집단에 비해 4세와 5세 모두 6주째 프로그램 내용을 회상하는 정도가 높았다. 그리고 4세의 경우는 체화집단이 토의집단에 비해 회상 정도가 더 높은 반면 5세의 경우는 두 집단 간에 회상 정도에 차이가 없음을 알 수 있다. 따라서 3가지 수업방법 중 체화집단과 토의집단의 회상 정도는 연령에 따라 차이가 있다고 볼 수 있다.

<표 9> 집단 및 연령별 예교육프로그램 하위내용 회상 개수의 평균과 표준편차

연 령	체화집단	토의집단	관례집단
	M (SD)	M (SD)	M (SD)
만 4세	4.03 (1.05)	2.83 (0.95)	1.55 (1.27)
만 5세	3.72 (1.10)	3.70 (1.06)	2.56 (1.00)
전 체	3.89 (1.08)	3.21 (1.08)	2.02 (1.25)

<표 10> 집단 및 연령 간 예교육프로그램 하위내용 회상 개수의 변량분석 결과

변량원	자유도	자승화(Type III)	평균자승화	F
집 단	2	92.19	46.10	39.61***
연 령	1	10.73	10.73	9.22**
집단*연령	2	14.08	7.04	6.05**
오 차	155	180.37	1.16	
전 체	161	1787.00		

***p 〈 .001, **p 〈 .01

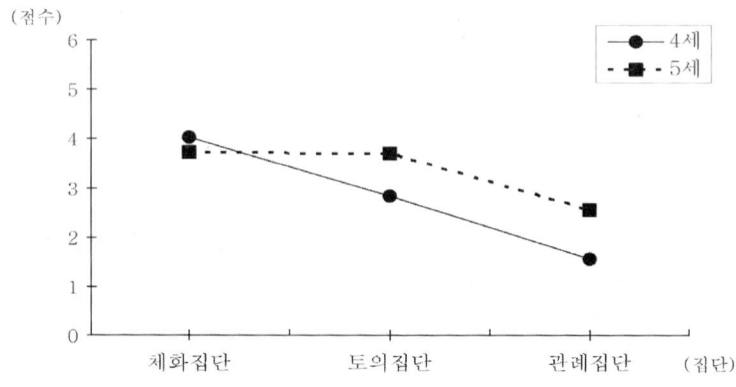

<그림 10> 집단 및 연령별 예교육프로그램 하위내용 회상 개수의 평균비교

나. 예교육프로그램 실시 후 부모님 / 선생님을 공경하는 마음의 변화 정도

예교육프로그램 종결 후 6주째(3주간의 방학 기간 포함) 유아들에게 예교육을 받기 전과 받은 후 부모님 / 선생님을 공경(감사, 사랑 혹은 배려 / 생각)하는 마음이 어떻게 변화했는가를 확인한 결과가 <표 11>에 제시되어 있다.

우선 전체적으로 보면 체화집단, 토의집단, 관례집단의 순서로 공경하는 마음이 더 많아졌다(p 〈 01). 이를 연령별로 살펴보면 4세의 경우는 체화집단이 토의집단과 관례집단보다 유의하게 공경하는 마음이 많아졌고, 토의집단과 관례집단 간에는 거의 차이가 없었다(p 〈 01). 그러나 5세의 경우는 토의집단이 공경하는 마음이 가장 높아졌고, 체화집단, 관례집단의 순서로 나타났다(p 〈 01).

즉, 예 항목에 관한 생각과 실천을 병행한 체화집단은 예 항목에 관한 관례적인 수업을 받은 집단에 비해 4세와 5세 모두 공경하는 마음이 많아졌다. 그러나 토의집단은 5세의 경우는 공경하는 마음이 관례집단보다 월등히 더 많아진 반면, 4세의 경우는 공경하는 마음이 관례집단과 유사함을 알 수 있다.

<표 11> 예교육프로그램 실시 후 부모님 / 선생님을 공경하는
마음의 정도에 대한 교차분석 ( ) = %

정 도	만 4세			만 5세			전 체			계
	체화 집단	토의 집단	관례 집단	체화 집단	토의 집단	관례 집단	체화 집단	토의 집단	관례 집단	
더 적어짐						1 (4.0)			1 (1.9)	1 (0.6)
거의 같음	4 (13.8)	16 (53.3)	13 (44.8)	4 (16.0)	2 (8.7)	13 (52.0)	8 (14.8)	18 (34.0)	26 (48.1)	52 (32.3)
더 많아짐	25 (86.2)	14 (46.7)	14 (48.3)	19 (76.0)	21 (91.3)	11 (44.0)	44 (81.5)	35 (66.0)	25 (46.3)	104 (64.6)
잘 모르겠음			2 (6.9)	2 (8.0)					2 (3.7)	4 (2.5)
계	29 (100.0)	30 (100.0)	29 (100.0)	25 (100.0)	23 (100.0)	25 (100.0)	54 (100.0)	53 (100.0)	54 (100.0)	161 (100.0)
유의도	$x^2 = 15.69^{**}$ df = 4			$x^2 = 19.90^{**}$ df = 6			$x^2 = 18.50^{**}$ df = 6			

**p < .01

4. 논의 및 결론

본 연구에서 얻어진 결과들을 중심으로 논의하면 다음과 같다.

첫째, 체화방법의 효과에 관한 분석 결과 체화방법은 토의방법 및 관례적인 방법에 비해 기본생활습관의 증진에 효과적임이 밝혀졌고, 관례적인 방법에 비해 자율성 증진에 효과적임이 밝혀졌다. 이 점은 추수분석에서 체화방법이 토의방법 및 관례적인 수업방법에 비해 프로그램 하위내용의 회상 정도 및 부모님 / 선생님을 공경하는 마음의 정도가 높게 나온 결과를 통해서도 지지될 수 있다. 따라서 전체적으로 볼 때 체화방법은 토의방법 및 관례적인 예교육방법에 비해 효과적이라고 말할 수 있다.

이 결과는 유교적 심성론에 근거한 예교육방법인 체화방법, 즉 생각과 행동을 병행하는 방법이 유아의 기본생활습관 및 자율성 증진에 효과적임을 의미하며, 따라서 유교 예교육방법의 효과를 경험적으로 입증했다는 점에서 가장 큰 의의를 갖는다. 지금까지 유교 예교육을 직접 다룬 연구들은 대부분 기존 문헌을 토대로 당위적으로 긍정적인 담론을 제시한 것들이다.(이건인·송순, 1994, 장성모 외, 1998, 최경순, 1997.) 물론 오랜 시간에 걸쳐 비형식적인 교육으로 실행되어 오면서 유교적 교육방법의 가치와 효과가 예측될 수는 있겠지만, 우리나라에서 이런 유교 예교육방법의 효과를 실증적으로 확인한 연구가 거의 없었다는 점에서 볼 때, 본 연구의 결과는 의미 있으며 앞으로 새로운 연구의 방향을 제시해 줄 수 있다고 본다.

한편 지금까지 도덕성이나 예교육에 관해 이루어진 경험적 연구들은 상당수가 인지발달이론에 근거하였는데, 연구방법은 주로 갈등상황에 대한 토의였고, 토의방법이 유아의 예교육에 도움이 된다는 결과들이 일관되게 보고되고 있다.(교육부, 1996, 안영진, 1998, 정재순, 1997.) 본 연구에서는 이런 점에 착안하여 유교 예교육방법을 토의방법 및 관례적인 수업방법과 함께 비교함으로써 유교 예교육방법의 효과를 보다 분명하게 확인하고자 시도하였는데, 연구결과 체화방법은 만 5세에서는 토의방법과 동등한, 만 4세의 경우는 토의방법보다 더 나은 효과가 있음이 확인되었다. 특히 본 연구의 종속변인인 기본생활습관 검사와 일반적 자율성 검사는 단순한 행동빈도의 측정이기보다는 그러한 행동을 얼마나 자율적으로 하는가에 초점을 두는 방법이다. 따라서 체화방법의 효과는 단순한 반복의 효과를 넘어서는 결과라 볼 수 있다. 즉, 체화방법은 행동빈도의 증가만이 아니라 행동의 자율적 실천에 도움을 주는 것이라 볼 수 있다. 이런 점에서 체화방법은 특히 가치가 있다고 본다.

둘째, 체화방법 효과의 연령별 차이에 관한 분석 결과 세 방법 간에 연령에 따른 차이가 나타났다. 즉, 만 5세의 경우 성리학 심성모델에 근거한 체화방법을 사용한 유교 예교육방법은 관례적인 수업방법보다 기본생활습관과 자율성 증진에 효과적이라고 볼 수 있으며, 그 효과의 정도는 토의방법의 효과와 유사했다. 만 4세의 경우는 체화방법이 토의방법이나 기존의 수업방법보다 기본생활습관과 자율성 증진에 대체로 효과적이며, 특히 토의방법보다도 유의한 수준에서 효과가 있었다. 이 점은 추수분석에서 프로그램 하위내용의 회상 정도 및 부모님 / 선생님을 공경하는 마음의 정도에서도 확인되었다.

즉, 체화방법은 연령에 관계없이 효과가 있었던 반면, 토의방법은 만 4세의 경우 효과가 거의 없는 것으로 나타났다. 이러한 결과는 토의방법이 연령에 따른 인지적 발달수준의 차이에 영향을 받는 데 비해, 유교 예교육방법은 연령의 영향을 덜 받기 때문에 발생한 결과라고 추론해 볼 수 있고, 따라서 인지능력의 발달이 선행되어야 하는 토의방법보다 유용성이 높다고 볼 수 있다.

인지발달과 관련된 연구들은 연령 증가에 따라 인지나 도덕성 발달단계가 높아진다고 보고하지만, 대부분의 연구들에서 연령에 따른 차이를 보는 경우는 최소한 초등학교 이상을 기준으로 한다.(문경상·나귀옥, 1994, 안영진, 1998.) 이는 갈등상황에 대한 추론의 경우 유아기는 가장 낮은 단계로 함께 묶여서 취급되기 때문이라고 여겨진다. 그러나 본 연구에서는 토의집단의 경우 만 4세와 만 5세 간에 기본생활습관의 향상 정도에 차이가 나타났다. 이것은 유아들은 인지능력이 전체적으로 제한되지만 동시에 연령 간 발달 정도의 차이가 크기 때문에 연령에 따라 토의의 효과가 달라질 수 있음을 생각하게 한다. 이 점은 유아들의 연령 단계를 구분하여 진행되는 다양한 추후연구들을 통해 좀더 규명될 필요가 있다고 본다.

이상에서 유교 심성론에 근거한 유아 예교육방법의 효과를 분석하고 논의하였는데, 이 논의 외에 본 연구가 가지는 부수적인 의의를 몇 가지 제시하면 다음과 같다.

첫째, 본 연구의 예교육프로그램 내용 선정에서, 17세기 조선시대 영남지역 퇴계학파의 연원에서 배출한 예학자 愚伏(鄭經世)이 아동의 예절교육서로 편찬한 『養正篇』의 내용과 유치원 교육과정 및 초등학교 1, 2학년의 교육과정을 비교 분석하여 유교의 예교육 내용을 포함시킨 예교육프로그램을 개발한 점은 본 연구의 의의로 들 수 있다.

지금까지 유치원에서의 기본생활습관 항목은 청결, 질서, 예절, 절제의 4개 영역 구성이 관례였고(국립교육평가원, 1996), 그중 예절은 가정생활, 집단생활, 국가에 대한 예절로 구성되어 있다. 그러나 본 연구에서는 유교의 예교육 내용과 유치원, 초등학교 교육과정 내용을 비교 · 분석함으로써, 유교의 예교육 내용과 우리나라의 현 교육과정 내용이 기본적으로 같은 맥락에 있음을 밝혔고, 예 하위항목을 구성하는 새로운 방식을 제시하였다. 지금까지 우리의 제도교육은 유교적 전통과의 관련성을 고려하지 않았다고 볼 수 있다. 그러나 본 연구결과 유교적인 교육내용들이 현재의 교육 속에서도 함께 다루어질 수 있는 가능성을 찾았다는 점에서 의의가 있다고 볼 수 있다.

둘째, 본 연구에서는 실험 종료 후 6주째(3주의 방학 기간 포함) 실시한 추수검사에서 예교육프로그램 하위내용을 회상하는 정도와 예교육프로그램 실시 후 부모님 / 선생님을 공경하는 마음의 변화 정도를 측정하여, 체화집단의 유아들이 토의집단이나 관례집단에 비해 예교육 내용을 보다 많이 기억하고 있고, 또한 부모님 / 선생님에 대한 공경의 마음이 좀더 많아졌다는 긍정적인 효과를 얻었다.

유교에서 예교육을 통해 인격을 형성한다는 것은 예교육이 心身 양면에 중요한 변화를 가져온다는 의미이다. 우리나라 성리학자들은 일찍부터 이 점에 주목하여 예를 학습하거나 실천하는 修身에 노력하는 동시에, 그 변화의 원리를 理氣論과 心性論 등으로 탐구하고 心의 구조와 작용을 圖解하여 인격형성의 원리를 쉽게 표명하고자 시도하였다.(윤사순, 1997.) 본 연구진은 이런 점에 착안하여 성리학적 도덕 심성모델을 구축하고 이것을 경험적 연구 및 공학적 시뮬레이션을 이용하여 검증하려고 시도하고 있다.(유권종 등, 간행 중 참조.) 본 연구는 유교 예교육에서 중시된 체화방법이 유아의 기본생활습관 및 자율성에 미치는 효과, 즉 과정이 아니라 결과를 분석하였지만, 추수검사를 통해 성리학적 도덕 심성모델의 진행과정에 일부 포함될 수 있는 부분들, 즉 기억(念, 慮, 憶) 및 四端이 發出되어 관련된 모든 요소가 이를 중심으로 일관된 패턴을 형성하게 되는 과정(恭敬하는 마음의 변화)에 대한 단서를 얻게 되었다. 앞으로 이 단서를 토대로 하여 생각과 행동이 진행되어 가는 순서 및 순환과정 등 성리학적 도덕 심성모델의 전체 과정을 측정할 수 있는 방안을 구상하고, 이 과정의 각 시점에서 아동의 내면적인 상태를 측정하는 연구가 필요하다고 본다.

본 연구는 경험적인 방법을 통해 유교 예교육방법인 생각과 실천을 병행하는 체화방법이 유아의 예교육방법으로 효과적임을 입증했다는 데 가장 큰 의의를 갖는다. 그러나 본 연구는 예교육프로그램의 실시기간이 6주로 단기간에 걸친 효과라는 제한점을 갖는다. 따라서 앞으로 보다 장기간에 걸친 프로그램의 실시를 통해 체화방법의 효과를 검증한 후, 유아교육기관이나 초등학교에서 사용될 수 있는 구체화된 유교 예교육 활동프로그램으로 개발될 수 있을 것으로 기대한다.

참고문헌

교육부(1998). 『유치원 교육과정 해설』.

교육부(1998). 『초등학교 교육 과정 해설(Ⅱ) - 우리들은 1학년, 바른 생활, 슬기로운 생활, 즐거운 생활, 특별 활동 - 』.

교육부(1996). 『유아 도덕성 함양을 위한 토의자료』.

국립교육평가원(1996). 『유치원 교육평가 - 기본생활습관 평가연구 / 세계의 유아교육 비교연구 - 』.

김정준(1993). 「가설적 갈등상황의 토의가 유아의 도덕적 추론에 미치는 영향」, 이화여자대학교대학원 박사학위논문.

문경상·나귀옥(1994). 「인지적 도덕발달이론의 단계이행과정에 대한 분석」, 순천향대학교논문집 제17권 제1호, 357 - 366.

문미옥(1988). 「구성주의 유아교육과정의 효과에 관한 연구」, 이화여자대학교대학원 박사학위논문.

문미옥·류칠선(2000). 「소학에 나타난 아동교육론」, 아동학회지 제21권 제1호, 한국 아동학회, 215 - 234.

안영진(1998). 「갈등상황 토론학습이 아동의 도덕적 추론능력과 조망수용 능력에 미치는 효과」, 건국대학교대학원 박사학위논문.

유권종(1996). 「愚伏의 禮學思想」, 『愚伏鄭經世先生硏究』, 愚伏先生紀念事業會.

유권종·강혜원·박충식(간행중). 「성리학 심성모델 시뮬레이션을 이용한 유교 예교육 효용성 분석」, 한국철학회.

유권종·박충식(2000). 「퇴계학, 구성주의, 인공지능: 도덕 심성모델의 새로운 시도」, 제13회 한국철학자연합대회: 21세기를 향한 철학의 화두 - 인간·사회·자연에 관한 새로운 성찰(대회보 3), 철학연구회주관 한국철학자연합대회, 2000. 11. 23 ~ 25.

윤사순(1997). 『한국유학사상론』, 예문서원.

이건인·송순(1994). 「유교 아동교육의 현대적 조명」, 원광대학교논문집 제28집, 293 - 317.

이경무(1999). 「도덕·윤리과 교육의 목표 및 내용과 한국전통사상－도덕·
　　　윤리과 교육에 있어서 한국전통사상의 위상과 역할(2)－」, 서원대
　　　학교교육대학원 교육논총 제3집, 257－277.

장성모 외(1998). 「인성교육의 동양적 전통과 초등 도덕교육」, 한국교원대
　　　학교 부설 교과교육공동연구소 연구보고 RR 96－Ⅰ－1, 1－36.

정재순(1997). 「기본생활습관 교육을 위한 토의 교수전략이 유아의 기본생
　　　활습관 형성에 미치는 효과」, 한국교원대학교대학원 석사학위논문.

최경순(1997). 「아동발달에 따른 전통'효'가치관 및 양육실제」, 부산여자대
　　　학교 자연과학연구소논문집 제3집, 139－163.

한덕웅(1994). 『퇴계심리학－성격 및 사회 심리학적 접근』, 성균관대학교
　　　출판부.

허버트 핑가레트(저) 송영배(역)(1993). 『공자의 철학』, 서광사.

Varela, F.(1999). *Ethical Know－How*. Stanford University Press.

『愚伏集』, 成均館大學校 大東文化研究院 影印本.

『論語』季氏篇.

한국인의 유교적 마음의 구성에 대한 분석과 이에 기초한 청소년 예교육모델 개발*

유권종, 최상진, 강혜원, 김경호

1. 연구의 목적과 방법

본 연구는 유교문화, 특히 禮문화에 의하여 형성된 한국인의 도덕적 심성의 구조와 그 학습원리를 철학적 관점과 사회-문화심리학적 시각에서 분석 고찰하고, 그 결과를 바탕으로 가정, 학교, 사회 등에서 필요한 청소년의 도덕적 인성 함양과 이의 실천을 위한 禮교육프로그램 개발을 목표로 삼는다. 이 목표에 접근함에 있어 본 연구에서는 한국 유가철학의 心學 및 禮學에 관한 연구, 한국인의 '마음(心)'에 대한 문화심리학적(cultural psychology) 연구, 그리고 도덕 심성 함양 교육원리에 관한 교육학적 연구를 학제적으로 구현하는 방식을 택한다.

* 『철학탐구』 18, 중앙대학교 중앙철학연구소, 2005. 11

본 연구의 기본적 취지는 다음과 같다. 현재 미국, 일본 등 선진국에서는 21세기 국가발전의 기본전략을 도덕적 심성을 갖춘 창의적인 인재의 양성으로 삼고 그에 적합한 인성교육의 원리와 창의성 개발 프로그램을 집중적으로 개발하고 있다. 이 상황에서 한국에서도 도덕적 인성과 창의적 사고의 양성을 위한 실효성 있는 연구와 교육프로그램의 개발이 절실히 요구된다. 그러한 요구는 다음과 같은 사회적 상황을 배경으로 하여 성립되는 것이다. 한국은 현재 정보사회로의 변동과 세계화의 과정이 예상 외로 급속히 진행되는 가운데 東西 가치관의 갈등적 혼재에 의한 도덕적, 문화심리적 아노미를 체험하고 있으며, 사회 지도층과 교육계에서는 이에 대처할 수 있는 적절한 청소년 인성지도 이념과 도덕교육의 원리를 발견하지 못한 상태에서 고민하고 있다.

이러한 상황을 초래한 주요 원인의 하나로는 우리의 전통문화적 의식구조에 융합되기 어려운 서구문화의 무분별한 도입과 추종을 들 수 있다. 즉, 자신의 이익추구를 共同善보다 중시하는 개인주의적 가치와 정신적 측면인 인간의 道義보다 물질적 가치를 중시하는 공리주의 이념에 입각한 서구 교육이론들이 바로 그러한 것들이다. 더불어 이러한 결과를 초래한 일부의 원인은 우리의 전통에 근거하거나 전통을 계승 발전시키는 자생적 학문역량의 배양을 소홀히 하였고, 전통학문의 장점을 파악하고, 그것을 현실에 구현할 수 있는 적절하고도 효과적인 방법을 정립하는 노력이 부족하였다는 점을 들 수 있다.

이러한 문제점을 놓고 본다면, 우리에게 필요한 것은 가치관의 갈등과 혼란의 현상을 해소하고 청소년은 물론 그들을 지도하는 교사와 부모의 자기 정체성을 정립하며, 아울러 국가발전의 초석이 되는 인재 양성을 위한 교육모델 개발과 실천적 적용의 방법을 모색하는 일이다. 가치관의 정립, 자기 정체성의 확립 및 교육모델 개발과 적용이 성과를 거두기 위해서는 한국의 역사문화적 맥락과 한국의 문화적 의식구조에 적합한 교육모델의 정립이 필요하다고 할 수 있다. 한국의 역사문화적 맥락과 문화적 의식구조에 적합한 교육이론과 기법은 다름 아닌 현재 한국문화와 한국인의 의식구조의 기반이 되고 있는 유교문화의 전통을 외면할 수는 없는 것이다.

그러한 의미에서 본 연구는 과거 조선시대 혹은 그 이전부터 형성된 한국인의 문화와 심리 속에 구축된 '禮 구성체'를 밝히고 그것을 적절한 방식으로 현대 한국인의 문화와 심리 속에 재구축하는 작업이 된다.(유권종, 최상진, 2003.) 한국인의 일상생활 속에서 발견되는 유교적 삶의 양식은 한국인의 내면에서 작용하는 예를 중시하는 유교적 사고방식의 결과라고 볼 수 있다. 그렇다고 할 때 우리는 한국인의 내면에는 禮를 중심으로 하는 문화적 삶과 사유의 체계가 구성되어 있다는 가설을 세울 수 있다. 그 예를 중심으로 하는 문화적 삶과 사유의 체계를 개념화하여 '예 구성체'라 하고자 한다. 이 '예 구성체'는 현재에도 한국인의 심리 구성체의 작동과 지향을 조작하고 결정하는 역할을 지속한다고 생각된다. 이러한 점을 밝히고, 그에 입각하여 한국사회와 청소년에게 적합한 도덕교육의 모델을 개발하고자 하는 것이 본 연구의 목적이다. 이러한 목적을 구현하기 위해서 필요한 것은 청소년의 도덕 인성 함양과 예 실천 교육문제와 관련하여 한국문화, 한국의 청소년 의식구조에 적합한 자생적 예교육이론을 개발하고, 그 적합성과 효과성을 실증적으로 검토해 보는 일이다.

이를 위해 본 연구에서는 다음과 같은 두 단계의 연구를 실천하고자 한다. 첫째 단계는 전통 유교의 심성이론에 대한 철학적, 문화심리학적, 교육학적 메타분석을 통해 '도덕적 심성 함양과 예교육모델'을 추출하는 이론적 연구로 구성된다. 둘째 단계는 그 모델에 입각한 교육프로그램을 가정, 학교, 사회 등 도덕 심성교육의 제 현장에 적용해 봄으로써 그 '실용적 및 생태적(복잡계 실제현장 중심적) 타당성을 검증'하는 연구로 구성된다.

본 연구의 결과로써 전망할 수 있는 것은, 기존의 윤리교육의 심리학적 기반이 서구인의 도덕심리학 이론에 기초하여 이루어진 것을 문제 삼고 극복할 수 있는 길을 열어 본다는 점이다. 서구의 도덕심리학은 인간의 내면적 심리현상과 인지발달에 대한 설명이론체계로써 접근하는 방식을 위주로 한다면, 한국의 성리학은 목표 지향성이 있는 심성계발을 주축으로 삼는 교육의 방식을 사용한다는 점에서 많은 차이를 보인다. 본 연구는 현재 한국사회의 일선 현장에서 나타나고 있는 도덕교육의 부실화의 배경에 서구 도덕심리학 이론에 기초한 교육원리의 무리한 적용에 있다고 판단한다. 따라서 이 분야의 연구가 진척되어 심리학, 교육학, 인지과학 등의 제 분야의 학문과 소통할 수 있는 학제간 소통의 방법론을 찾는다면 이러한 문제는 어느 정도 해소될 수 있을 것이다.

이렇게 본다면 본 연구는 학제 간 소통의 방법론을 찾는 하나의 시도라고도 할 수 있으며, 이를 바탕으로 목표 지향성이 분명한 한국의 심학적 전통과 관련된 예교육모델을 재정립함으로써 청소년 교육의 실질적 효과를 제고할 수 있는 도덕교육의 틀을 모색하는 새로운 시도라고도 할 수 있다.

2. 한국인의 유교적 마음 구성의 문화적 배경: 예학과 심학

유학은 그물같이 얽힌 인간관계를 최적의 상태로 유지함으로써 집단과 개인이 평안하고 발전한다는 통찰을 해 왔다.(유권종, 2001.) 그 통찰로 볼 때 사회의 인간관계를 최적화할 수 있는 방법은 우선 禮라는 규범체계를 건립하고 그것을 사회구성원들이 자발적으로 실천하여 상호 신뢰를 확보하면서 상호 조화를 지속시켜 가는 방법이다. 예 규범체계의 건립은 사회의 객관적 삶의 조건을 예라는 문화적 규범의 체계로 수립하는 것을 의미하고, 구성원들이 자발적 실천과 상호 신뢰 및 조화는 구성원들의 주관적 활동의 전 체계 역시 그것과 부합하도록 건립되는 것을 의미한다.(상동) 이것이 유학이 구현하고자 하는 이상사회로 가는 두 가지 커다란 축이 되는 것이다. 유학사상이 聖學, 理學, 心學, 禮學, 實學 등으로 명명되었던 것은 이러한 실천적 방법과 목표 등에 대한 다양한 이해와 방법론적 체계가 있었음을 의미한다. 본 연구에서는 이 중에서도 예학과 심학의 상호관계를 밝힘으로써(유권종, 2003) 성학의 성취에 단지 心뿐 아니라 심신을 병행하는 수신이 필수적이며, 그때 예에 부합하는 행위가 유학이 지향하는 도덕적 마음의 구성에 연관되는 방식을 설명하고자 한다.

예는 개인의 내면적 도덕 윤리의 문제에서부터 가정과 사회 그리고 국가의 차원으로 확대되어 典章, 制度, 文物, 法制 등을 제정하는 기준으로 작동한다. 특히 예를 구성하는 원리는 五倫의 방식에서 벗어나지 않는데, 개인적 삶과 사회적 삶의 관건은 바로 이러한 인간관계를 바탕으로 한 신의와 조화 여부라고 보는 것이 유학이다. 유학에서 이처럼 신의와 조화를 관건으로 삼는 것은 가정으로부터 사회의 다양한 영역에 이르기까지 무수히 중첩되어 연결되는 인간관계를 조성하고 유지하는 것이 단지 객관적 규범의 강요만으로 이루어질 수 없다는 공통의 이해가 작용한 결과라고 할 수 있다.

그리고 구성원의 내면에서 발출되어서 외부로 표출되는 일련의 작용들이 예의 체계와 일치되거나 조화되는 것이 필요하다. 그렇다고 할 때 객관적으로 존재하는 규범을 학습하고 그것과 일치되거나 조화되는 실천의 방법을 익히는 것이 일차적으로 요청되고, 나아가서 예와 부합하는 행위와 사유가 항상 자연스럽게 이루어지도록 하는 것이 궁극의 목표가 된다. 이 과정이 예의 단계별이다. 예를 들어 공자가 "자신의 욕망을 극복하여 예로 돌아가는 것이 인을 실현하는 것"(克己復禮爲仁)이라 하여 안연에게 인을 구현하는 방법으로 언급한 것은 예의 학습과 실천의 단계에서 말한 것이고, 또 칠십이 되어서 "마음이 원하는 대로 따라 해도 법도를 어기지 않는다."(從心所欲不踰矩)고 한 것은 자연스러운 실천이 가능한 내면화의 성취단계를 보여준 것이다.

예를 내면화한다는 것은 예를 몸과 마음의 활동체계가 되도록 하는 것인데, 그것은 일종의 體化(embodiment)의 방식이라고 할 수 있다. 체화란 인간이 예를 자신의 존재로 구현하는 것을 말한다. 이 체화의 방식과 관련하여서 사유와 행위의 주체인 인간의 마음을 어떻게 이해하며 인간의 마음과 몸은 어떻게 해야 상호 일관되어서 전일적인 인격을 성취할 수 있는가 하는 근본적인 물음이 제기된다. 조선의 성리학자들이 발전시킨 心學은 바로 이 문제에 대한 답을 제시하고 있다.

심학의 구체적인 원리의 분석에 앞서서 그 배경이 되는 성리학에서의 심학의 역사와 그 내용에 대하여 간단히 살펴보자. 16세기 이래 조선 유학계는 육왕계 심학의 유입으로부터 자극되어 기존의 정주성리학적 가치체계와 예 사상을 유지하기 위한 자생력을 모색한다. 이 과정은 곧 인간의 심성으로 내재하는 禮와 사회의 질서체계로서 외재하는 禮가 어떻게 상호 조응하는가에 관심을 갖고 있는 정주계 심학의 강화로 나타난다. 이 시기에는 예학적 가치체계를 담고 있는 『小學』을 비롯하여 이를 내면화하는 방법까지도 다룬 『近思錄』, 『性理大全』, 『大學衍義』 등의 성리학 서적과 『心經附註』, 『朱子語類』, 『朱子大全』 등의 서적이 유입되면서 예학에 기초한 聖學, 心學의 이념이 확산된다.(김경호, 2003.) 반면에 명나라로부터 유입되기 시작한 육왕계 심학은 극복의 대상이 되는데, 그 이유를 심학적 견지에서 분석하면 다음과 같다.

육왕계 심학, 특히 양명 심학에서는 心卽理의 명제를 통해 心이 곧 理이고 仁임을 주장하여, 객관적 규범체계인 예의 존재를 개인의 주관 속에 포함하는 사고를 보여준다. 즉, 도덕과 예를 실천하고자 할 때 객관적으로 존재하는 규범체계에 자신의 사려와 행위를 비추어 보는 것이 아니라 자신의 내면에서 '내 마음의 理'를 확인함으로써 정당성을 찾는다는 것이다. 또 양명이 제기한 지행합일의 명제를 퇴계가 비판하였듯이, 양명 심학에서는 오랜 세월에 걸쳐 다듬어야 비로소 도덕적 지식과 어울리는 행위를 할 수 있는 신체의 문제를 간과하고 있다. 유가적 성인이란 理에 대한 마음의 자각뿐 아니라 예를 체화함으로써 心身一如, 表裏一致의 인격을 지니는 존재이다. 공자가 안연에게 克己復禮, 從心所欲不踰矩를 강조하였던 이유도 바로 이러한 점을 강조한 것이다. 이처럼 성리학의 견지에서 양명학은 현실의 삶에서 인간이 오랜 세월에 걸쳐 반복적으로 예를 시행하는 가운데 예를 체화한다고 하는 복잡하고도 장기적인 과정을 간과하는 점에서 현실적으로 설득력을 지니기 어려운 것이다.

이에 반하여 정주계 심학은 주관과 객관 두 측면에 대응하는 공부의 체계를 강구한다. 곧 性卽理의 명제를 통해서 마음의 理인 性의 실재를 주관적 작용의 근거로 삼고, 외부적으로는 天理의 節文인 예를 객관적 기준으로 삼는다. 그리고 이 양자를 삶의 과정 속에서 하나로 용해시킬 수 있는 방법, 즉 인간이 객관적 규범체계이자 질서인 禮에 자신의 주관적 理를 부합하도록 하는 방법을 찾는 것이다. 조선에서 정주계 심학이 우세하게 된 것은 단지 정통론의 우위에서만 볼 것이 아니라, 당시의 학자들에게 실제 인간교육에서 고려되어야 하는 실제적인 성취의 과정에 대한 진지한 성찰이 있었고 또 그러한 성찰이 경험적 차원에서도 타당성을 인정받을 수 있었기 때문이라고 할 수 있다.

그렇다면 정주계 심학은 과연 어떠한 학문적 특징을 지니는 것인가? 정주계 심학은 見性成佛의 禪的 觀照에 의한 마음의 자각을 성인의 성취의 방법으로 보지 않고, 예의 실천에 기초한 敬을 중심원리로 하여서 중화를 얻은 것을(致中和) 성인의 성취방법으로 간주한다. 조선시대의 정주계 심학은 性·情·意·念·慮·思·志 등 심의 요소와 작용에 대한 개념들의 체계화를 추구했고, 아울러 그 체계를 가 다듬어 자가적으로 발전시키는 수양의 이론들, 즉 誠, 敬의 원리를 비롯한 居敬, 窮理, 眞知, 力行 등의 방법론을 정립해 왔다. 때문에 정주계 심학은 예학과 긴밀한 연관을 지니는 것이다. 그렇다면 인간의 주관 속에서 내재한 '내 마음의 理'와 천리가 구현된 禮라고 하는 객관의 양면을 용해시킬 수 있는 방법을 어떻게 찾았던 것일까?

유학의 흐름에서 예학의 형성은 송대 이후 주희에 의해 예에 대한 우주론적 합리화(太極圖說)와 심학적 체계화(中和說)가 이루어지면서 구체화된다. 주희는 예의 제도적 실천 형태로 『家禮』를 체계화하고, 『小學』의 편찬과 이에 대한 교육을 통하여 풍속을 일신함으로써 도덕원리의 내면화를 추구한다. 즉, 중화 상태의 자발적 구현을 위한 선행조건이 『소학』으로부터 시작되는 예의 학습과 반복적 실천에서 비롯된다는 것이 주자학의 기본전제이다. 심학과 예학의 접점에서 가장 중요한 것은 居敬이 몸과 마음 양자를 묶어서 도덕으로 통일된 전일적 인격체를 구성하는 원리라는 점이다. 거경의 원리는 心과 身이라고 하는 분리될 수 없는 두 측면이 상호 제어하고 또 피드백의 과정에 의하여 양자가 서로에게 영향을 미칠 수 있다는 점을 보여준다. 퇴계는 경의 원리를 적극적으로 수용하여 자신의 聖學 체계 속에서 이를 중심원리로 삼았던 것이다. 그러므로 주자학이나 퇴계의 성학을 막론하고 거경의 원리가 중추를 차지하게 되면서 심의 체계화와 전인적 인격의 추구에 예의 학습과 실천은 절대적인 위상을 갖게 된 것이다.

이상과 같은 설명에 입각하여 마음과 관련된 문제를 탐구하는 현대학문의 관점에서 본다면, 심학은 성인이라는 이상적 인격체를 지향하는 목표 지향성을 지니는 학문체계이자, 스스로 성인의 인격체를 성취한다는 점에서 심학은 자가적 초월의 방법을 제시하는 학문체계이다. 결국 꾸준한 예의 학습과 내면화를 통해서 얻게 되는 敬의 태도를 마음에 초월적 발달체계를 스스로 구성하도록 하는 원리이자 그 실천방법으로 삼는 학문이 바로 심학이다.

3. 한국인의 유교적 마음의 작용 구조

여기에서 다룰 한국인에게 나타나는 유교적 마음의 작용 구조는 일종의 이론적 원리적 차원의 설명이다. 즉, 앞으로 심리학적인 접근을 통해서 밝히게 되는 것은 한국인의 심리현상 혹은 거기서 설명되는 행태와 관련한 것이고, 이는 실증적 조사와 그 결과의 분석을 통해 해명된다. 이를 통해서 한국인에게는 다른 민족이나 국민보다도 더 많은 유교적 심리 행태가 표출되거나 작용하고 있음이 밝혀질 것이다. 그런데 그러한 행태가 특정한 시공간에 한정되지 않고 적어도 조선시대 후기부터 지금까지 지속되는 이유를 고려해 본다면, 이러한 행태를 지속적으로 낳는 '구조 혹은 틀'의 존재를 생각해 볼 수 있다. 그러나 현실적으로 이러한 구조의 존재를 파악하는 것은 매우 어려운 일이고, 더구나 심리적 현상으로 표출되는 행태의 추적과 분석을 통해서 구조를 설명한다는 것은 더더욱 쉽지 않은 일이다.

그러나 다행스럽게도 조선시대의 심학은 마음의 작용과 그 행태를 낳는 구조에 대한 원리적 측면을 보여주고 있으며, 나아가서 오늘날 용어로 '마음모델'이라고 할 수 있는 도식도 많이 포함하고 있다. 여기서 말하는 '마음모델'에 해당하는 도식은 마음의 내적 구조를 분석적이면서도 체계적인 방법으로 제시한 그림을 말한다. 대표적인 것으로는 退溪, 河西, 秋巒 등에 의하여 작성된 天命圖를 거론할 수 있다.(유권종, 2002a.) 이들 외에도 조선시대 성리학자들은 마음의 구조와 그것의 작용에 관한 분석을 담은 글과 그림들을 많이 남겼는데, 이러한 그림들로부터 주목되는 사실은 다음과 같다.

조선시대 성리학자들의 그림들 가운데 주목되는 사실은 심학의 주요 개념을 항목화하고, 이를 기본단위로 삼아서 마음의 전체 구조와 작용체계를 설명하고 있다는 점이다. 조선시대의 심학은 성리학의 전개과정에서 마음의 문제에 주목하면서 실천의 문제(수양)를 특별히 강조하는 학문 분야인데 대체로『小學』,『近思錄』,『大學衍義』등 성리학의 기본공구서와 16세기 조선에서 주목받기 시작한『心經』과『心經附註』를 교과서로 삼아서 정립되었다.(김경호, 2003.) 여기서 사용된 개념들은 물론 유교의 경전들에서 이미 언급된 것들이고 주자를 비롯한 선구적 유학자들이 사용한 것들이지만, 이 서적들 속에서 유교심학의 개념들은 그 상호간 체계적 연관성이 더욱 확고해졌다고 할 수 있다. 심학의 주요 개념들이 개별적 단위가 되어서 마음의 작용을 이해하고 설명하는 것부터가 원래 실체를 포착할 수 없는 마음에 대한 구성의 시작이라고 할 수 있다.

심학에서 인간의 마음을 이해하고 설명하는 단위는 다음과 같은 것들이다. 우선 요소에 해당하는 것으로서, 즉 인간의 마음을 지칭하는 心이라는 개념을 비롯하여 性, 情, 意, 念, 慮, 思, 志, 臆, 度 등이 있다. 그에 부속하는 개념들로서 心에는 本心, 良心, 大人心, 赤子心, 人心, 道心 등의 요소들이 설정될 수 있다.(심경부주, 심학도) 性에는 本然之性, 氣質之性의 개념적 요소가 있고, 본연지성의 경우에는 仁, 義, 禮, 智의 四端이라는 요소가 있으며, 기질지성에는 木火土金水의 五行의 요소가 있다. 그리고 이 본연지성과 기질지성의 관계에 대해서는 不相離 不相雜의 이중적인 관계가 적용되기 때문에 四端七情論辨 혹은 人心道心論辨 그리고 人性物性同異論爭 등이 전개된 것처럼, 논란의 소지가 있는 것이다. 즉, 퇴계의「天命新圖」에서 보는 바와 같이 기질지성이 본연지성을 포함하여 양자가 동행하면서도 본연지성은 기질지성과 독립된 독자적인 것으로 인식되었던 경우와, 율곡의「心性情圖」와 같이 본연지성의 독립적 존재를 인정하지 않는 견해도 성립되었음을 알 수 있다. 따라서 이 性들로부터 발출되는 작용인 情에도 사단의 정과 칠정이 설정된다. 이에 관하여 퇴계는 양자가 근본적으로 다른 성으로부터 발출한다고 보아서 양자를 질적으로 서로 다른 정으로 구별하는 관점인 데 반하여 율곡은 칠정에 사단이 포함된다고 보아서 질적으로 양자는 다르지 않다고 보는 관점을 제시한다.

이와 더불어 유학자들이 중요하게 생각하였던 것은 意와 志의 요소였다. 그런데 이 의와 지는 앞에서 살핀 심-성과는 다른 점이 있다. 심과 성은 인간의 마음과 관련하여 일종의 존재론적 실체처럼 생각되었지만, 정을 비롯하여 의와 지는 그로부터 파생되어 나오는 작용으로 파악한다. 그러므로 심성과 정·의·지는 동일한 차원의 구성요소는 아니라고 할 수 있다.

이러한 공통점에도 불구하고 정과 의, 지는 다른 점이 있다. 그것은 정이 성으로부터 발출되는 작용으로서 성의 여하에 따라서 그 가치와 성격이 미리 정해지는 것이지만, 의, 지는 발출되기 이전부터 그 가치나 성격이 정해지는 것이 아니라 정과 결합함으로써 그 가치와 성격이 결정되는 것이고 또 그러한 성격과 가치의 결정에 의와 지의 자율적 작용이 있다고 인식된다는 점이다. 그것은 念, 慮, 思도 意, 志와 다르지 않다고 할 수 있다.

조선의 유학자들이 이러한 개념에 의지하여 심학을 발전시키면서 세운 공로는 무엇보다도 이 요소들의 심 내부적 상호관계에 대한 체계화와 그것을 초월적 상태로 발달시켜 나가는 실행적 방법을 체계화한 점에 있다. 여기서 말하는 초월이란 오랜 과정의 수양의 결과 발생하는 인격의 상태에 나타나는 변화의 양상이 이전 단계의 범위를 이탈하고 그보다 높은 단계로 상승하는 것을 의미한다. 이와 관련하여 심 내부적 상호관계에 대한 상세한 모형은 퇴계의 천명신도의 것이 구체적 모델로 삼기에 적당한 것이라고 판단된다. 여기서는 심 내부의 요소들이 심을 전체적 범주로 하여 성을 일종의 존재론적 실체로 가정하고, 그것으로부터 파생되는 작용들, 즉 정, 의, 사, 지 등의 상호의존적이며 상호 영향을 주고받는 관계로 인식되고 있음을 보여준다.

이들의 상호관계의 구조는 이미 만들어 본 모델이 있다.(유권종, 박충식, 2002.) 이 상호관계의 구조에서 중요한 것은 자체의 순환적인 상호작용을 어떠한 경로에 의하여 지속하는가에 따라서 심의 전체적 체계의 초월적 발달의 여부가 자기 원인적으로 결정된다고 하는 점이다. 자기 원인적이라고 하는 의미는 인격의 초월적 발달의 원인이 외부의 간섭이나 영향에 달려있지 않고, 내면의 심의 체계가 스스로의 인격을 구성하는 데 달려 있음을 의미한다. 이에 따라서 심을 초월적 자기 발달체계라고 설명할 수 있을 것이다.

심의 자기 초월적 발달체계의 구성과 관련하여 예교육이 중요하게 관련된다고 하는 것은 무엇을 의미하는 것인가? 심의 체계가 자기 초월로 나아가느냐 그렇지 못하느냐 하는 점은 전체의 구성요소가 일관된 방향과 내용으로 작용해 가는가 그렇지 못한가에 달려 있다고 성리학자들은 생각했다. 그래서 그들은 모든 요소들을 일관하여 심이 작용할 수 있도록 하는 一貫의 원리를 고려했고 그것을 매우 중시하였다. 敬과 誠이 바로 그 원리이다.

그런데 이러한 원리들이 모든 요소들을 주재하고 일관하여 전체의 구성요소들이 한결같은 방향을 지향하여 작용할 수 있도록 할 수 있는가의 여부는 아동 시기의 교육에 의하여 부여되는 그 초기적 상태의 형성이 중요하다고 할 수 있다. 그리고 아동 시기의 교육은 인지적 발달이 진행되는 단계에서 인지체계의 숙성이 요구되는 것인데, 조선시대 유학자들은 이러한 인지체계의 숙성을 단지 이성 능력의 함양에 달려 있다고 생각하지는 않았다. 이성 능력의 함양보다 선행되어야 하는 것은 신체의 활동체계를 예에 부합하도록 건립하는 것이라고 그들은 생각했다. 이것이 심의 전체적 체계의 발달 여부를 좌우하는 기초가 되는 것이다. 이 기초를 예교육을 통해서 강구하고자 하였던 것이 그들의 생각이었다.

나아가서 그 작용이 항상 유교의 도덕을 지향하도록 하는 수양의 방법을 제시한다는 공동의 목적을 지니고 있다는 점이다. 아울러 그러한 수양의 방법에 필수적이면서 절대적으로 관련되는 것이 예라고 하는 점도 매우 주목되는 것이다. 이미 다른 연구논문에서 밝힌 바이지만, 이러한 수양의 목표는 결국 인간의 마음속에 내재한 상이한 요소들과 그로 인한 다양한 작용들로 인해서 발생하기 쉬운 분열의 행태를 미연에 예방하고, 몸과 마음의 작용이 항상 전일적인 상태로 머물도록 하는 상태를 성취하는 것이다. 그 상태를 일단 敬에 의한 心의 주재라고 할 수 있다.

이러한 고찰과 아울러 다음 장에서 논의할 문화심리학의 실증적 연구의 적용 결과를 종합하여서 본 연구에서는 선행연구(유권종 최상진, 2003)에서 마련하였던 한국인의 유교적 마음모델을 보완하였다. 그 내용은 인간의 마음을 3차원으로 나누었는데, 첫째, 기질성 마음, 둘째, 상황발생적 마음, 셋째, 주인성 마음이다. 그리고 이들 마음에 통일성을 부여하는 것은 주인성 마음이라고 간주하고, 그것은 일시적으로는 의, 지와 같은 요소들의 작용에 의한 것으로 볼 수 있지만, 궁극적으로는 문화적으로 체화된 마음 전체의 작용이라고 보는 것이 본 연구자들의 관점이다. 특히 한국인에게는 이러한 주인성 마음의 획득이 다름 아닌 유교 예절의 습득 혹은 체화를 통해서 이루어진다고 보는 것이다.

마음모델에 기초하여 본 연구는 이러한 주인성 마음의 작용에 대한 관념을 비롯하여 기타 기질성 마음, 상황발생적 마음과 관련된 한국인들의 인식을 조사함으로써 현대 한국인들 역시 유교적 심학의 개념과 원리에 입각하여 마음에 관한 사유를 하거나 이해를 지니고 있다는 것을 확인하고자 한다. 아울러 이를 바탕으로 한국인의 도덕심의 제고와 도덕적 행위의 실천능력의 향상을 위한 교육에는 예절을 체화할 수 있도록 지도하는 것이 바람직하다는 점을 실증적 자료에 입각하여 입증하고자 할 것이다.

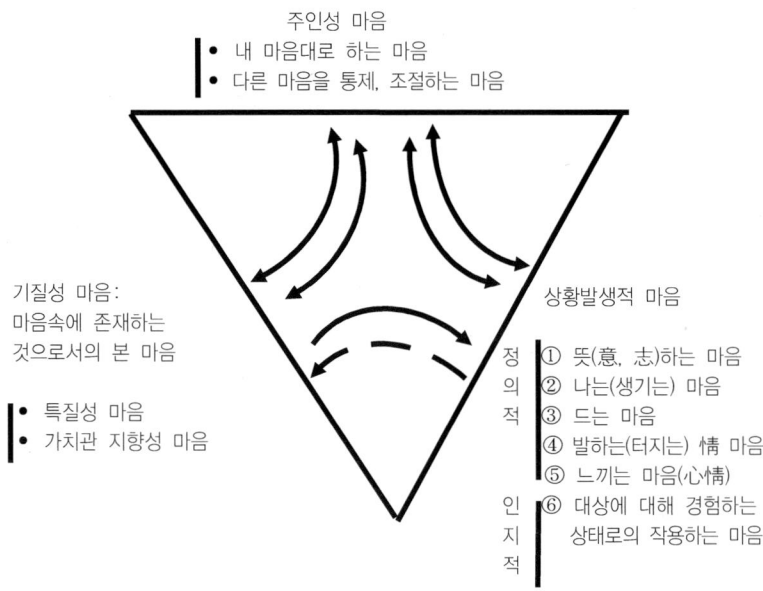

주인성 마음
- 내 마음대로 하는 마음
- 다른 마음을 통제, 조절하는 마음

기질성 마음:
마음속에 존재하는
것으로서의 본 마음

- 특질성 마음
- 가치관 지향성 마음

상황발생적 마음

정
의
적
① 뜻(意, 志)하는 마음
② 나는(생기는) 마음
③ 드는 마음
④ 발하는(터지는) 情 마음
⑤ 느끼는 마음(心情)

인
지
적
⑥ 대상에 대해 경험하는
상태로의 작용하는 마음

<그림 11> 마음의 3차원 구조1)

4. 한국인의 유교적 마음의 현상과 작용

　문화심리학 분야에서는 한국인의 유교적 마음의 행태를 실증적으로
검증하기 위하여 설문지 조사법을 사용하였다. 설문지 조사법은 두 가
지로 나누어 시행되었는데, 첫째, 한국인의 유교적 마음의 존재형태와
표출양식 및 사용맥락에 대한 연구와 둘째, 예절에 대한 사회적 표상
연구이다. 이 조사방법에 대한 소개는 생략하고 그 결과만을 간략하게
설명한다.

---

1) 이 그림은 유권종·최상진, 「한국인의 내면에 형상화된 '마음'―한국인의 마음 모델 구성을
　위한 기초 연구」 『동양철학연구』 34, 동양철학연구회, 2003. 10에서 인용한 것임

1) 마음의 존재형태와, 표출양식 및 사용맥락에 대한 연구(설문지 조사)

이 조사 연구는 ① 일상 언어에 대한 분석을 통해 마음의 구성형태와 내용을 분석하고, ② 문화적 심리현상인 마음에 대한 사회적 표상을 분석하고자 하는 것이다. 지금까지 서구 중심의 심리학에서는 마음(mind)을 태도나 성격 등과 같은 기질이나 성향성 개념으로 환원시켜 연구해 왔는데, 문화심리학에서는 마음이 역사-사회-문화적으로 구성됨을 지적하여, 객관적 행동보다는 주관적 마음 경험을 중요시하고 개체 발생적이기보다는 사회 속에서 집단적으로 언어적 매개를 통해 소통되는 실재적 마음에 관심을 보여 왔다.(Bruner, 1990, Lillard, 1998.)

최상진 등(2000, 2001, 2002)은 일련의 마음에 관한 연구를 통해, 마음은 사회적으로 통용되고 문화적으로 기능하며 사회-역사-언어적으로 구성된다고 보고, 한국문화의 일상생활에서 마음은 행위 해석 및 이해에 필수적임을 직시하여, 마음이란 말의 일상적 사용맥락과 마음이란 말에 대한 일반인의 표상 분석을 통해 마음의 유형을 밝혀낸 바 있다. 마음은 행위자 자신의 기질이나 타고난 심성으로 인해 안에서 저절로 생기며 성장하고 발달한다. 또한 삶의 과정에서 겪게 되는 경험에 의해 습득되기도 하며, 자신의 주체적 노력이나 판단에 의해 얻어지고, 조성된다. 마음에 대한 이러한 관점은 일반인 심리학(folk psychology)에서 마음은 행동 속에서 읽혀지고, 마음을 표출하고 실현하는 행동에 수반되는 마음(경험)은 욕구의 형태, 감정경험과 표출의 형태 등으로 나타난다.(Wellman, 1990.)

최상진 등은 마음에 관한 표상적 연구를 통해 마음의 유형을 구분하였는데, 자의식적이고 자기 판단 형태로 구현되는 주체성 마음(inferential mind self, 최상진, 김기범, 1999, Choi & Kim, 2003), 욕구, 동기, 가치관, 태도, 성격 등의 기질성 마음, 활성화되지 않은 상태의 마음이 외부 자극이나 상황에 접해 유발되는 상황발생적 마음의 세 가지이다.

그러나 이러한 현상적 마음을 경험적으로 구체화하기는 힘든 형편이다. 학문의 세계에서 이러한 마음을 개념화하고 분류한다 해도 일반인들은 그러한 마음의 존재형태나 표출양식 및 사용맥락에 대한 의식 없이 너무나 자연스럽게 언어적으로 혹은 비언어적으로 사용하고 있고, 이해하고 있다. 따라서 마음에 관한 연구는 마음 경험의 분석(김기범, 최상진, 2002)에서 단초를 찾을 수 있다. 즉, 개인의 주관적 마음 경험과 경험이 이루어지는 과정, 이유 및 원인 등에 대한 주관적 해석을 자료화하여 분석하는 방법과, 인간사와 관련된 말, 행위, 의사소통 및 규범 등의 마음발생 상황 혹은 그러한 것에 관여된 마음 스크립트 분석을 통해 마음 경험의 주관적 보고자료와 상호 타당화하는 방법이 있다. 따라서 설문지 조사 연구에서는 마음이라는 말이 일상의 생활에서 사용되는 언어적 맥락을 찾아, 그 마음이 그 사용맥락에서 어떤 유의 질적 의미를 갖는가를 알아보고자 하는 것이다.

설문지 조사를 통해 나타난 자료를 분석하여 아래와 같은 결과를 도출하였다.

① 다음과 같은 스크립트에서 ( ) 안에 들어갈 수 있는 적절한 용어는 마음이 가장 많이 나타났다(마음 빈도 138 / 220, 63%, 적합성 $m =$ 8.2, 표 1 참조). ······아침에 입맛이 없어 식사를 거르고 학교에 가면 엄마는 내게 아침 먹고 가라고 잔소리하신다······그러나 난 그런 엄마의 ( )을(를) 이해할 수 있다. 일상생활에서 엄마의 잔소리에는 나를 위한 것이라는 신념과 내가 아침을 먹었으면 하는 바람(욕구)이 배태된 마음에서 비롯된 것이라는 것을 이해하고 있다. 이러한 추론은 마음이라고 생각한 이유(떠오름, 걱정, 위하는, 사랑 등)에서 잘 드러난다. 이러한 마음은 성격이나 성향의 기질성 마음으로 분류할 수 있다.

<표 12> 상황별 마음 빈도

항목＼유형	엄마잔소리	우산	형제	친구여자친구	여자친구	아빠	친구	고부	친구심정	친구치레	평균
마음빈도	138	178	197	103	153	187	145	135	130	184	155
마음비율	62.7	80.9	89.5	46.8	69.5	85.0	65.9	61.4	59.1	83.6	
적합성 평균	8.15	8.40	7.93	7.87	7.86	7.65	7.90	6.85	7.45	7.41	
표준편차	1.86	1.83	2.01	2.43	1.99	2.65	2.25	2.78	2.33	2.65	
이유	떠오름 51 걱정 27 위하는 27 사랑 26	떠오름 62 미안함 52 정서 27 속 18	속 72 속 45 떠오름 30 내면 16	떠오름 57 정서 34 속 20	떠오름 64 정서 22	떠오름 52 속 32 물려줌 31 정서 15	일치 57 떠오름 46 우정 18	떠오름 54 속마음 23 마음 씀 21	떠오름 45 정서 37 배신감 21 분함 19	떠오름 60 진심 ×37 괜한 짓 23	
총 반응	220	220	220	220	220	220	220	220	220	220	

주) 친구여자친구: 생각(107, 48.6%), 친구심정: 기분(69, 31.4%)

② 감정경험과 표현형태의 표출되는 마음은 다음과 같은 스크립트가 전형이 될 수 있다. 학교를 파하고 집으로 가려고 하는데 비가 내린다. 엄마가 나를 위해 학교 앞에서 우산을 가지고 기다리고 있다. 나는 엄마를 보자마자 창피한 생각에……화를 냈다. 그러자 엄마는……미안하다……난 그 순간 미안한 ( )에 눈물이 핑 돌았다. 이러한 상황에서는 엄마의 반응에 따른 상황발생적 - 정서적 마음이 발현된다. 마음을 선택한 이유로 미안함 등의 정서적 반응이 많은 것으로 나타났다.

③ 관계 속에서 자의식적인 행위자의 판단이나 선택, 느낌을 주관하고 통제하는 주체적 마음으로 이해되는 상황은 다음과 같다. 나는 내 여자친구를 만날 때면 꼭 꿈을 꾸는 것 같다……내가 왜 이럴까? 내 ( ) 나도 잘 모르겠다.

열 가지 유형의 스크립트에서 마음이라고 생각한 이유 중 '그냥 떠올랐다'라는 이유가 가장 많았는데, 이는 일반인들은 그러한 마음의 표출양식 및 사용맥락에 대한 의식 없이 너무나 자연스럽게 언어적으로 혹은 비언어적으로 사용하고 있고, 이해하고 있기 때문이다. 따라서 한국문화에서 행동하고 생각하며 느끼는 주체로서 마음은 실물로서 경험되는 문화적 주요 개념이라 할 수 있다.

④ 마음에 대한 경험요소, 인식요소, 감정요소, 동기요소의 발화에 대한 2차 분석이 진행될 것이며, 일상의 활동에 대한 분석을 토대로 한국인들의 마음 구성에 대한 마음모델을 확인할 것임.

2) 예절에 대한 사회적 표상 연구(설문지 조사)

청소년의 도덕 인성 함양과 예 실천 교육문제와 관련하여 한국의 청소년 의식 속에 있는 예절행동에 n대한 표상 구조를 살펴보고, 예의 사회적·개인적 기능을 알아봄으로써 청소년의 예절에 대한 이해와 예절행동 훈육에 대한 시사점을 찾고자 하였다.

설문지 조사를 통해 얻은 자료의 분석을 통하여 다음과 같은 결과를 도출하였다.

① 예절행동: 예절 바른 언행을 하는 사람들에 대한 평가는 예절 바르다 24(29.3%), 심성이 바르다 17(20.7%), 좋아 보인다 17(20.7%) 등의 응답을 보였다. 사람들이 예절 바른 언행을 하는 이유에 대해 상대 배려와 존중이 41(46.5%), 조화로운 공동체 형성이 37(42%) 등의 응답을 보였다.

예절바른 언행의 이점에 대해서는 신뢰로운 관계를 형성 34(38.2%), 기분이 좋고 21(23 .5%), 좋은 평가를 받는다 20(22.5%) 등의 응답을 보였다. 따라서 예절행동에 대해서 순자가 말한 사회의 질서유지와 맹자의 서열, 관계적 특성과 관련되는 신뢰로운 관계형성, 개인의 올바른 심성, 좋아 보인다 같은 긍정적인 평가 등의 개인적, 사회적 의미를 내포하고 있다고 할 수 있다.

② 예의 없는 행동: 예의 없는 행동을 보았을 때 기본이 안 되어 있다 18(26%), 배우지 못하였다 18(26%) 등의 응답이, 예의 없는 행동의 부정적 평가는 타인을 불편하게 한다 34(43.5%), 좋게 보이지 않는다 32(41%) 등의 응답을 보여 타인과의 관계와 개인에 대한 평가적 의미를 갖고 있는 것으로 나타났다.

따라서 예절언행은 우리 사회에서 규범적 속성의 당위성을 가지고 (prescriptive func－tion), 원만한 관계형성과 사회질서의 유지를 위해 필요한 것이며(constitutive func－tion), 예의 없는 언행은 부정적인 평가와 더불어 대인관계의 손상을 가져오고, 이것은 역으로 긍정적인 평가를 받기 위해서 예절언행이 해야 함을 의미하며(representational function) (Miller, 1999), 또한 예절언행에 대한 우리 사회의 공유된 신념체계 및 표상체계가 있음을 시사한다.

③ 가치관 척도와 개인차 변인: 이후 각 개인의 심리적 특성 — 가치관 및 개인차 변인 — 과 예절행동과의 프로파일 자료분석과 고등학생과 대학생의 예절행동에서의 차이점이 분석될 것이다.

이상과 같은 설문지 조사와 그 결과 분석은 2차연도 연구가 수행되지 못함으로써 다소 불완전한 면이 있다. 그렇지만 이 결과를 토대로 하더라도 한국인들의 의식 속에 내재해 있는 마음에 대한 이해는 앞에서 살핀 3차원적 구조와 그 상호관계로 설명하더라도 무리가 없다고 할 수 있으며, 또한 한국의 청소년들은 예절 혹은 예의에 의하여 전체적인 행동과 생각이 통일되는 것이 필요하다는 공통된 인식을 지니고 있다고 판단된다.

5. 청소년 예교육모델

이상에서 살핀 한국유학의 예학과 심학의 원리 및 문화심리학적 관점에 입각한 마음모델의 구성 및 한국인의 유교적 마음 구성의 실증적 고찰을 바탕으로 하여 청소년의 건전한 도덕성 함양을 가능하게 하는 예교육모델을 개발하였다. 예교육모델 구성은 퇴계와 율곡을 비롯한 성리학자들의 심학에서의 심신수양공부론과 예학 이론을 기초로 삼고, 이것을 현대 교육학 및 교육심리학적 관점에서 조직화하여 실제 학교교육현장에서 적용이 가능하도록 구성하였다.

우리가 흔히 유교의 예교육에 대해 가지는 고정관념, 즉 예절을 행동적 습관(형식)으로만 간주하고, 이러한 외현적 행동이 나타나기까지 작용한 내재적 측면(의식)을 간과하는 관점은 재고될 필요가 있다. 즉, 예는 형식과 의식의 조화인 것이다. 예는 형식만능 또는 무형식을 용인하지 않는 동시에, 선한 마음을 적절한 형식으로 세련되게 나타내는 것 모두를 포함한다.

이러한 입장은 『예기(禮記)』 옥조편(玉藻篇)에 나오는 군자다운 아홉 가지 용모(九容)와 『논어(論語)』 계씨편(季氏篇)에 나오는 아홉 가지 생각하는 태도(九思)에서도 살펴볼 수 있는데, 특히 아홉 가지 생각하는 태도는 예절이 단순히 행동이 아니라 상황에 맞게 무엇을 하여야 하는 가를 스스로 터득하도록 도와주는 일종의 '마음의 형성과 관련된 심신단련 학습과정·방법'임을 말해준다. 즉, 단순히 특정행동을 주입하는 것이 아니고 그것을 몸에 익혀서 그 방법으로 어떠한 상황이든지 응대할 수 있도록 체득하는 것을 의미하는 것이다.

이에 대해 문미옥과 류칠선(2000)은 소학에 나타난 아동교육론을 분석한 논문에서 아동교육방법을 지행합일, 자기 조절교육, 탐구학습, 단계적 학습, 구성주의적 모방학습, 경전 들려주기로 구분하였다. 이 중 지행합일이란 아동을 교육하는 데 일상생활의 작고 가까운 것을 실천하는 행동을 먼저 가르치고 자라 감에 따라 그 행동의 의미를 깨닫도록 하는 것인데, 이러한 방법은 사고를 강조하는 인지발달이론과 외적 행동을 강조하는 행동주의 이론의 한계를 극복한, 행동의 습관화(실천)와 그에 따른 지혜(사고)의 동시적 성장을 강조하는 관점이라고 해석하였다. 또한 강혜원 등(2001)은 이러한 유교교육의 방법을 경험적으로 입증하려는 시도로서 유교 심성론에 근거한 체화방법의 효과를 유아들을 대상으로 확인하였다.

한편 서양이나 한국이나 마찬가지이지만, 우리의 유교적 예교육 역시 생활 속에서 이루어지는 가정교육, 생활 실천 교육이며 맥락에 따른 내적인 성찰과 특히 심신의 수양을 강조하는 교육이었다. 그러나 근대 한국의 공교육에 수용된 서양식 도덕교육은 그 실천적 맥락을 벗어나거나 그것을 경시한 채로 교실에서의 도덕 추론, 판단의 능력을 양성하는 데 주력하였다는 차이가 있을 것이다.

그리고 이러한 도덕적인 심성은 우리의 오랜 유교 예문화전통의 체화과정 속에서 자연스럽게 이루어져 온 것이며, 특히 현대 한국인의 마음이 오랜 유교 예문화의 체화과정에서 타문화권과 구별되는 독특한 속성과 체계로 구성된 것이라 말 할 수 있다. 즉, 한국인의 유교적 심성이 지속적인 문화체계와의 상호인과적 관계 속에서 형성된 것이라는 일종의 문화심리학적 또는 근본적 구성주의의 관점을 취한다면, 한국에서는 조선시대부터 예 실천에 의한 심성수양이 개인의 유교 도덕적 심성을 형성하고, 그러한 심성이 유교 예문화체계를 재강화, 재생산하는 모태가 되었다고 보는 것이 타당하며 한국인의 마음에 관한 진실은 오랜 문화전통 속에서 구성된 실재(constructed reality)가 된다고 볼 수 있다.(유권종, 2003, 2004.) 따라서 우리 사회가 서구화되었다 하더라도 아직까지도 한국인의 마음에는 전통적 예문화가 내재해 있으며, 이를 바탕으로 현실과 부합하는 구체적인 예 항목들을 조정하여 마련하여 그들에 대한 체화과정을 체계적으로 진행하면, 기성의 유교문화적 맥락 속에서 문화와 주체들 간의 상호간의 피드백이 가능하다고 볼 수 있다. 즉, 우리 문화의 맥락 속에서 살고 있는 구성원들은 내적 성찰이 동반된 도덕적 실천행위를 받는 대상이 될 때, 상대방의 예 행위의 의미를 성찰할 수 있으며, 문화에 적절한 예 행동으로 다시 응대하게 될 것이다. 그리고 이러한 상호적인 피드백 과정의 축적은 공동체적인 예문화의 체화과정으로 선순환되는 것이다.

　본 연구에서는 이런 관점에서 한국 유가철학 및 문화심리학 분야의 연구결과 및 교육학 분야에서의 도덕적 인격형성 관련 요소 추출 결과들을 종합하여 다음과 같은 청소년 예교육 기본모델을 도출하였다.

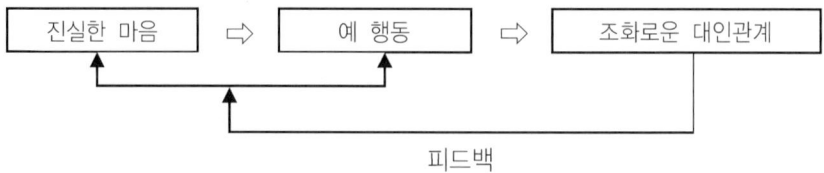

| 진실한 마음 | ⇨ | 예 행동 | ⇨ | 조화로운 대인관계 |

피드백

   ① 진실한 마음(생각)을 가지고 특정한 예 행동을 하면 ② 그 예를 받는 대상은 받은 예에 대해 다시 예로써 반응하기 된다. 즉, 예에 적절한 행위는 조화로운 대인관계를 형성하게 되고 그 결과 긍정적인 피드백으로 다시 돌아오는 경험을 통해 예의 필요성과 가치를 깨닫게 된다. ③ 이러한 과정은 계속적으로 순환됨으로써 타 문화권과 구별되는 우리의 고유한 유교 예문화를 형성하게 된다. ④ 이때 진실한 마음과 예 행동 간에는 상호적인 피드백을 주고받게 된다. 즉, 진실한 마음은 예 행동을 하는 원동력이 되며, 예 행동을 하는 과정에서 진실한 마음이 강화될 수 있다. 이러한 사고와 행동의 반복을 통해 사고와 행동이 일치된 습관화, 즉 체화가 이루어진다.

   본 연구에서는 이러한 예교육 기본모델의 개념을 실제로 체험함으로써 예 실천 정도를 향상시킬 수 있는 구체적인 유교적 예교육방법으로 예 덕목의 의미 이해, 체화, 자기 성찰, 마음의 주인 되기, 좋은 마음 갖기를 선정하였는데 그 내용은 <표 13>와 같다.

<표 13> 유교적 예교육방법

항 목	내 용
예 덕목의 의미 이해	예 관련 지식 습득을 통한 해당 덕목의 의미 이해
체화(體化)	사고와 행동의 반복을 통한 사고와 행동이 일치된 습관화(자동화)
자기 성찰	행동할 때의 마음에 대한 성찰 및 구연 : 자신의 예 행동과 마음(행동할 때의 마음) 성찰하여 이 내용을 글로 쓰고 발표하는 과정을 반복하면(구연), 이 과정에서 자기를 되돌아보는 것이 습관화되고, 예에 대한 인지적 개념화와 통찰력, 개선의지가 생김 (예: 선생님께 ……한 행동과 그 행동을 할 때 들었던 생각과 감정을 되돌아보고 그 내용을 글로 써 보면 잘한 것과 잘못한 것을 알게 되고 개선하게 됨)
내 마음의 주인 되기	자기 마음과 행동에 자신이 주인이 되어 유혹 이기기 : '나는~~'을 통해 유혹을 이겨야 하는 예 행동을 계획하고 스스로 실천하는 과정에서, 스스로 유혹을 이겨내게 되면 '하니까 된다는 경험'이라는 피드백을 얻게 됨. 이 과정을 통해 자신이 스스로 하는 계획, 다짐을 시도함.
좋은 마음 갖기	예 대상자 / 성인(聖人)의 마음이 되어 행동하기 : 예를 받는 대상의 마음이 되어 보면(역할극) 예를 지키는 마음이 생김. (예: 내가 부모가 되어 자녀 행하는 효를 받아보는 경험을 통해서 내가 예를 행할 때 대상자가 갖게 되는 마음을 경험하면 대인관계 피드백을 간접 경험하는 효과를 갖게 됨.) : 교훈적(도덕적 성인의 모습을 알 수 있는) 내용을 읽거나 듣고, 도덕적 성인의 마음이 되어 행동하려고 노력할 경우, 그 행동의 대상으로부터 긍정적 피드백을 받게 되고, 도덕적 인격의 자기 구성과정을 경험하게 되며, 이것이 반복되면 그 행동이 체화됨.

　　여기서 제안한 청소년 예교육모델과 유교적 예교육방법은 이어서 제시되는 청소년 예교육프로그램의 개발의 근거가 되었다.

6. 청소년 예교육프로그램의 개발과 적용

1) 청소년 예교육프로그램의 개발[2]

우선 프로그램에 포함된 예 항목은 『養正篇』, 『撃蒙要訣』, 『小學』의 내용들과 초등학교 4～6학년 교육과정을 비교 분석하여 공통될 수 있는 내용들로 선정하였다. 구체적 항목은 立志, 舊習點檢, 持身, 事親, 居家, 接人, 對話였다. 이 항목들은 총 10주간의 프로그램으로 구성되었으며, 매주별 프로그램마다 예교육 기본모델에 부합되는 교육방법인 예교육 덕목의 의미이해, 체화, 자기 성찰, 마음의 주인 되기, 좋은 마음 갖기 활동이 포함되었다. 프로그램의 주별 내용은 <표14>과 같다.

<표 14> 예교육프로그램 내용 구성

주	주 제	내 용		관련 덕목
	사전검사			
1	예절의 의미	- 예교육의 중요성 인식 - 예교육프로그램 참여에 대한 동기유발, 약속	시작	입지(立志)
2 3	습관 고치기	- 예와 관련된 자신의 좋은 / 나쁜 습관 확인 · 개선 「활동〉 내 마음의 주인 되기 / 체화	개인	구습(舊習)점검
4 5	바른 자세	- 개인에 관련된 예의 의미 알기 - 바른 자세 갖기 「활동」 자기 성찰 / 체화	개인	지신(持身)
6 7	문안인사	- 가족 간 예절의 의미 알기 - 문안인사 드리기(부모님 / 혹은 가족 중 어른) 「활동」 역할극 / 체화	가정	사친(事親) 거가(居家)
8 9	공손한 태도	- 이웃 간 예절의 의미 알기 - 이웃에 대한 공손한 태도(정감 표현, 상호존중) 「활동」 자기 성찰 / 역할극 / 체화	사회	접인(接人) 대화(對話)
10	종합 / 프로그램 평가	- 지금까지 진행한 예교육 내용 전반에 대한 점검 - 앞으로의 다짐 「활동」 프로그램 효과성 평가	평가	종 합
	사후검사			

---

[2] 예교육프로그램 개발은 청소년 예교육 기본모델에 근거하여 이루어졌다.

10주의 주별 프로그램에는 각각 교사용 학습지도안, 예교육 덕목의 의미이해와 프로그램활동진행을 설명하는 파워포인트자료, 학생활동자료(나의 습관 알기, 나쁜 습관을 고쳐요, 습관 고치기 실천내용 분석, 습관 고치기 실천 다짐카드, 나의 자세, 바른 자세－마음의 변화, 바른 자세를 하는 나의 마음, 문안인사－준비, 문안인사 소감, 공손한 태도－준비, 공손한 태도 실천소감), 교구(비디오자료, 사진자료), 10주 간 공통자료로서 전통예절 실천다짐 활동지 및 카드, 전통예절 실천기록표 및 스티커, 이 자료들을 정리할 수 있는 전통예절 활동집 파일 및 전통예절 및 문안인사 관련 가정통신문, 전통예절 활동 평가지(1, 2)가 제작, 사용되었다.

2) 청소년 예교육 프로그램의 적용3)

(1) 프로그램 적용 연구대상

본 예교육프로그램을 적용하고 그 효과를 분석하기 위한 연구의 대상은 경북 경주시 소재 H 초등학교 5, 6학년 8개 반 학생 287명이었는데, 프로그램 진행 중 전학을 가거나 결석이 있었거나, 특수교육대상학생을 제외하고 최종 분석에 포함된 학생은 268명이었다. 이들을 집단별로 살펴보면 예교육프로그램을 적용한 실험집단이 134명(5학년 68, 6학년 66) 통제집단(5학년 68, 6학년 66)명이었는데, 성별로는 남학생 144명, 여학생 124명이었다. 각 집단은 반별로 배치되었는데, 이는 프로그램이 반별 수업시간을 이용하여 진행되었기 때문이다.

(2) 연구설계

본 연구의 설계는 사전 / 사후 － 실험 군 / 통제 군 설계였다. 즉, 실험 군은 사전검사 → 프로그램 적용 → 사후검사를 받았고, 통제 군은

---

3) 본 연구에서 개발한 청소년 예교육프로그램을 실제 교육현장에 적용해 보고 그 결과를 확인하기 위해 초등학교 5, 6학년을 대상으로 프로그램을 적용하고, 그 효과를 분석하는 연구를 수행하였다.

프로그램 적용 없이 사전검사 → 사후검사를 받게 해서 프로그램이 적용된 집단의 예 실천 정도가 높아졌는가를 확인하는 설계였다.

(3) 예교육프로그램 실시 절차

① 사전검사는 2004년 10월 8일에서 10월 13일에 걸쳐 실시되었는데, 검사는 담임교사가 2일간에 걸쳐 나누어 실시하였다.

② 예교육프로그램은 2004년 10월 14일(목)에서 12월 16일(목)까지 총 10주간 실시되었다. 프로그램은 매주 목요일 1~4교시까지 45분씩 4개 반(5학년－6학년의 순서)에서 실시되었다. 프로그램은 대학에서 교육학 관련 과목을 강의하는 시간강사가 실시하였으며 프로그램 실시자는 연구자와 프로그램 구성과정 및 매주의 실시 전에 협의과정을 거쳐 프로그램의 진행내용을 숙지하였다.

③ 사후검사는 12월 17일(금)부터 12월 23일(목) 중 반별로 2일에 걸쳐 실시되었다. 사후검사는 사전검사와 동일한 검사를 문항의 순서만 바꾸어 실시하였다.

(4) 종속변인 및 자료분석

본 연구에서 사용된 종속변인 측정도구는 생활예절 습관 검사지와 도덕성 변화 검사도구였다.

① 생활예절 습관 검사지

생활예절 습관 검사지는 박병갑(1998), 나미경(2003) 등의 연구에서 사용된 검사도구로 인사예절, 식사예절, 언어예절, 가정생활예절, 사회생활예절의 5개 영역으로 분류되어 있고 각 영역당 4문항씩 예절에 대한 개인의 실천 정도를 재는 총 20개 문항으로 구성되어 있다. Likert 식 5점 척도로 점수가 높을수록 예절 실천 수준이 높은 것을 의미한다.

② 도덕성 변화 검사도구

도덕성 변화 검사도구는 한국교육개발원에서 박효정 등(2001)에 의해 개발된 한국사회의 도덕성 지표 검사문항을 수정, 보완하여 사용되었다. 이 검사도구는 본래 종·고등학생 및 성인용으로 개발되었는데, 총 26개 하위 영역 중 초등학생 수준에서 이해 가능하며, 전통예절과 관련된 15개 항목을 선정한 후 초등학생 30명에게 예비검사를 실시하여 문구를 수정하고, 적절하지 않은 2개 문항을 제외하여 총 117개 문항으로 구성하여 사용하였다.

이상에서 수집된 자료들은 SPSS 9.0 통계프로그램을 사용하여 처리되었는데, 통계분석은 공변량분석(ANCOVA)을 사용하였다.

(5) 예교육프로그램 적용 결과 분석[4]
① 생활예절 습관에서의 변화 분석

예교육프로그램 실시 후 생활예절 습관에서의 변화가 있었는가를 알아보기 위해 항목별로 사전·사후검사의 평균 및 표준편차를 산출하고, 공변량분석을 한 후 수정 후 사후평균을 비교한 결과는 <표 15>, <표 16>과 같다. 결과를 보면 언어예절 항목을 제외한 생활예절 습관의 모든 하위 영역에서 프로그램 적용집단과 통제집단 간에 유의한 차이가 나타났다. 또한 언어예절 항목의 경우는 유의한 경향성(p < .10)이 있었다. 따라서 청소년 예교육프로그램을 적용한 집단의 생활예절 실천습관이 더 높다고 말할 수 있다.

---

4) 연구에서 개발한 청소년 예교육프로그램의 효과를 분석하기 위해 실시한 사전검사 결과 프로그램 적용집단과 통제집단 간에 점수 차이가 있는 것으로 나타났다. 이에 결과 분석은 사전검사 점수를 공변인으로 하여 사후검사 − 사전검사 점수 간의 차이점수에 대한 공변량분석을 하였다.

<표 15> 생활예절 습관 하위 영역별 사전·사후검사의 평균,
표준편차 및 수정 후 사후검사의 평균

하위 영역	실험집단		통제집단		수정 후 사후검사	
	사전검사	사후검사	사전검사	사후검사	실험집단	통제집단
	M (SD)	M (SD)	M (SD)	M (SD)	M	M
인사예절	15.48(2.71)	16.11(2.58)	16.04 (2.67)	15.81(2.69)	16.28	15.64
식사예절	12.75(3.03)	13.48(2.91)	13.49 (2.80)	13.27(3.15)	13.73	13.01
언어예절	13.66(2.52)	14.28(2.70)	14.29(2.43)	14.10(2.48)	14.46	13.93
가정생활 예절	13.59(3.07)	14.07(2.79)	13.95(2.89)	13.56(2.87)	14.18	13.44
사회생활 예절	11.65(2.59)	12.81(2.73)	12.60(2.89)	12.43(3.02)	13.07	12.16

<표 16> 프로그램적용여부별 생활습관 실천 하위 영역 점수의 공변량분석 결과

덕목	변량원	자유도	SS (TypeⅢ)	MS	F	덕목	변량원	자유도	SS (TypeⅢ)	MS	F
인사 예절	공변인	1	707.26	707.26	163.97	가정 생활 예절	공변인	1	983.28	983.28	226.16
	집 단	1	27.57	27.57	6.39*		집 단	1	36.39	36.39	8.37**
	오 차	265	1143.02	4.31			오 차	215	1152.13	4.35	
	전 체	268	70113.00				전 체	268	53290.00		
식사 예절	공변인	1	1093.03	1093.03	215.08	사회 생활 예절	공변인	1	612.71	612.71	101.93
	집 단	1	34.35	34.35	6.76*		집 단	1	53.19	53.19	8.85**
	오 차	265	1346.73	5.08			오 차	265	1593.00	6.01	
	전 체	268	50372.00				전 체	268	44869.00		
언어 예절	공변인	1	490.55	490.55	100.27						
	집 단	1	18.59	18.59	3.80						
	오 차	265	1296.41	4.89							
	전 체	268	55755.00								

② 도덕성 가치에서의 변화 분석

예교육프로그램 실시 후 도덕성 가치에서의 변화가 있었는가를 알아보기 위해 항목별로 사전·사후검사의 평균 및 표준편차를 산출하고, 공변량분석을 한 후 수정 후 사후평균을 비교한 결과는 <표 17>,

<표 18>과 같다. 그 결과 일부 하위 영역에서 프로그램 적용집단과 통제집단 간에 유의한 차이가 나타났다. 즉, 절제-인내·자기 통제, 정직, 신의, 공동체의식-공중도덕-질서 지키기 하위 영역에서 청소년 예교육프로그램을 적용한 집단의 도덕성 가치점수가 통제집단보다 더 높게 나타나 청소년 예교육프로그램이 도덕성 가치에 대한 사고를 향상시킴을 알 수 있다.

<표 17> 도덕성 가치 하위 영역별 사전·사후검사의 평균,
표준편차 및 수정 후 사후검사의 평균

덕목·가치	하위 영역		실험집단		통제집단		수정 후 사후검사	
			사전검사	사후검사	사전검사	사후검사	실험·집단	통제집단
			M (SD)	M (SD)	M (SD)	M (SD)	M	M
경로효친	경 로		25.43(4.01)	26.59(3.43)	26.10(3.76)	26.67(3.65)	26.77	26.49
	효		26.76(3.18)	27.29(3.49)	27.01(3.46)	27.43(3.28)	27.36	27.36
	우 애		16.28(3.41)	17.07(3.34)	16.75(3.53)	16.80(3.40)	17.22	16.65
절 제	인내·자기 통제		17.31(3.24)	17.84(2.83)	17.36(3.34)	17.27(3.28)	17.86	17.26
	절약·검소		31.56(4.76)	32.27(4.54)	31.40(4.87)	31.43(4.67)	32.22	31.47
타인배려	기본예의		21.20(3.55)	21.46(3.80)	21.91(3.19)	21.69(3.06)	21.67	21.48
	친절·양보·용서(관용)		25.46(3.41)	25.90(3.22)	26.28(3.62)	25.84(3.25)	26.11	25.63
	연민·헌신·봉사		16.60(3.00)	17.46(3.17)	17.24(3.16)	17.48(3.26)	17.65	17.29
정 직			37.93(4.47)	38.39(4.55)	38.88(4.31)	38.13(4.69)	38.74	37.78
근면·성실			31.91(4.56)	32.69(4.60)	33.38(4.35)	33.14(4.48)	33.17	32.66
신 의			19.17(2.47)	19.80(2.49)	19.71(2.58)	19.34(2.74)	19.97	19.16
책임·협동			15.16(2.31)	15.25(2.40)	15.61(2.14)	15.30(2.42)	15.38	15.18
공동체의식	공중도덕	질서 지키기	22.57(3.80)	22.82(3.67)	23.43(3.51)	22.66(3.65)	23.11	22.37
		공공물 사용	21.19(2.60)	20.76(2.87)	21.31(2.73)	20.45(3.12)	20.80	20.41
	공동규칙·법 준수		32.19(5.04)	31.84(5.20)	33.30(4.64)	31.81(4.89)	32.21	31.43

<표 18> 프로그램적용여부별 도덕성 가치 하위 영역 점수의 공변량분석 결과

덕목		변량원	자유도	SS(TypeⅢ)	MS	F
정론효친	정론	공변인	1	1127.65	1127.65	135.32
		집단	1	4.99	4.99	.60
		오차	265	2208.33	8.33	
		전체	268	193399.00		
	효	공변인	1	861.96	861.96	104.37
		집단	1	1.28	1.28	.00
		오차	265	2188.59	8.26	
		전체	268	203697.00		
절제	우애	공변인	1	1276.02	1276.02	194.35
		집단	1	21.67	21.67	3.30
		오차	265	1739.93	6.57	
		전체	268	79862.00		
	인내·자기통제	공변인	1	837.55	837.55	134.15
		집단	1	24.34	24.34	3.90*
		오차	265	1654.48	6.24	
		전체	268	85115.00		

덕목	변량원	자유도	SS(TypeⅢ)	MS	F
정직	공변인	1	2829.01	2829.01	263.64
	집단	1	61.72	61.72	5.75*
	오차	265	2843.65	10.73	
	전체	268	397931.00		
근면성실	공변인	1	2296.96	2296.96	190.92
	집단	1	17.23	17.23	1.43
	오차	265	3188.18	12.03	
	전체	268	295835.00		
신의	공변인	1	696.05	696.05	163.03
	집단	1	43.12	43.12	10.10***
	오차	265	1131.40	4.27	
	전체	268	104452.00		
책임·협동	공변인	1	381.08	381.08	86.88
	집단	1	2.64	2.64	.60
	오차	265	1162.35	4.39	
	전체	268	64084.00		

덕 목		변량원	자유도	SS(TypeIII)	MS	F
절차	절약·검소	공변인	1	2181.03	2181.03	167.24
		집 단	1	37.24	37.24	2.86
		오 차	265	3456.06	13.04	
		전 체	268	277499.00		
	기본예의	공변인	1	1132.12	1132.12	147.97
		집 단	1	2.51	2.51	.329
		오 차	265	2027.57	7.65	
		전 체	268	127908.00		
타인·배려	친절·양보·용서 (관용)	공변인	1	940.22	940.22	135.26
		집 단	1	15.69	15.69	2.26
		오 차	265	1842.03	6.95	
		전 체	268	182135.00		
	연민·헌신·봉사	공변인	1	918.66	918.66	132.59
		집 단	1	8.60	8.60	1.24
		오 차	265	1836.01	6.93	
		전 체	268	84515.00		

덕 목		변량원	자유도	SS(TypeIII)	MS	F
공중도덕	질서지키기	공변인	1	1609.37	1609.37	217.53
		집 단	1	36.84	36.84	4.98*
		오 차	265	1960.54	7.40	
		전 체	268	142142.00		
	공공물사용	공변인	1	546.01	546.01	78.49
		집 단	1	9.75	9.75	1.40
		오 차	265	1843.49	6.96	
		전 체	268	116174.00		
공동체의식	공동규칙·법 준수	공변인	1	2818.03	2818.03	188.71
		집 단	1	39.90	39.90	2.67
		오 차	265	3957.31	14.93	
		전 체	268	278144.00		

*p〈.05 **p〈.01 ***p〈.001

③ 전통예절 활동에 대한 질적 분석

청소년 예교육프로그램을 적용한 학생들이 10주간의 프로그램 진행 과정과 작성한 활동지 내용을 분석해 본 결과 프로그램 회기가 진행 되어감에 따라 학생들의 자기 성찰 보고가 많아졌고, 마음의 주인이 되기 위해 노력하려는 응답과 태도를 보였으며, 행동의 습관화 정도 (실천사항에 대한 스티커 붙이기)가 높아졌다. 이러한 결과는 본 예교 육프로그램의 효과를 간접적으로 나타내는 결과라 볼 수 있다.

(6) 예교육프로그램 적용의 결과에 대한 논의

한국인의 유교적 마음 구성에 기초한 예교육프로그램을 교육현장에 서 학생들에게 적용시켜 본 결과를 논의하면 다음과 같다.

첫째, 예교육프로그램의 적용효과에 관한 분석 결과 예교육프로그램 은 인사예절, 식사예절, 가정생활예절, 사회생활예절의 실천수준에 유 의미한 영향을 미쳤으며, 언어예절 실천에는 유의한 경향성을 미쳐, 본 예교육프로그램이 예절행동의 실천 증진에 효과적임이 밝혀졌다.

둘째, 예교육프로그램은 도덕성 가치에 관한 사고에도 일부 영향을 미치고 있음이 밝혀졌다. 특히 절제-인내·자기 통제, 정직, 신의 등 자기 자신을 성찰하고 다스림으로써 얻어질 수 있는 덕목들에서 유의 한 증진이 나타남으로써, 본 예교육프로그램이 예절을 행하려는 진실 한 마음의 향상에 효과적임이 밝혀졌다.

이 두 결과는 예교육프로그램이 예를 행하려는 진실한 마음과 예절 행동의 실천 모두에 효과적임을 나타내는 것으로 본 예교육프로그램 이 학교현장에 적용 가능한 실용적인 프로그램임을 입증한 것이다. 본 연구에서 제안한 예교육모델 및 예교육방법의 타당성을 나타내 주는 것이라 볼 수 있다.

본 연구에서는 한국인의 유교적 마음 구성에 기초한 예교육프로그 램을 구성하면서 진실한 마음(생각)과 행동(실천)이 동반될 경우 진정 한 예 행동이 됨을 가정했었는데, 본 예교육프로그램이 마음과 행동

모두에서 유의미한 효과를 나타내는 결과를 얻음으로써 한국인의 유교적 마음 구성에 기초한 예교육프로그램의 현장중심적인 실용적 및 생태적 타당성을 검증했다는 점에서 가장 큰 의미를 갖는다. 이런 결과는 지금까지 유교 예교육의 효과를 제안한 연구들이 대부분 기존 문헌을 토대로 당위적으로 긍정적인 담론을 제시하는(이건인·송순, 1994, 장성모 외, 1998, 최경순, 1997) 범주였던 점에 비추어 한 단계 나아간 방식이라고 볼 수 있다. 또한 이 결과는 유교적 심성론에 근거한 예교육방법인 체화방법, 즉 생각과 행동을 병행하는 방법이 유아의 기본생활습관 및 자율성 증진에 효과적이라는 강혜원 등(2001)의 연구와 일관된 결과이다. 이 두 연구를 통해 유치원과 초등학교에서의 예교육의 효과를 확인하였으므로, 앞으로는 중·고등학교에서의 예교육의 효과를 실증적으로 확인하는 실증적 연구가 필요하다고 본다.

한편 본 예교육프로그램을 수행하는 과정에서 학생들이 작업한 활동지를 분석한 결과 일부분이기는 하지만 대인관계에서의 긍정적 피드백이 적절하게 제공되지 못하는 경우가 있음이 밝혀졌다. 예를 들면 부모에게 문안인사를 드리는 활동의 경우 사전에 부모에게 연구의 취지를 알리고 대상 학생에게 긍정적인 피드백을 보여주기를 바란다는 가정통신문이 나갔음에도 불구하고, 부모의 반응내용에서 부정적인 반응("새삼스럽게 왜 그러니" "그런 인사는 할 필요가 없다" 등)을 보인 경우를 들 수 있다. 이 점은 본 연구에서 현대 한국인의 마음이 유교적 성정 가치를 바탕으로 하여 형성된 것임을 전제하고 우리 문화의 맥락 속에서 유용성을 발휘할 수 있는 청소년 도덕교육의 방법으로서 예교육모델을 정립했지만, 부분적으로 이러한 예문화적 가치의 부재로 인해 체계의 순환이 원활하지 못하다는 점을 의미하는 것이다. 따라서 부모교육 및 성인들을 대상으로 하는 사회 전반에서의 예문화적 가치의 재구성과정이 필요하다는 점을 제안할 수 있다.

7. 결 론

본 연구는 한국철학, 문화심리학, 교육학 세 분야의 전공자들이 협동하여 학제 간 연구를 진행한 결과이다. 한국철학 분야에서는 한국인의 유교적 마음의 구성에 관련된 심학적 원리를 추출하고, 그것이 예교육과 긴밀한 연관성을 지니게 되는 학문적 배경 및 원리에 대한 고찰을 하였다. 문화심리학 분야에서는 문화에 의하여 인간의 마음은 제각기 구성된다는 이론적 관점을 배경으로 하여 한국인에게는 장기간 지속된 유교문화에 의하여 구성되어 온 한국인의 유교적 마음의 구조를 심학적 원리에 비추어 정립해 보고, 그것이 현대 한국인의 마음속에 구성되어 작용하고 있다는 점을 대학생과 청소년을 대상으로 하는 설문지 조사를 통해서 실증적으로 검토하였다. 아울러 교육학에서는 한국철학과 문화심리학의 연구 관점을 수용하면서, 현실의 도덕교육의 현장 특히 학교교육에서 필요한 예교육프로그램을 구성하고, 그 프로그램을 실제 학교교육에 적용하여 그 결과를 얻었다. 예교육프로그램의 적용 대상은 초등학교 학생들이었으며 교육기간은 10주간이었다.

이상과 같은 연구의 방법을 적용한 결과 획득한 성과를 요약하면 다음과 같다.

첫째, 한국유학의 전통적 이론과 실천방법론의 유용성을 확인할 수 있었다. 여태까지 이루어진 한국유학의 현대적 가능성 혹은 유용성에 대한 논의는 주로 개념분석적, 의미해석적 차원의 타진에 불과했다. 그러나 본 연구는 이에 머물지 않고 심리학과 교육학의 실증적 방법론을 동원하여 한국유학의 예교육의 이론과 그 의의의 실험적 데이터를 확보했으며, 이를 통해서 한국유학의 예교육이론과 심학적 이론이 현대 한국인들에게도 유용성을 지니는 면이 있음을 실증적으로 확인할 수 있었다.

둘째, 문화심리학의 분야에서는 한국유학과의 학제 간 연구를 통해서 유교적 마음의 구조를 모델화할 수 있었다.

셋째 이를 현대 한국인의 마음 행태로부터 그 구조를 추출할 수 있는 실증적 검토를 하고 그 긍정적인 결과를 얻었다.

넷째, 교육학 분야에서는 전통에 근거한 자생적 교육학 이론을 구성할 수 있는 이론적 근거를 예학과 심학 및 문화심리학으로부터 획득하였고, 다섯째, 그 이론을 실제 교육현장에 적용할 수 있는 프로그램으로 개발하고 그것의 긍정적 결과를 획득하였다. 여섯째, 한국유학의 개념과 이론을 실제 교육의 효과를 측정하는 기준과 도구로 사용할 수 있는 방법을 타진하고 그것의 체계화를 시도한 점이다.

다만 본 연구는 원래 2년 연속 연구과제로 계획되었던 것이나 그 기간이 1년에 그쳤기 때문에 원래 목적했던 실험과 조사를 충분히 하지 못했다. 따라서 본 연구에서 획득한 연구성과는 미흡한 면이 많다고 할 수 있다. 앞으로 이 미흡한 점에 대해서는 후속 연구가 진행됨에 따라 보완하도록 할 예정이다. 그러나 본 연구만으로도 일단 학제 간 연구의 폭을 확장하는 한편, 현대 한국의 교육학이나 심리학의 분야에서 전통학문에 근거한 자생적 학문이론과 실천이론의 정립이 가능하다는 점을 확인한 데에 중요한 의의가 있다고 생각한다.

참고문헌

『增補退溪全書』, 성균관대학교 대동문화연구원.

『栗谷全書』, 성균관대학교 대동문화연구원.

『韓國文集叢刊』

『心經註解叢編』

G. 레이코프(2002), M. 존슨 지음, 임지룡 외 옮김, 『몸의 철학: 신체화된
　　마음의 서구 사상에 대한 도전』, 도서출판, 박이정.

H. Maturana & F. Varela, The Tree of Knowledge,

Heinz von Foerster(1995), Ethics and Second Order Cybernetics. In: Constru-
　　ctionsof the Mind: Artificial Intelligence and the Humanities, Stanford
　　Humanities Review, 4, No.2, S.308 – 327.

Varela, Francisco(1999), Ethical Know – how, Stanford Univ. Press.

김경호(2003), 「16세기 조선지식인 사회의 심경 수용과 철학적 담론의 형
　　성」, 『동양철학』 19, 한국동양철학회.

유권종(2002), 「유학에 대한 심리학적 연구의 성찰과 전망」, 『한국사회과
　　학계의 유교인식』, 동아시아 사상 연구 제3집, 동아시아사상학회
　　동아시아 문화포럼 학술발표회 발표원고.

유권종, 박충식, 강혜원(2002), 「성리학 심성모델 시뮬레이션을 이용한 유
　　교 예교육방법의 효용성 분석」, 『동양철학』 제16집.

유권종 · 박충식(2002), 「퇴계학, 구성주의, 인공지능: 도덕 심성모델의 새
　　로운 시도」, The Journal of Korean Studies No.2, Central Asian
　　Association for Korean Studies.

유권종, 최상진(2003), 「한국인의 내면에 형성된 '마음' – 한국인의 마음모
　　델 구성을 위한 기초연구」, 『동양철학연구』 34집, 동양철학연구회.

유권종(2003), 「퇴계의 심학과 예」, 『한국사상사학』 21집, 한국사상사학회.

최상진 외(1999), 『동양심리학』, 지식산업사.

최상진(2000), 『한국인 심리학』, 서울: 중앙대학교 출판부.

최상진, 한규석, 김기범(2000), "문화, 마음, 인지 구성에서의 삼위일체적
　　역동", 한국사회 및 성격심리학회 동계학술회, 14 – 19.

최상진, 한규석, 김기범(2001), "문화 – 사회심리학에서의 마음", 한국심리
    학회 연차학술발표대회, 241 – 249.
강혜원 · 유권종 · 박충식(2001), 「유교 심성론에 근거한 체화방법이 유아의
    기본생활습관 및 자율성에 미치는 효과」, 아동학회지, 22 – 4, 315 –
    330.
유병렬(1996), 「도덕교육의 목표로서의 '도덕적 인격'에 관한 연구」, 도덕
    교육연구, 제7호.
이계학 외(1998), 「덕성함양의 전통적 방법론」, 서울: 한국정신문화연구원.
장성모 외(1998), 「인성교육의 동양적 전통과 초등 도덕교육」, 한국교원대
    학교 부설 교과교육공동연구소 연구보고 RR 96 – Ⅰ – 1, 1 – 36.

부록:
유학에 대한 심리학적 연구의 성찰과 전망*

유권종

1.

 통념상 일반인이든 학자들이든 유학에 대한 연구는 동양철학 연구자들의 몫이라고 생각하는 듯하다. 그러나 이러한 통념은 통념일 뿐 사실 한국의 학계에서는 인문학은 물론 사회과학 또는 심지어 자연과학의 분야에서까지 유학을 하나의 흥미로운 연구대상으로 삼아 오고 있다. 그 가운데 한동안 이러한 학계의 움직임과는 다소 동떨어져 있었던 심리학계에서 유학을 하나의 적극적 탐구의 대상으로 삼고, 그것에 관한 집중적인 연구성과를 생산하게 된 일은 주목할 일이다.
 심리학자들이 유학에 관하여 집중적인 관심을 가지면서 연구를 행

* 『동아시아 문화와 사상』 10, 동아시아 문화와 사상, 2003. 6

한 것은 비교적 최근의 일이다. 1980년대 말에 김성태 교수의 『敬과 注意』(1998년)라는 저술에서 유교의 수양원리인 敬과 심리학적 개념인 注意를 비교한 연구가 있었고, 1990년대부터 심리학자들의 유학에 대한 연구는 본격화되어 한덕웅 교수의 『퇴계심리학』(1994년), 조긍호 교수의 『유학심리학』(1998년), 공동저작으로 『동양심리학』(1999년) 등의 결실을 맺기에 이르렀다. 이 저작들은 심리학자들의 유학에 관한 관심과 그에 의한 연구성과로서 의의가 큰 것들이다.

심리학이 연구대상으로 삼는 것은 주로 유학 가운데서도 인간의 마음에 관련된 이론들이다. 원래 유학에는 心學이라는 학문 범주가 있었다. 현대 동양철학 연구자들은 그것을 心性論 혹은 心性 修養論, 心身 修養論, 工夫論 등의 범주에서 연구하고 있다. 이 분야는 서구 철학과 비교할 때 유학의 사상적 특징이 되는 것인데, 그것이 심리학의 관점과 이론으로서 새롭게 조명되고 있는 것이다.

그 외에도 심리학에서는 유교의 사회적 규범과 도덕이 개인의 심리 작용과 어떠한 상호작용을 하는가 하는 점에 대해서도 사회심리학적 관점에 입각한 연구를 해 왔다. 더 나아가 문화가 인간의 마음을 구성하고, 따라서 유교문화가 구성한 한국인의 마음을 설명할 수 있는 이론을 구성하는 일에 깊은 관심을 보이고 있다는 사실도 관찰된다.

그 때문에 동양철학을 전공으로 삼는 연구자들의 입장에서는 심리 학자들의 연구가 한편 경이롭고, 다른 한편으로는 기대도 큰 것이다. 즉, 개념과 이론의 분석과 추론에 치중하는 철학적 연구에 비해서 심리학에서 개발한 이론들과 병행하여 실증을 연구방법으로 삼고 있는 심리학이 철학적 담론의 주제나 소재로 한정되었던 유학자들의 심성 혹은 심신에 관한 관념들과 이론들에 대하여 어떠한 연구결과를 제시할 것인가, 그리고 그러한 자료가 기존의 유학에 대한 이해와 어떠한 차이 혹은 동일함이 있을 것인가 하는 점도 역시 궁금한 사항이 아닐 수 없다. 아마도 심리학적 연구들은 유학에 관한 동양철학 연구자들의 철학적 담론의 차원을 확장하여서 더 실제적인 마음의 이해로 나아가게 할 것이라는 기대가 헛된 것은 아닐 것이다. 그것은 그들이 추구하는 한국인 심리학의 모색이 단지 심리학만의 일이 아니라 동양철학이 서구의 철학이나 인문학의 관점으로부터 벗어나 독자적 학문연구의 관점과 방법을 세울 수 있는 계기를 더 앞당길 수 있으리라는 기대도 주기 때문이다.

이렇게 심리학자들의 유학 연구에 대하여 가지는 궁금함이나 기대는 동양철학의 분야에서 이루어진 유학 연구의 미진함에 대한 반성과 맥을 같이하는 것이다. 사실 동양철학의 연구자들이나 유학을 연구하는 심리학자들이나 공통적으로 인간의 마음에 관한 유학자들의 설명과 이해로부터 그들이 이해한 인간의 심성에 관한 정확한 의미를 포착하고자 한다는 점에서는 커다란 차이가 없을 것이다. 또한 그것이 한국인의 마음 세계를 이해하는 길이 된다는 점에도 커다란 이견은 없다고 할 수 있다. 전통은 현존재의 기반이라는 이해로부터 전통 연구의 의의가 현재를 올바로 아는 데 두고 있는 동양철학의 관심은 심학 연구를 통해서 현대 한국인의 마음을 그 근원으로부터 정확하게 이해하려는 것을 목적으로 삼지 않을 수 없다.

그렇지만, 동양철학 연구자들은 주로 문헌에 나타난 역사적 사실이나 유학적 개념과 이론의 분석과 그것의 추론 및 종합에 의존하고 있다. 또 그 연구가 과연 현대의 한국인의 마음을 설명하는 데 어떠한 근거를 제시할 것인가, 또는 한국인의 문화전통과 심리현상을 이해하는 객관적 척도를 제시할 것인가에 대해서는 확신을 주기 어렵다. 아마도 이것이 문헌 위주의 연구의 한계라고 생각된다. 즉, 개념과 실제와의 상응관계가 분명하지 않은 설명, 다시 말하면 관념에 국한된 분석과 설명은 실제를 이해하는 데 참고는 될지언정 실제를 제시하지 못한다. 따라서 진리로서 수용할 수 있는 근거가 빈약한 것이다.

동양철학 연구가 심리학 등 과학적 연구를 필요로 하는 이유는 바로 관념적 이해와 실제와의 상응관계를 확보하는 것이 중요하기 때문이다. 그렇게 해야만 철학적 견해의 진실성과 합리성을 더 굳게 확립할 수 있을 것이다. 또 다른 한편 심리학 쪽에서는 유학이 개진해 온 심성, 심신에 관한 개념과 이론들을 근거로 마음에 관한 새로운 연구의 틀을 구성해 볼 수 있는 것이다. 그런 목적의식에서 심리학자들은 유학 연구자들이 내놓은 연구성과들을 적극적으로 검토하는 한편, 그것들을 심리학적 이론과 개념의 틀을 통해서 비교하거나 분석하는 연구를 적극적으로 해 왔을 뿐 아니라, 한국유학의 심성 개념이나 이론이 서구심리학의 개념이나 이론보다도 현대 한국인의 심리현상을 더 잘 설명할 수 있는 것임을 실증하기 위한 연구를 진행하기도 하였다.

그렇다고 할 때 심리학자들의 유학에 대한 연구는 동양철학 연구자들에게는 새로운 전망을 가능하게 해 준다. 즉, 유학에 대한 심리학적 연구들은 한국인의 마음에 관한 이해에, 그리고 유학의 심학에 관한 연구에 더 실제적이고 더 구체적인 논의의 장을 마련할 것이라고 전망된다. 하지만 그러한 전망에 앞서서 현 상태의 심리학 연구가 취하는 방법과 연구의 성과는 어느 정도인가 하는 점을 돌아볼 필요가 있다. 또한 그러한 성찰을 통해서 앞으로 심리학적 관점에 의한 유교 연구가 취해야 할 연구의 내용과 방법에 대해서도 전망하고자 한다.

2.

심리학자들이 유학에 대하여 관심을 갖는 이유는 무엇일까? 아마도 한국 심리학계의 사정과 관련된 필연적인 이유가 있는 듯하다. 그 필연성과 절실함을 잘 설명하고 있는 글은 『동양심리학』의 서론이다. 최상진은 이 글에서 단지거(Danziger)라는 캐나다 심리학자의 견해를 통해서 다음과 같은 추론을 하고 있다.

> 그가 이러한 경험을 통해서 얻어낸 결론은 1) 심리학은 주어진 것이 아니라 문화적으로 구성되는 것이며, 2) 이러한 문화적 구성이 마음의 경험을 주조하게 되고, 3) 일상적인 말이 서로 다른 문화권의 심리학을 실체화하는 데 결정적인 기능을 한다는 것이다. 이런 시각에서 보면, 사람의 마음과 마음의 기능을 인지, 정서, 학습, 동기, 성격, 태도, 지능 등으로 분류하는 서구심리학의 범주화 방식은 서구적 또는 서구문화적 범주화 및 범주 명명 방식이며, 따라서 자연적 분류체계라기보다는 인위적인 구성체계이다. 슈웨더를 비롯한 문화심리학자들은 서구의 심리학이 결코 자연산이 아니며 서구의 문화권에 익숙한 서구인 학자가 서구의 문화적 사고 틀을 사용하여 서구인을 대상으로 구성한 문화적 인공산임을 주장하면서 심리학은 하나가 아닌 복수의 심리학들이 문화권에 따라 다르게 구성될 수 있으며, 또한 그렇게 구성되어야 함을 주창하고 있다.(최상진, 1999, 16~17쪽.)

복수의 심리학이라는 개념은 그동안 서구, 동양을 막론하고 공통적으로 의존해 왔던 서구심리학과는 또 다른 심리학의 관점과 체계의 존재 가능성을 의미한다. 복수의 심리학의 구성이라는 과제는 이제 심리학의 새로운 과제이자 연구 분야로서 중요하게 인식되고 있는 듯하다. 복수 심리학의 모색은 인간의 마음을 하나의 자연물로서 대하는 자연주의적 관점, 혹은 인간의 마음의 보편적 실재를 가정하는 보편주의적 관점에 기초한 서구심리학과는 달리 인간의 마음을 문화의 구성물로서 보는 일종의 구성주의적 관점에 기초한 것이다. 이러한 관점의 변화가 곧 문화심리학의 존재를 가능하게 했다고 할 수 있는 것이다.

최상진에 의하면 문화심리학의 계보는 현대심리학의 창시자인 분트(Wundt)에게로 소급하고, 비고츠키(Vygotsky)에 의하여 부활되고, 레온체프(Leontief), 라트너(Ratner) 등에 의하여 계승, 변화되어 왔다. 분트는 두 가지 다른 성격의 심리학을 제안하였는데, 하나는 감각과 지각을 연구대상으로 삼는 실험심리학이고 다른 하나는 문화와 사회적 과정을 통해 집단적으로 구성되는 민족심리학이었다고 그는 말한다. 후자가 오늘날 말하는 문화심리학의 연원이 된다고 할 수 있을 것이다. 최상진에 의하면 분트는 민족심리학의 연구방법으로 언어, 관습, 신화, 상징, 문화적 유물 등에 대한 분석을 제안하였고, 그 방법은 비고츠키 등에 의하여 역사문화심리학의 연구방법으로 사용되었는데, 비고츠키가 강조한 것은 마음의 구성에서 언어의 매개라는 점이다. 최상진에 의하면 비고츠키의 이론은 마음의 형성론적 측면을 강조하는 심리학으로서 '언어-상징중심적 문화심리학'이라고 불리고, 레온체프와 라트너의 이론은 마음의 생성론적 측면을 강조하는 심리학으로서 '삶의 활동중심적 문화심리학'이라고 불린다.(최상진, 1999, 13~14쪽.)

문화심리학자들이 중시하는 것은 마음의 경험인데, 그 마음의 경험 가운데 다음의 사실에 그들은 주목한 것이다. 즉, 사람들은 일상적 마음 경험에서 舊態的 경험방식과 내용을 답습하려는 경향을 강하게 나타내고 있다는 것이며, 이러한 구태적 경험 양식은 흔히 전통 또는 문화, 사회적 규범으로 구체화되거나 이들에 의해 영향받기도 한다는 것이다. 그리고 이러한 전통, 문화, 규범, 도덕 등은 사물에 대한 경험에서 나타나는 지각이나 인식의 차원을 넘어 '사람으로서 추구해야 할' 또는 '사회적으로 지켜져야 할' 도리나 당위성을 그 자체 내에 내재하고 있어서 사람들에게 지향성의 틀로 작용한다는 점이 중요하고, 이 때문에 문화는 단순히 삶의 양식이라는 형태적 기술을 넘어서 가치지향을 함의하는 규범적 및 도덕적 준거 틀이라고 볼 수 있으며, 때문에 도덕과 규범으로서의 문화는 외부적으로 강요된 행위의 규칙이라는 인간의 외면적 삶의 조건을 넘어서는 인간의 내면적 동기 및 가치체계를 구성하게 되는 것이라고 최상진은 설명한다. 그러므로 문화심리학에서는 전통, 도덕, 규범을 함의하는 문화를 사람의 마음속에 내장된 것으로 간주하고, 그것이 마음의 지향성과 마음의 경험 그 자체를 구성하기도 하고, 다른 한편으로 마음으로 경험하는 것을 해석하는 기본적 틀이 된다는 것이 그의 설명이다.(최상진, 1999, 14~15쪽.)

이러한 문화심리학적 관점에 기초해서 본다면, 한국인의 마음에는 한국의 문화전통이 한국인의 문화, 도덕, 규범에 대한 지향성으로 내재해 있는 것이며, 또한 그것이 한국인의 마음 경험을 해석하고 이해하는 기본적 틀로서 작용하고 있다고 생각할 수 있는 것이다. 그러한 문화전통의 중추가 되는 것이 바로 유학과 불교인 것이다. 그러므로 유학과 불교의 개념과 이론들로부터 한국인의 마음을 해명하는 단초를 찾는 것은 당연한 일로 보인다.

이러한 관점을 근거로 생각해 본다면, 심리학자들이 유학에 대하여 연구하는 것에는 또 하나의 중요한 이유가 있다고 추정된다. 최상진에 의하면 서구의 심리학이 세계의 심리학이 아니며, 동양인의 심리를 설명하는 데 그대로 원용될 수 없는 것이다. 그럼에도 불구하고 지금까지 한국에서 심리학 연구가 서구심리학에 의존하고 있는 실정은 다음과 같은 최상진의 설명을 통해서 이해할 수 있는 것이다. 이 설명을 통해서 우리는 앞으로 문화심리학자들이 유학에 대한 연구를 통해서 지향해야 하거나 지향하고 있는 것이 무엇인가를 함께 논할 수 있는 것이다.

> 한국을 포함한 동양의 심리학자들은 한편으로는 서구의 심리학이 동양문화권 사람들의 심리를 설명하는 데 적합하지 않은 모형임을 스스로 느끼면서도, 다른 한편으로는 서구의 심리학자 반열에 참여함으로써 오는 유형, 무형의 이점 때문에 스스로 정통적 서구심리학의 대가임을 증명해 보여야 하는 모순을 스스로 만들어 왔다. 지난 20, 30년 동안 심리학을 포함한 사회과학 분야에서 유행처럼 풍미해 왔던 비교문화(심리학)적 연구의 지식구조와 권력구조를 들여다보면 비교문화심리학적 연구가 서구심리학과 서구심리학자에 편파된 허구적 문화비교 연구임이 현실로 나타나고 있다. 이러한 비교문화적

연구에서 사용되는 이론적 틀은 서구인의 심리학적 틀이 기본으로 채택되고 따라서 연구의 주도권은 서구의 심리학자가 갖게 된다. 이러한 맥락에서 동양의 심리학자는 서구인이 제작한 설문지에 대한 자국어 번역과 이를 이용해서 수집한 자료를 서구의 학자에게 제공하는 역할에 그치고 있다. 현재와 같이 이러한 서구 중심적 지식생산 구조에서는 동양인의 심리를 서구인의 심리와 동등한 입장에서 균형 있게 반영할 수 있는 소지가 마련될 수 없다.

이처럼 비교문화심리학적 연구에서 서구심리학의 모델을 추종하지 않을 수 없는 구조적 문제를 조망해 볼 때, 그 이유의 하나는 서구심리학에 비견되거나 이와 경쟁할 수 있는 수준 및 정교성을 가진 동양심리학 이론이 아직 구성되지 않아 불가피하게 서구적 이론을 기본적 틀로 채택하지 않으면 안 되는 상황을 들 수 있다. 동양의 틀, 또는 한국의 틀이 문화비교 연구의 기본 틀로 채택되기 위해서는 동양 또는 한국에서 발전된 이론 틀이나 개념이 서양의 그것에 비견되는 논리성과 정교성을 갖추고, 동시에 경험적 검증을 거쳐 현대적 학문으로서의 요구조건을 충족시키고 있어야 한다.(최상진, 1999, 17~18쪽.)

최상진은 이 글에서 지식생산 구조가 서구에 편중되어 있다는 점, 그 까닭에 한국인 또는 동양인의 심리를 적절히 반영하여 밝혀낼 수 있는 심리학적 연구의 틀(일명 동양심리학)이 필요하다는 점, 그렇지만 동양심리학이 서구심리학에 비견되거나 경쟁할 수 있는 수준이 되기 위해서는 논리성, 정교성, 경험적 검증이라는 현대적 학문으로서의 조건을 갖추어야 한다는 점을 주장하고 있다.

3.

서구심리학이 단수의 보편적 심리학을 설정하고자 했다면, 문화심리학은 복수의 다양한 차별적 심리학의 존재를 추구한다. 이러한 대비는 심리학을 보는 관점의 차이뿐 아니라 인간의 마음을 보는 관점에도 근본적인 차이가 있음을 시사한다. 다시 말하면 서구심리학의 관점에서 보자면 인간의 마음은 세계 어느 지역의 사람이나 동일하지만, 문화심리학에 따르면 인간의 마음은 문화권마다 동일하지 않은 것이다. 그렇게 인간의 마음에 관한 견해가 서로 다르고 또 다양한 것은 왜 그럴까?

인간의 마음을 연구하는 것처럼 어려운 것은 없을 것이다. 연구하는 대상이 실물이라면 연구의 어려움은 그리 크지 않은 것이다. 하지만 인간의 마음에 관한 연구는 우선 마음이라는 존재가 인간의 몸과 달리 물질적 실재가 아니라는 점에서 그것의 종적을 포착하거나 확인하기가 매우 어렵다는 점이 연구자를 곤혹스럽게 한다. 이 때문에 심리학에서는 그 연구대상이 되는 인간의 마음 또는 심리현상의 근거를 밝히고자 할 때 일종의 철학적 가정을 하고 있는 것이며, 다만 그러한 가정에 대한 철학적 논의를 지속하기보다는 그러한 가정 가운데 어느 하나를 타당한 것으로 받아들이고 그것에 입각한 실증적 탐구를 진행해 왔던 것이 기존의 관행이었다. 그러나 문화심리학은 이러한 관행에 도전하고 마음에 관한 새로운 전제를 제시하고 그에 입각한 탐구의 방법과 영역을 개척한 것이다. 그렇다면 인간의 마음 또는 심리현상의 근거에 대한 서구심리학의 근본 가정과 문화심리학의 근본 가정에는 어떠한 차이가 있는 것일까?

최상진에 의하면 서구심리학에는 인간의 마음에 대하여 일종의 본질주의적 가정을 하고 있다. 그중 하나는 자연과학적 심리학으로부터 발견되는 가정인데, 그것은 인간의 마음이 고정 불변하는 특정한 본질을 가지고 있다는 가정이다. 이러한 가정은 자연과학의 대상인 물질을 포함한 자연현상에는 그 이면에 고정 불변하는 실재가 있다는 일종의 유물론적 실재론의 관점에 속하는 것이다. 그러나 이에 대해서는 마음의 세계는 물질의 세계와는 달리 스스로 자체를 만들어 내는 생성성과 끊임없는 가변성을 갖는 속성을 그 자체 내에 간직하고 있으므로, 마음에 관하여 고정 불변적 고착을 전제로 한 자연과학적 접근은 시간횡단적으로 한 시점에서 연구할 경우 그 당시에는 고정 불변성을 갖는 것처럼 보일 수 있어도 상황이 바뀐 그 이후에 똑같은 연구를 할 경우 이전의 연구결과는 더 이상 타당성을 지니지 못한다고 최상진은 비판한다.(최상진, 1999, 10~11쪽.)

다른 하나의 가정은 인간의 마음이 그들이 살고 있는 문화나 역사와 관계없이 높은 유사성을 갖고 있는 것으로 보고, 역사와 문화를 초월하는 보편적 심리와 이에 따른 보편적 심리이론이 존재한다는 가정이다. 이에 대해서 최상진은 문화인류학자나 심리인류학자들의 가정을 근거로 비판한다. 이에 의하면, 인간의 마음은 문화적 성장배경에 따라 지각, 인지, 태도, 동기, 사회적 행동 등이 서로 다를 수 있다는 결과가 보편적 심리의 가정을 반론하고 있다는 것이다.(최상진, 1999, 11쪽.)

이러한 서구심리학과는 달리 문화심리학에서는 물질로서의 마음도 아니고 문화와 역사를 초월한 보편적 마음도 아닌, 문화와 역사 같은 삶의 맥락과 그 속에서 형성되는 인간의 마음을 그 근본적 단위로 삼고 있다. "문화가 개입되지 않은 사고는 없다."는 명제를 내세운 슈웨더는 인도 사람들의 세상과 인생에 대한 믿음체계 연구를 통해 사고가 곧 문화라는 사실을 실증해 보임으로써 문화가 인간 심리의 핵심 내용물이며, 사고 및 경험의 심리문법이 됨을 이론적으로 구체화하였다. 그렇게 되면 문화와 사회적 구조가 다른 집단이나 사회에서 살고 있는 사람들의 마음은 다르거나 다를 수 있으며, 그 때문에 심리학이란 다른 문화와 그것에 의해 형성되는 인간의 마음과의 관계를 다루기 위한 다양한 분석과 사유의 틀을 세우지 않으면 안 되는 것이다. (최상진, 1999, 13쪽.)

그런데 이러한 문화심리학의 가정의 핵심이 되는 문화라는 개념은 그 보편성의 면이 아닌 차별성과 가변성의 면에 초점을 맞춘 것이다. 즉, 문화를 초월하여 보편화되어 있는 인간의 마음을 전제하지 않고, 시시각각으로 변화하고 사람마다 집단마다 차이 나는 문화가 인간의 마음을 구성한다는 문화심리학적 가정을 수용한다고 할 때, 인간의 마음에 관한 설명과 이해는 결국 문화심리학의 학문적 무정형성을 노정시키게 될 우려도 적지 않다.

그러나 문화심리학이 문화에 의하여 마음이 구성된다고 보는 관점은 적어도 서구심리학의 가정으로부터 벗어나 동양인의 마음이 동양인들 스스로 형성하고 지속시켜 온 문화의 상호관계의 산물이라는 점을 재인식시키고, 그에 입각하여 문화와 접맥이 더 가까이 되면서 일상성과 결부된 한국인의 마음 이해와 마음 경험으로 나아갈 수 있는 길을 터 준다는 점에서는 매우 바람직한 것이 아닐 수 없다.

4.

한국의 심리학계의 상황으로 볼 때 한국은 아직 구성주의적 관점에 입각한 문화심리학의 본격적인 연구와 담론의 단계에 들어서지 않았다. 다만 앞의 최상진의 구분에 따르면 심리학 쪽에서는 그러한 자료에 근거하거나 그것을 참조하여 한국인의 마음 경험과 마음의 구성에 관한 이론적 구성의 기초를 닦는 작업은 이루어지지 않았지만, 일반인 심리학의 연구성과는 지속적으로 갱신되고 있다. 물론 사회심리학의 일각에서 문화를 연구대상으로 삼으면서 문화와 인간의 마음에 관한 연구를 하고 있지만, 그 가운데 마음에 관한 구성주의적 관점을 취하는 연구는 찾아보기 어렵다.

그렇더라도 사회심리학의 관점과 방법에 입각하여 서구심리학과 구별되는 동양심리학을 추구하는 심리학 연구가 활성화되고 있다. 역시 분트의 민족심리학으로 소급되는 사회심리학은 사회환경 속에서 직접·간접으로 타인과 관계를 가지고, 또 사회의 문화, 규범, 제도 등의 규제를 받고 생활하는 인간의 경험이나 행동을, 그러한 사회적 여러 조건과의 관련에서 이해하고 설명하려고 하는 심리학이다. 사회심리학은 문화에 의한 인간의 마음의 구성이라는 것을 근본적 가정으로 내세우지는 않지만, 인간의 마음과 문화와의 관련성에 주목하는 심리학적 연구 분야이다. 이는 역시 적극적인 마음에 관한 구성주의적 관점을 전제하지 않더라도 문화의 차이에 따른 심리학적 이해의 차이의 불가피함을 주장하는 것이다.

조긍호는 한국인의 심리학을 구성한다는 문제의식으로부터 문화의 의미를 밝히고 그것에 접근하는 심리학적 방법을 체계화하였다. 그는 문화란 한 사회에서 받아들여지는 자명성의 집합체로서 한 사회에서 인간을 이해하는 조망이며, 사회행위의 지도원리라고 정의하고, 한 사회의 특수한 문화내용 또는 문화현상을 이해하는 것은 그 사회에서의 독특한 인간 이해의 조망과 사회행위의 지도원리를 찾아내는 작업이 된다고 설명한다. 그리고 그는 이러한 문화의 연구를 통해서 독특한 개인(단일 사례법 및 개인차 연구법이 그 주된 방법론임)과 보편적 인간(실험 연구법이 그 주된 방법론임)의 두 모습에만 국한되었던 종래의 심리학의 한계를 탈피하고, 자율적 행위자로서의 인간에 대한 포괄적 이해를 지향하고자 하는 것이다.(조긍호, 1998, 45쪽.)

조긍호에 의하면 문화에 대한 연구는 대체로 세 갈래의 방향으로 나뉘어 진행되고 있다. 그 첫째는 Hofstede가 66개 국가(53개 문화권)에 걸친 광범위한 비교 연구를 통해 집단주의 – 개인주의(*collectivism* –

individualism)의 개념 틀을 문화 분류 체계로 제시한 이후, 동일한 상황에 대한 해석이나 동일한 상황에서의 행동의 문화 간 차이를 비교하거나, 이에 대한 연구결과들을 개관하는 문화 비교 연구가 있다. 둘째는 한국문화에서의 독특한 행동 또는 특성을 찾아 이를 현대심리학적 방법론으로 분석하는 토착심리학(*indigenous psychology*)의 연구이다. 셋째는 동양 고전의 심리학적 해석 작업이다. 동양 고전에서 다루었던 심리적 사실들을 서양심리학에서 찾은 사실들과 결부시켜 해석함으로써 같은 사실을 보는 양자의 입장의 공통점과 차이점을 밝혀보려는 작업 및 동양 고전의 해석을 기초로 동서양의 문화전통 내에서 인간을 파악하는 입장의 차이를 전반적으로 대비해 봄으로써 동양적 심리학의 가능성에 관한 이론적 기초를 탐색해 보려는 작업들이 이 분야에 속한다.(조긍호, 1998, 50쪽.)

조긍호의 태도는 마지막 동양 고전의 심리학적 해석 작업을 통해서 한국인의 심리학을 구성하려는 것이다. 그는 현대 한국인의 삶에 지대한 영향을 미치고 있는 '마음의 유교적 습성'의 생성 원류인 선진유학의 고전들에서 심리학적 함의를 찾아보려고 하는 것이다. 그는 동양 고전의 독서 자세라든가, 동양 고전 독서의 방법 등에 관하여 언급하고 있는데, 이 가운데 후자는 심리학적 독해의 방법으로서 그의 연구의 방법론적 태도를 시사한다.

그는 동양 고전 독서의 방법을 열거적 연결형, 대조적 첨가형, 연역적 구성형으로 구분한다. 열거적 연결형은 현대심리학에서 찾은 원리 또는 현상 중 유사한 것을 동양 고전에서 찾아 단순히 연결짓는 방법이다. 즉, 이는 '동서양의 심리학이 얼마나 같은가?'라는 측면에 초점을 맞추어 읽는 방법이라고 그는 설명한다. 그러나 그에 의하면 이는 문화연구의 초기 단계에서 찾아볼 수 있는 독서방법인데, 이는 근본적으로 보편적이고 획일적인 심리적 실체(*psychological realities*)를 가정하는 일종의 보편적인 심리학(*universal psychology*)을 추구하는 방법론이다. 대조적 첨가형은 현대심리학에서 찾은 원리나 현상 중 유사한 것을 동양 고전에서 찾아 그 차이를 부각시키고, 이에 동양적인 새로운 변인을 첨가하는 방법이라고 그는 설명한다. 그에 의하면 이는 기본적으로 '동서양은 얼마나 다른가?'라는 측면에 초점을 맞추어 읽는 방법이다. 이 방법은 동양 고전에서 찾게 되는 새로운 변인을 첨가함으로써 심리학적 관심사의 연구의 지평을 넓힐 수 있는 방법이다. 이에 대해서 그는 앞의 열거형보다 성숙된 독서방법이라고 평가한다. 연역적 구성형은 동양 고전 속에 드러난 인간 이해의 틀을 찾아내고, 이를 통해 현대심리학을 조감해 봄으로써 새로운 연구문제를 도출해 내는 방법이다. 그에 의하면 이는 심리학에서 무엇을 다룰 것인가에 대한 동서양의 같은 점과 다른 점을 들추어냄으로써, 새로운 동양심리학의 체계를 구축해 보려는 작업이다. 그는 이 방법은 예를 들어, '만약 맹자나 순자가 현대에 태어나서 심리학을 연구한다면, 그들은 어떤 심리학을 구성할 것인가?'하는 문제를 염두에 두고 동양 고전을 읽는 작업이라고 설명한다.(조긍호, 1998, 59~60쪽.)

조긍호는 마지막 연역적 구성형의 독서방법이 이상적이라고 생각하면서도, 실제로는 역량의 부족을 들어서 대조적 첨가형의 방법에 머무르고 있다고 밝힌다. 그러나 필자의 생각으로는 방법상 대조적 첨가형을 주로 삼으면서도 궁극적으로는 연역적 구성형으로 나아가고자 하는 것이 그의 연구 태도와 지향이라고 생각된다.

조긍호가 연구대상으로 삼는 것은 중국의 先秦 시대의 유학자인 孟子와 荀子의 유학사상이다. 선진유학자들이 비록 중국의 유학자라고 할지라도 실은 한국의 유학 전통의 형성과 발전에 지대한 영향을 끼친 것이고, 또한 한국유학의 전통과 실은 하나의 줄기를 이루고 있다는 점에서 이들에 관한 사회심리학적 연구는 한국의 유학의 전통과 문화에 대한 연구라고 하여 틀린 말이 아니다.

한덕웅은 Moscovici의 관점을 따라서 그의 연구의 입장을 세웠다.

Moscovici에 의하면 문화권마다 구성원들이 지니는 집합적인 사회적 표상(social representation)이 다르기 때문에, 일정한 문화권에서 구성원의 사회심리나 사회행동을 이해하고 설명하기 위해서는 이 사회적 표상들의 구조와 역동이 설명의 수단이 되어야 한다. 한덕웅은 이 관점에 입각하여, 한국인들은 문화의 수준에서 유학사상의 영향을 크게 받았으므로, 전통적으로 유학적 표상을 우세하게 지니고 있으며, 사회적 자극의 지각이나 반응에서 이 표상의 영향이 나타나리라고 가정하고, 유학적 표상 구조를 우세하게 지닌 한국인들이 사회심리학적으로 사회적 자극을 어떻게 정보 처리하여 행동으로 표출하는지를 설명하는 것을 그의 심리학 연구의 목표로 삼고 있다.

한덕웅은 『퇴계심리학』에서 퇴계 심학이 한국적 심리학을 모색해 볼 수 있는 중요한 계기를 제공할 뿐 아니라, 앞으로 다루어야 할 논쟁점들과 과제를 제공한다고 설명한다. 그는 퇴계 심학을 연구대상으로 택하고, 퇴계 심학의 이론체계와 그 주요 개념들을 서구심리학의 개념과 이론체계와의 대비를 시도하고 있으며, 그 비교의 작업을 통해서 퇴계 심학의 특성을 밝히고 그것을 통해서 한국 심리학의 이론의 체계화를 꾀하였던 것이다. 그런데 한 가지 주목할 것은 그가 시도한 퇴계 심리학 연구는 퇴계의 심학을 객관화되고 검증 가능한 이론체계로 재창조한다는 목적을 내보인 점이다. 이는 퇴계 심학에서 인간의 심성과 행위를 설명함에 있어서, 현대심리학 이론의 평가 기준으로 볼 때, 이론적 모순점들이나 객관적 검증을 어렵게 만드는 요소들이 있음을 그가 전제하고 있는 사실과 깊은 관련이 있다.(한덕웅, 1994, 전체 서문 25쪽.) 그의 이러한 전제나 사고는 퇴계 심학을 서구적 현대심리학의 잣대로 재해석하거나 그것과의 대비를 통해서 퇴계 심학의 심리학화를 꾀한다는 의미를 시사한다.

5.

    조긍호의 방법과 한덕웅의 방법은 대체로 보면 다음과 같은 점에서 상호 유사성이 있다. 즉, 이들은 선진유학의 텍스트와 한국유학의 텍스트를 분석하고, 그것을 현대심리학의 개념과 이론과의 대비를 통해서 그 차이점을 부각시키면서 서구인의 마음과 다른 한국인의 마음을 통해 표현되는 문화의 이질성을 발견하고 그것을 기초로 한 사회심리학적 이론의 구성을 추구한다는 점에서 유사한 것이다. 하지만 연구의 결과를 본다면 두 학자가 보여준 한국 심리학 혹은 동양심리학의 얼개는 차이점도 적지 않다. 그러므로 이들의 연구결과를 검토해 보도록 한다.

    먼저 조긍호의 연구 업적은 『유학 심리학』이라는 저술을 그 대상으로 삼는다. 조긍호는 『孟子』와 『荀子』에 대한 심리학적 독해의 방법에 의하여 이 저술 전편의 내용을 구성하고 있다. 그 내용이 방대하기 때문에 여기서는 대강의 얼개와 그 지향점을 언급하도록 한다.

    그는 『맹자』로부터는 인성론, 교육론, 도덕실천론의 내용을 중심으로 심리학적 독해를 하여 그 내용을 밝혔고, 『순자』로부터는 천인관계론, 인성론, 예론, 수양론의 내용을 독해와 분석의 대상으로 삼았다. 그는 이 항목들에 대한 심리학적 독해의 결과로서 선진유학에서 도출되는 심리학의 문제들을 거론하고 있는데, 그것들은 인성론과 심리 구성체론의 문제, 성인론과 이상적 인간형론의 문제, 도덕실천론 · 예론과 사회관계론의 문제, 수양론과 자기 통제론의 문제이다. 그리고 그는 결론 겸 전망으로서 새로운 심리학의 모색에 관한 견해를 밝혔다. 그 내용은 선진유학에서의 인간 파악의 기본 틀에 대한 논의, 전통적 심리학에 대한 몇 가지 비판, 새로운 방향의 탐색으로 구성되어 있다.

    『유학 심리학』의 내용은 전반적으로 저자가 제시한 동양 고전의 독해에 매우 충실한 것임에 틀림없다. 전반적인 내용은 위에서 언급한 대강의 항목으로도 알 수 있듯이 『맹자』와 『순자』 가운데 심리학적 함의를 지니고 있는 인성, 교육, 도덕실천, 예와 사회관계, 수양 등의 내용을 집중적으로 다루고 있다는 점에서도 심리학적 독해의 방향성을 잘 보여준다. 그리고 그는 동양철학이나 철학 연구자들의 견해를 십분 활용하고, 더구나 원전의 정확한 독해를 위한 동양철학 연구자들의 연구성과를 치밀하게 참고하고 있는 것도 하나의 특징이라고 할 수 있다.

서양의 학문역사에서 철학으로부터 심리학이 갈라져 나온 것을 생각한다면, 아마도 동양에서도 동양심리학의 근원을 정초하고자 한다면, 유학과 같이 인간의 마음과 관련된 문제를 깊이 있고도 풍성하게 다룬 학문이 그 대상이 될 것이다. 전체적으로 400쪽이 넘는 방대한 분량의 서술을 통해서 인성, 도덕교육, 수양, 예와 사회관계 등의 항목에 관련된 맹자와 순자의 학설을 심도 있게 다루면서, 조긍호는 현대의 동양철학 연구자들의 견해를 참조하면서 그 원전의 내용들과 유학자들의 사고를 심리학적 함의를 지니게끔 재해석하는 노력을 충실히 해 왔다고 할 수 있다. 이는 그 자신이 제시한 독서법 가운데 선진유학자들의 학설로부터 심리학적 함의를 도출하고 서양심리학의 기본입론과의 차이를 중심으로 살펴본다는 '대조적 첨가형'의 방법에 충실하였다고 말할 수 있는 점이다.

그는 이 연구를 통해서 맹자와 순자의 사상 가운데 심리학적 관련이 깊은 체계를 다음의 네 가지로 요약하고 있다. 첫째는 우주 안에서의 인간의 독특한 위치와 특성은 무엇인가에 관한 사색이다. 이는 양자의 人性論으로 구체화되고 있는데, 이로부터 心理構成體論의 문제를 도출해 낼 수 있다. 둘째는 위에서와 같은 독특성을 갖는 사람으로서 지향해야 할 최상의 이상적 상태는 어떤 것인가에 관한 사색이다. 이는 양자의 聖人論 또는 君子論으로 구체화되고 있는데, 이로부터 이상적 인간형론의 문제를 도출해 낼 수 있다. 셋째는 사회적 존재로서의 사람들 사이의 바람직한 관계는 어떠한 것인가에 관한 사색이다.

이는 양자의 도덕실천론과 禮論으로 구체화되고 있는데, 이로부터 사회관계론의 문제를 도출해 낼 수 있다. 넷째는 개인적 차원에서나 사회관계에서 이러한 이상적 상태를 이루기 위해 인간이 해야 할 일이 무엇인가에 관한 사색이다. 이는 양자의 수양론의 구체적인 내용을 이루고 있는데, 이로부터 自己統制論 또는 自己調節論의 문제를 도출해 낼 수 있다.(최상진, 1999, 45쪽.)

그는 선진유학자들의 인간파악의 틀로서 서구심리학적 관점과 구별되는 것을, '능동적 주체적 존재', '가능체로서의 존재', '사회적 관계체로서의 존재'로 제시하고 있으며, 이것을 바탕으로 전통심리학에 대한 비판을 하고 있다. 그는 선진유학에서 인간을 능동적 주체적 존재로 보는 입장을 통해서는 전통적 심리학의 기계론적 환원론에 대하여 반성하고, 가능체로서의 존재로 인간을 보는 관점을 통해서는 행동주의 심리학 등에서 나타나는 지나친 과거 및 현상중심주의에 대하여 반성하고, 사회적 관계체로서의 존재로 인간을 파악하는 입장을 통해서는 지나친 개인중심주의에 대한 반성을 이끌어 내어 논하였다. 이러한 논의들은 기존의 동양철학에서 선진유학을 이해해 온 관점과 커다란 차이가 없다.

이러한 논의를 통해서 본다면, 그는 유학 자체가 심리학적 내용과 체계를 포함하고 있다고 전제하고, 그 내용의 체계화가 곧 하나의 새로운 동양심리학의 체계화와 통한다는 사고를 한 셈이다. 그러나 이 점은 서구의 心理學에서 다루는 心理的 개념과 유학에서 다루는 心 혹은 心性, 心身 등의 개념적 차이가 함의하는 전반적인 의미세계의 차이와 그 은유체계의 차이 및 그에 따라서 필연적으로 고려해야 할 학문적 지향성의 차이와 학문체계의 異形性에 관한 고려가 미흡한 것으로 보인다.

6.

  한덕웅의 『퇴계심리학』은 대강의 목차로 보더라도 그 연구의 입장과 방법을 짐작할 수 있다. 그 대강의 목차는 다음과 같다. 제1부는 '퇴계 心學에 나타난 성격 및 사회심리학', 제2부는 '퇴계의 심적 자기 조절론, 정서 과정론 및 유학 문화 설계론', 제3부는 '서구의 성격 및 사회심리 이론들과의 비교', 제4부 '서구의 자기 이론 및 자기 조절 이론과의 비교'가 중심이 되고. 이들의 앞과 뒤에 각각 전체 서문과 맺는말을 두고 있다.

  이 저술에서 그는 퇴계의 心學을 일종의 성격 및 사회심리학으로 파악하는 입장을 확고하게 보인다. 그는 퇴계 심학을 성격 및 사회심리학으로 다루면서, 몇 가지 주목할 만한 심리학적 고찰을 하였다. 그는 퇴계 심학의 목표는 "사람의 욕망을 다스려서 하늘이 내린 도리(天理)에 합당한 삶을 영위하는 데 있다."고 정의하고, 그 목표와의 관계에서 퇴계 심학의 내용을 구성하였던 것이다. 사람의 욕심을 막고 천리를 보존하기 위하여 중요한 것은 마음의 주재인데, 이 마음은 다시 敬의 주재를 받는 것이라는 사고가 퇴계의 심학에 있음을 근거로, 그는 다음과 같은 내용을 퇴계 심학의 심리학적 특징이라고 설명한다.

> 심리학적으로 퇴계 심학의 특징을 설명하자면, 성리학에서 주장하는 이른바 하늘이 命한 사람의 도리를 자신이 실현하기 위해서 이 도리에 어긋나는 사고, 감정 및 행위가 발생하기 이전에는 마음과 행동을 조절하여 발생하지 않도록 하고, 이 도리에 어긋나는 사고, 감정 및 행위가 발생한 후에는 이 도리에 맞도록 자기 조절하는 과정을 다룬다.(한덕웅, 1994, 11쪽.)

  이러한 그의 파악은 사실 한국유학에 관한 철학계의 연구가 파악하고 있는 내용과 유사한 것이다. 그렇지만 그는 퇴계 심학을 현대심리학 이론으로 복원하기 위해서는 성리학에서 추구하는 인간의 도리가 최고로 가치 있는 신념이라고 주장되는 근거가 심리학적으로 해명되고, 이 신념이 형성된 조건에서 이 도리에 맞도록 마음의 상태가 형성되고, 사고, 정서 및 행위가 이 마음의 상태에 의해서 조절되는 과정을 설명하여야 한다고 밝힌다. 이러한 그의 관점과 견해는 사실 동양철학 연구자들로 하여금 깊은 관심을 갖도록 하는 점이다. 왜냐하면 이러한 과정이 밝혀지고 또한 그에 대한 과학적 실증적 연구가 진행된다면, 한국인의 마음과 문화와의 상호관계를 설명할 수 있는 더 실제적이고 적실한 이론의 구성이 가능할 것으로 생각되기 때문이다.

특히 그는 퇴계의 심학을 복원하여 현대심리학으로 체계화하는 작업을 일반 이론과 특수 이론으로 나누어 진행하였다. 일반 이론이란 인간의 다양한 목표 지향성을 설명하기 위하여 복원된 퇴계 심학 이론이고, 특수 이론이란 성리학적인 도덕적 목표 지향성을 다루는 이론이다. 일반 이론의 관점에서 본 퇴계 심학의 핵심은 퇴계가 강조한 敬을 중심으로 설명이 된다. 그에 의하면 개인이 자기의 미래 지향적 이념을 지니는 경우, 이 이념으로부터 생활 목표가 설정되고 이의 실현을 위하여 敬의 과정이 성립되면, 이 목표와의 관계에서 심적 상태가 형성되고, 사회적 자극에 당면할 때 정서 경험이나 행동적 과정이 이 목표와 일관되게 나타나도록 자기 조절한다. 또 그에 의하면 목표와 일관되지 않은 정서나 행동이 발생되면, 자기 반성, 자기 평가 및 還流를 통해서 자기 조절을 이루게 된다. 그는 퇴계 심학으로부터 성리학적 신념이나 다른 세상 이론을 중요한 사전 지식으로 지닌 인간에게서 생활 목표, 심적 상태, 정서 및 행동이 어떻게 나타나는지 설명하는 심리학 일반 이론을 가꿀 수 있다고 주장한다.(한덕웅, 1994, 전체서문 12~13쪽.)

또 특수 이론은 퇴계 심학의 일반 이론과의 관계에서 도출될 수 있는 이론으로서 '도덕적 생활 목표의 심적 자기 조절론'이라고 그는 이름을 붙인다. 그에 의하면 도덕적 생활 목표는 성리학의 우주론, 형이상학, 인성론 및 윤리관에 근거를 두고 제안된 四德과 五倫이라는 성선적 목표로 개념화된다. 퇴계 심학에서 가장 중요한 점은 구체적 사회상황에서 이 사덕과 오륜의 원리에 맞는 주관적 경험과 행동적 표출을 달성하는 데 있다고 그는 밝힌다. 또한 그에 의하면 심적 자기 조절론이란 자기의 心이 주체가 되어 이루어지는 능동적 심적 경험과 행동의 두 측면을 부각시키기 위하여 부여된 명칭이다. 그는 퇴계 심학에서는 개인의 심적 경험과 행동이 모두 심이라는 주체의 능동적 작용(심적 주재)에 의하여 조절될 수 있다고 생각된다는 점을 근거로 居敬과 省察을 통해 이루어지는 마음 갖춤새가 변화되면(즉, 敬의 상태), 주관적으로 경험되는 심정이나 행동의 표출도 달라진다는 점을 매우 중시한다.(한덕웅, 1994, 전체서문 13~14쪽.)

그는 퇴계의 심학을 서구심리학 이론과 비교할 때 몇 가지 유사한 면이 있음을 설명한다. 즉, 퇴계 심학이 행동 결과의 환류과정을 중시하는 점에서는 제어 이론의 관점과 조화되는 단면이 있고, 행동 이전에 자기 목표로서 표상된 심적 지향성을 강조하는 점에서는 목표 설정 이론이나 '가능한 자기 이론'과 조화되는 측면이 있다고 그는 밝힌다. 그렇지만 그는 퇴계 심학의 이론을 목표 설정 이론과 제어 이론 등의 자기 조절 이론들을 상호 관련시켜 통합할 수 있다고 하여 퇴계 심학이 현대화한 심리학으로서 지닐 수 있는 특징을 시사한다.(한덕웅, 1994, 15쪽.)

그 밖에도 그는 그의 저서 후반에서는 서구의 성격 및 사회심리학의 이론들과 퇴계의 이론을 비교하고, 또 서구의 자기 이론 및 자기 조절 이론과 퇴계의 이론과의 비교를 행하고 있다.

전반적으로 볼 때에 한덕웅의 연구는 서구심리학의 이론과 대응되는 퇴계 심학의 요소를 발견하고 그것을 서구심리학의 이론적 관점으로 설명하는 작업에 치중되어 있다. 그리고 퇴계 심학과 서구 성격 및 사회심리학과의 대응관계를 도출해 내는 방식으로 한국인 심리학을 재구성하고 있다. 한덕웅은 그 방법을 통해서 퇴계의 심학을 객관화되고 검증 가능한 이론체계로 재창조하고자 하는 것이다. 그렇지만 필자는 그것이 과연 적절한 방법인가에 대해서는 의문을 가진다.

7.

유학을 한국 심리학 구성의 근거 혹은 척도로 삼는 위 두 학자의 심리학적 연구의 방법과 내용에는 어떠한 공통점과 차이점이 있는 것일까? 그리고 그들의 연구성과는 어떠한 의의를 지녔으며, 또 어떠한 한계를 노정하였는가? 우리가 그들의 학문적 성과에 대하여 한계와 의의를 논하는 기준은 무엇인가?

그 기준은 심리학 자체로 본다면 한국인 심리학 또는 한국 심리학의 형성과 성취 여부와 관련되어 있다. 즉, 유교문화에 의해 구성되는 한국인의 마음의 존재와 현상을 학문적으로 다룰 수 있는 이론체계의 형성 여부와 관련되는 것이다. 그러나 대체로 보아 지금까지 이루어진 유학에 관한 심리학 연구들의 성과는 그것을 따지기에는 부적합하다. 더구나 한국인 심리학으로서 이론적 체계성, 정교성 그리고 실증성을 겸비하는 단계에 이르기 위해서는 더 시간이 필요할 듯하다.

필자의 판단으로 볼 때 아직 한국인 심리학 형성의 필요성을 제기하고 그 이론의 방향을 모색하는 지금의 단계는 새로운 심리학 형성의 초기 단계에 해당한다. 이 단계에서 이들이 이룩한 업적의 성과와 의의를 평가하고, 앞으로의 발전 가능성을 고려한 평가를 하는 것이 바람직하다. 그러나 이 역시 심리학에 문외한이 한다면 그것은 경망스러운 일이 될 것이다. 다만 문외한임에도 불구하고, 유학을 전공한 동양철학 연구자의 입장에서 심리학자들의 유학 이해에 대한 기대의 충족 여부와 앞으로 바람직한 연구 가능성에 대한 검토를 하고자 한다. 아울러 앞에서 살핀 한국인 심리학 형성에 관한 문화심리학적 전제를 근본적 준거로 활용하여서 조긍호와 한덕웅의 유학에 관한 심리학적 연구의 내적 정합성을 검토하고, 또한 그들이 스스로 제시한 연구의 목적과 그들의 연구결과가 상호 부합하는 것인지에 대한 검토를 하고자 하는 것이다.

우선 이 두 학자의 연구를 검토하기에 앞서서, 한 가지 생각해 보아야 할 사항이 있다. 두 학자의 연구는 서로 다른 두 개의 학문, 즉 유학(선진유학 또는 퇴계 심학)과 서구의 심리학(사회심리학과 성격심리학)을 비교하는 방식을 취하여 유학의 심리학적 특징을 드러내거나, 유학의 심리학적 체계화를 꾀하였다는 점에서 공통적이다. 즉, 학문의 생성의 역사와 배경, 학문적 지향과 학문적 이념, 개념의 설정과 체계 및 이론의 구성, 학문적 관심사 등에서 매우 다르거나 이질적인 두 개의 학문을 비교한 것이 이 두 학자의 연구이다.

조긍호와 한덕웅은 심리학과 유학이 근본적으로 서로 다른 학문적 지향과 이념을 보이고, 또한 그에 따라 양자의 학문체계는 상호 비교가 어려운 것이라는 점을 감안하면서도, 유학으로부터 심리학적 요소와 체계를 이끌어 낸 점에서 그 공을 높이 평가하여야 한다. 그리고 유학의 내용을 심리학적 언어로 치환하거나 재해석하면서, 유학 역시 심리학적 관점에 의한 독해가 가능함을 알려준 점도 매우 중요한 업적이라고 생각된다. 아울러 한덕웅은 퇴계의 심학으로부터 인간의 성격 및 사회심리과정을 구조화하고(한덕웅, 1994, 37쪽) 그것으로써 퇴계의 심학의 심리학적 실증방법을 고안하는 한편, 직접 그에 관한 실증연구까지도 시행한 점(한덕웅, 2001)은 유학의 심리학적 연구의 가능성을 높이는 방법으로서 의의가 크다고 할 수 있다. 그럼에도 불구하고, 두 학자의 연구에는 몇 가지 미흡하거나 결점이라고 지적할 수 있는 점이 보인다.

　우선 심리학 史家인 Danziger는 세상에서 사람들이 어떤 개념을 지칭하는 말을 같은 뜻으로 사용하고 동시에 사회구성원들이 특정한 현상을 보고 그 개념을 준거(reference) 또는 지칭(indication)하는 현상이라는 인식과 경험을 공유할 때 그 개념은 실제의 구체적 사실로 현실화된다고 주장한다. 그는 '마음'이라는 개념 또는 현상과 관련하여 마음의 내용이나 속성을 '어떤 말' 또는 '어떤 명칭'으로 作名(naming)하여 사용하느냐에 따라 마음의 구성체적 성격이 결정된다는 作名-實體化 理論을 제시하고 있다. 또 Moscovici의 社會的 表象理論에서도 제시된 바 있으며, 사회적 표상이론은 바로 이러한 현상에 着地하여 구성된 이론이다. 이 이론에서는, 우리가 살아가는 人間界를 物化界(reified universe)와 社會的 合意界(consensual universe)로 대분한다고 할 때 무의식, 자아 등과 같은 마음계는 사회적 합의계에서 생겨나는 표상이며 실물계라는 것이다. 문화심리학자인 Valsiner는 실물성이 약하거나 모호한 심리현상에 대한 개념 구성이나 사건 설명에서는 문화적(또한 종교적) 영향을 많이 받는다는 것을 제시한 바 있다. 여기서 Valsiner의 의견을 Danziger나 Moscovici의 이론에 접목시킬 때 다음과 같은 명제를 추론해 볼 수 있다. 즉, 마음에 대한 사회적 표상과 세속적 경험계 구성은 사회구성원들이 속한 역사-문화적 전통에 의해 鑄造/形削될 가능성이 매우 높다고 볼 수 있다. 부연해서 마음과 같이 역사-문화적 테두리 속에서 규정되는 부분이 큰 개념의 具象的 經驗은 脫文化的 普遍性보다는 文化 有關的 特殊性을 보일 가능성이 크다는 점을 추론해 볼 수 있다.(최상진·유권종, 2002.)

　이 같은 추론에 근거해 본다면, 한국인 심리학, 동양심리학을 구성하기 위한 위 두 학자들의 작업은 우선적으로 유학의 마음 관련 용어들을 그 자체의 작명원리에 따라 인간의 마음 경험과 그 내용에 대한 추론을 통해서, 유학에서 실체화하여 온 인간 마음의 개념들의 실상을 고찰했어야 했다. 그러한 고찰이 있어야만 유학의 역사와 문화의 테두리 속에서 규정된 마음에 대한 사회적 표상과 세속적 경험계의 구성 방식에 관한 이해를 도모할 수 있을 것이고, 그러한 이해를 바탕으로 해야만 서구심리학과 유학과의 차이점을 더욱 근본적인 차원에서 부각할 수 있었을 것으로 생각된다.

선진유학을 심리학적으로 독해하고, 퇴계 심학을 현대심리학으로 체계화하는 과정에서, 이들은 서구로부터 수용한 사회심리학의 관점과 개념들을 통해서 유학을 비교하고 해부하고 설명하는 작업을 하였다. 이는 성인 또는 군자의 이상적 인격을 지향하고 교육하는 유학을 세속적 인간의 심리현상의 분석과 설명을 추구하는 사회심리학의 개념으로 치환하여 설명한 것이 된다. 이는 두 학문 간에는 상호 비교하기 어려운 학문의 지향성이나 이념의 차이가 뚜렷한데도 불구하고, 그 차이를 무시하고 동일 범주와 수준에서 비교를 했다는 점에서 유학이 추구하는 문화와 인간의 마음을 제대로 설명하는 방식이라고 하기 어려울 것이다.

즉, 두 학자의 연구는 공통적으로 사회심리학 또는 성격심리학의 자기 조절론, 자기 통제론의 범주에 유학의 이상인격 추구의 이론과 방법론, 즉 수양론을 넣어서 이해하고 있다. 만일 두 학자들이 서구심리학과 구별되고 독자적인 한국심리학 또는 동양심리학의 체계를 건립하기 위해서는 오히려 유학의 용어를 더 정밀하게 분석하고 그 용도를 높여서 그것을 활용하는 노력을 해야 할 것으로 생각된다.

또한 두 학자의 연구에서 공통적으로 관찰되는 현상은 선진유학이나 성리학의 心 관련 개념들을 심리학적 용어로 풀이할 때 양자 간의 언어체계의 상이함과 그에 따라 지시되는 의미 내용의 상이함 여부에 대한 검토가 불철저하다는 점이 문제이다. 예를 들면, 퇴계 심학에서 사용되는 心, 性, 情, 良知, 良能, 念, 慮, 思, 志, 意, 敬과 같은 개념들을 이 개념 자체의 의미를 고찰하고 분석하는 작업은 찾아보기 어렵고, 심리학에서 사용하는 의식, 정서, 인식, 주의 등의 용어와 같은 것으로 설명하고 있다. 그 가운데 가장 중요하게 취급되는 경에 관해서 보면 한덕웅은 敬을 '注意 集中'이라고 부른다. 이는 어의상 敬이란 意識의 경주와 집중을 의미한다. 그러나 퇴계가 강조하는 경이란 단순히 意識만이 관련되는 것은 아니고, 오히려 퇴계가 생각하는 心身의 각종 요소들이 天理를 근간으로 조화된 상태로서 心에 통일성을 부여하고 그것이 지속되도록 하는 작용이나 상태라고 생각될 수 있는 것이다. 그리고 조긍호는 良知를 인식능력이라고 부르는데, 이것도 역시 단순히 인식능력을 의미하지는 않는다. 인식이란 사물에 대한 경험에 의해서 수용되는 감각적 지각과 이성적 판단에 의한 知를 의미하지만, 양지란 도덕적 선과 악을 분별하는 타고난 능력이나 앎을 의미하는 것이다. 때문에 이들의 심리학적 유교 해석은 유학자들의 언어체계와는 불일치하는 언어체계에 의존하고 있는 것인데, 이에 대한 성찰을 통하여 상이한 언어체계 간의 의사소통과 비교의 가능성을 열기 위한 진실한 고찰이 부족한 것이 문제가 된다.

그리고 전반적으로 두 학자들의 연구는 유학의 문화와 전통을 통해서 한국인들이 한국인의 마음을 형성해 온 과정과 그 방식에 대해서 적절한 언급을 하지 못하고 있다. 다만 사회심리학과의 비교에 그치고 있으므로, 문화에 의한 마음의 구성에 관한 해명, 즉 한국인들이 유학을 자신의 문화로 선택하고 또한 그 문화에 의하여 자신들의 마음 경험을 명명하고 실체화해 온 과정을 구명하는 것에는 나아가지 못하고 있다. 그런 작업을 하게 된다면, 유학이 한국인의 마음을 구성하고 그 마음이 또 유학의 문화를 지속시켜 온 상호과정과 상호생성의 역사를 밝힐 수 있는 가능성이 더 커지리라 기대할 수 있을 것이다.

참고문헌

한덕웅, 1994, 『퇴계심리학』, 성균관대 출판부.

한덕웅, 2001, 「한국유학의 4단7정 정서설에 관한 심리학적 실증연구」, 한
      국심리학회지 2001 vol.20, No.1, 10 – 40.

조긍호, 1998, 『유학심리학』, 나남출판.

최상진 외, 1999, 『동양심리학』, 지식산업사.

최상진 · 유권종, 2002, 「한국인의 마음속에 形象化된 '마음이라카는 것':
      한국인의 마음모델 구성을 위한 기초연구」, 제2회 중앙아시아한국
      학회 국제학술회의 Proceedings.

유권종

▌약 력

고려대학교 철학과 및 동대학원 철학박사(동양철학 전공)
오스트리아 비엔나 대학 철학과 방문학자(2005년 2월~2006년 2월)
LG연암재단 해외연구교수(2005년)

▌주요 논문 및 저서

茶山禮學硏究(박사학위논문)
退溪 禮學 硏究의 과제와 전망
한국인의 유교적 마음의 구성에 대한 분석과 이에 기초한 청소년 禮교육 모델 개발
인공지능 시뮬레이션을 위한 조선 성리학 통합심성모델의 구성과 서구 심리모델과의 비교
중국 儒學의 圖說과 의의

『명재 윤증의 학문연원과 가학』, 충남대학교 유학연구소, 2006.
『퇴계학맥의 지역적 전개』, 경북대 퇴계연구소, 2004.
『여헌 장현광의 학문세계: 우주와 인간』, 고대민족문화연구원 한국사상사연구소, 2004.

강혜원

▌약 력

서라벌대학교 교수
숙명여자대학교 교육학과 교육심리 전공 교육학박사

▌주요 논문 및 저서

학습된 무기력, 실패내성, 학교학습동기와 학교적응 및 성적의 관계
『양성평등지수체크리스트의 표준화』-공무원용 양성평등의식검사 개발 및 표준화,
한국양성평등교육진흥원, 2006.
『교육심리학』, 학지사, 2007.

김경호

▌약 력

전남대학교 HK 교수

고려대학교 대학원 철학과 철학박사

▌주요 논문 및 저서

기대승의 수양론연구

誠·敬-성리학적 수양론과 군자의 이상

몸-체험을 통한 세속적 삶의 성화

우담의 호발설 옹호와 율곡비판

퇴계와 율곡에 대한 재해석

양명 심즉리에 대한 조선유학의 응전

성명과 형기-욕망 조절의 성리학적 도식

『인격성숙의 새로운 지평-율곡 이이의 인간론』, 정보와사람, 2008.

장숙필

▌약 력

고려대학교 연구교수

고려대학교 철학과, 고려대학교 대학원 철학과 철학박사

▌주요 논문 및 저서

『여헌의 태극설에 나타난 도덕지향의식』

『하동학파와 숭인학파의 사상적 특징과 조선성리학자들의 반응』

『교기질론을 중심으로 본 율곡의 공부론』

『사칠논쟁의 연원과 문제의식』

『호계 신적도의 의리사상과 그 사상적 토대』

『율곡 이이의 성학연구』, 고려대학교 민족문화연구소, 1992.

『이이 율곡전서』, 울산대출판부, 1999.

『성학집요』, 을유문화사, 1984(역서).

박충식

약력

영동대학교 교수
연세대학교 대학원 전자공학과 공학박사

주요 논문 및 저서

융복합교양교육으로서의 로봇학
소프트웨어개발방법론에 기반한 학습프로세스 모델링
BRMS개발방법론: commonBR/UP
정보융합기반 지능형 재난방재시스템 프레임워크
『컴퓨터의 활용』, 영민출판사

최상진

약력

중앙대학교 명예교수
University of Hawaii 심리학박사
한국심리학회 회장, 한국심리학회 학술상 수상(제1호)

주요 논문 및 저서

Analysis of Cultural Emotion: Understanding of Indigenous Psychology for Universal
Implication, Cambridge Handbook of Sociocultural Pshchology,
Edited by Jaan Valsiner and Alberto Rosa
Immanent Trust in a Close Relationship: A Cultural Psychology of Trust in South Korea,
TRUST & DISTRUST Sciocultural Perspective, Edited by Ivana Markova and Alex Gillespie,
A Volume in Cultural Psychology, Jaan Valsiner, Series Editor
『한국인심리학』, 중앙대출판부
『동양인심리학』, 지식산업사, 공저

유교적 마음모델과 예교육

초판인쇄 | 2009년 12월 31일
초판발행 | 2009년 12월 31일

지은이 | 유권종 · 강혜원 · 김경호 · 장숙필 · 박충식 · 최상진 공저
펴낸이 | 채종준
펴낸곳 | 한국학술정보㈜
주 소 | 경기도 파주시 교하읍 문발리 파주출판문화정보산업단지 513-5
전 화 | 031) 908-3181(대표)
팩 스 | 031) 908-3189
홈페이지 | http://www.kstudy.com
E-mail | 출판사업부 publish@kstudy.com

등 록 | 제일산-115호(2000. 6. 19)

ISBN   978-89-268-0645-6 93150 (Paper Book)
       978-89-268-0646-3 98150 (e-Book)

내일을여는지식 은 시대와 시대의 지식을 이어 갑니다.